穿越 中国重大隧道及地下工程建设项目总结丛书

地下笃行
福州地铁 2 号线
建设技术创新与实践

UNDERGROUND ADVANCEMENT
TECHNOLOGICAL INNOVATION AND PRACTICE
OF FUZHOU METRO LINE 2

中国交通总承包经营分公司(轨道交通分公司)
中交海峡建设投资发展有限公司 编著

人民交通出版社股份有限公司
北 京

内 容 提 要

福州地铁2号线是福州市第二条建成运营的城市轨道交通线路，是福州市城市轨道交通东西向骨干线。福州地铁2号线穿越我国东南部沿海地区，工程沿线地层存在淤泥质软土、富水粉细砂、硬岩孤石等多种不良地质，地铁修建过程中克服了孤石与基岩突起、过江的富水砂层及冲蚀深槽、过河的冒顶突水、软硬接触等诸多难题。本书介绍了福州地铁2号线在规划设计、土建施工、机电装修及轨道工程等方面采用的新理念、新工艺和新技术，内容涵盖工程概况、明挖法车站修建关键技术、区间盾构法施工关键技术、矿山法隧道修建关键技术、机电安装要点、轨道工程和通信工程建造要点等，旨在将福州地铁2号线建设过程中的关键技术创新和应用进行总结和推广，进一步推动地铁工程建设行业的健康、有序、高效发展。

本书可供从事城市轨道交通建设、设计、监理、施工等工作的技术和管理人员参考，也可以作为高等院校相关专业师生的参考用书。

图书在版编目（CIP）数据

地下笃行：福州地铁2号线建设技术创新与实践 / 中国交通总承包经营分公司（轨道交通分公司），中交海峡建设投资发展有限公司编著. —北京：人民交通出版社股份有限公司，2021.8

ISBN 978-7-114-17488-9

Ⅰ.①地… Ⅱ.①中… ②中… Ⅲ.①地下铁道－铁路工程－建设－福州 Ⅳ.①U231

中国版本图书馆CIP数据核字(2021)第142376号

Dixia Duxing—Fuzhou Ditie 2Haoxian Jianshe Jishu Chuangxin yu Shijian

书　　名	地下笃行——福州地铁2号线建设技术创新与实践
著　作　者	中国交通总承包经营分公司（轨道交通分公司）　中交海峡建设投资发展有限公司
责任编辑	张　晓
责任校对	赵媛媛
责任印制	张　凯
出版发行	人民交通出版社股份有限公司
地　　址	(100011) 北京市朝阳区安定门外外馆斜街3号
网　　址	http://www.ccpcl.com.cn
销售电话	(010) 59757973
总　经　销	人民交通出版社股份有限公司发行部
经　　销	各地新华书店
印　　刷	北京印匠彩色印刷有限公司
开　　本	787×1092　1/16
印　　张	17.5
字　　数	384千
版　　次	2021年8月　第1版
印　　次	2021年8月　第1次印刷
书　　号	ISBN 978-7-114-17488-9
定　　价	138.00元

（有印刷、装订质量问题的图书由本公司负责调换）

编委会名单

主 编

谭发茂

副主编

李蓬勃　张福宏　叶文弘

编 委

秦宝军　上官伟　肖中林　杨杰　李克　林凯
蒋盛钢　蔡昭武　任碧能　孙晓玲　陈小立　侯思乐

Preface 前言

随着我国城市现代化进程的加快,城市地铁建设如火如荼,全国地铁运营里程在过去10年翻了4倍;截至2020年底,全国31个省、自治区、直辖市共有44个城市开通运营城市轨道交通线路233条,运营里程7545.5km。与此同时,地铁的飞速发展也对其建造技术提出了新的挑战。我国幅员辽阔,各城市地质情况千差万别。不同于上海、杭州、宁波等城市的软土地层(以第四系为主),也迥异于青岛、重庆、大连等城市的硬岩地层,福州地铁2号线工程沿线地层中富水粉细砂、淤泥质软土与硬岩孤石并存,水系发育,地下管线错综复杂。无论是明挖车站、盾构区间,还是矿山法区间段的顺利掘进,都面临重重困难。为此,中国交建福州地铁2号线全体建设者因地制宜,广泛吸纳富水粉细砂地层、富水软土地层与硬岩地层建设经验,兼收并蓄,针对福州复杂地质工况条件,开展了富水粉细砂及软土地层深基坑开挖、硬岩车站基坑降水与水平封底、中间风井深基坑水下开挖、土压盾构下穿既有运营地铁线及高铁桥台、长距离泥水盾构过江、区间盾构空推矿山法区间、超长联络通道地层冻结等技术攻关与科研,改进完善了南方沿海地区复杂地质条件下城市轨道交通工程修建技术体系,并在福州地铁2号线的建设中得到成功应用。

本书是对福州地铁2号线工程建设经验以及上述诸多成果的系统总结,由中国交通总承包经营分公司(轨道交通分公司)、中交海峡建设投资发展有限公司组织编写,展示了中国交建在城市轨道交通领域的探索与突破,以期为类似地质条件的地铁工程建设提供参考借鉴。

全书共分为6章。第1章介绍福州地铁2号线的工程概况,并总结线路的主要工程及重难点。第2章介绍明挖法车站修建关键技术;详细阐述硬岩地层地下连续墙成槽技术及成槽过程中的孤石处理方法、富水地层中降水开挖、水下开挖以及基坑封底等技术。第3章介绍区间盾构法施工关键技术,对泥水平衡盾构长距离穿越砂卵石地层、带压进舱换刀、穿越闽江液化砂土层等施工难点进行详细阐述,对土压平衡盾构下穿既有高速铁路、地铁线路及下穿老旧密集建筑群等的施工要点及始发、接收工法进行详细介绍。第4章介绍矿山法隧道修建关键技术,集中阐述地铁隧道修建过程中的超长管棚施工技术、爆破技术、超长联络通道冷冻施工关键技术。第5章简要介绍车站机电工程安装要点、装修特色以及BIM技术在地铁设计修建过程中的应用流程及应用成果。第 6 章概述福州地铁 2 号线修建过程中轨道工程和通信工程的设计流程及建造要点。

限于作者水平与写作时间有限，书中难免有疏漏和不当之处，恳请广大专家和读者批评指正。

编　者
2020 年 9 月 1 日

Contents 目 录

第 1 章　工程概况 ... 001

- 1.1　工程背景 ... 002
- 1.2　线路规划与设计 ... 003
  - 1.2.1　线路设计理念 ... 004
  - 1.2.2　主要设计原则 ... 005
- 1.3　建设意义 ... 005
- 1.4　工程地质与水文地质 ... 008
  - 1.4.1　工程地质 ... 008
  - 1.4.2　水文地质情况与评价 ... 010
  - 1.4.3　地震安全性评价 ... 011
  - 1.4.4　防洪安全性评价 ... 012
- 1.5　工程重难点 ... 013
- 1.6　主要工程 ... 014
- 1.7　建设历程 ... 015

第 2 章　明挖法车站修建关键技术 ... 017

- 2.1　硬岩地层地下连续墙成槽 ... 018
  - 2.1.1　工程概况 ... 018
  - 2.1.2　施工难点 ... 019
  - 2.1.3　施工关键技术 ... 019
  - 2.1.4　应用成效 ... 022
- 2.2　含孤石地质条件下地下连续墙成槽 ... 022
  - 2.2.1　工程概况 ... 022
  - 2.2.2　施工难点 ... 023
  - 2.2.3　施工关键技术 ... 023
  - 2.2.4　应用成效 ... 026

2.3 车站深基坑降水 ··· 026
2.3.1 工程概况 ··· 026
2.3.2 施工难点 ··· 027
2.3.3 关键施工工艺 ··· 027
2.3.4 应用成效 ··· 036

2.4 基坑降水开挖与水下开挖 ··· 036
2.4.1 工程概况 ··· 036
2.4.2 施工难点 ··· 038
2.4.3 施工关键技术 ··· 038
2.4.4 应用成效 ··· 043

2.5 深厚富水砂层基坑水平封底施工 ··· 043
2.5.1 工程概况 ··· 043
2.5.2 施工难点 ··· 044
2.5.3 施工关键技术 ··· 044
2.5.4 应用成效 ··· 048

2.6 降水试验在地铁建设中的应用 ··· 048
2.6.1 工程概况 ··· 049
2.6.2 降水试验研究水力联系 ··· 050
2.6.3 降水试验检测防渗效果 ··· 053
2.6.4 应用成效 ··· 056

2.7 地铁车站基坑综合监测 ··· 056
2.7.1 工程概况 ··· 057
2.7.2 风险源分析 ··· 058
2.7.3 施工风险监测方案 ··· 058
2.7.4 风险监测结果分析 ··· 060
2.7.5 应用成效 ··· 061

第3章 区间盾构法施工关键技术 ··· 063

3.1 泥水平衡盾构长距离穿越砂卵石地层施工 ··· 064
3.1.1 工程概况 ··· 064
3.1.2 施工难点 ··· 065
3.1.3 关键施工工艺 ··· 065
3.1.4 应用成效 ··· 080

3.2 泥水平衡盾构富水砂卵石地层带压进舱换刀 ··· 080
3.2.1 工程概况 ··· 080

		3.2.2 施工难点	081
		3.2.3 高质量泥膜	081
		3.2.4 人员进出舱程序	082
		3.2.5 施工组织	084
		3.2.6 应用成效	084
	3.3	泥水平衡盾构穿越闽江液化砂土层施工	084
		3.3.1 工程概况	084
		3.3.2 施工难点	086
		3.3.3 关键施工工艺	086
		3.3.4 应用成效	095
	3.4	土压平衡盾构穿越硬岩地层施工	095
		3.4.1 工程概况	095
		3.4.2 施工难点	097
		3.4.3 关键施工工艺	097
		3.4.4 监测内容及监测方法	106
		3.4.5 应用成效	107
	3.5	土压平衡盾构下穿既有高速铁路施工	107
		3.5.1 工程概况	107
		3.5.2 施工难点	109
		3.5.3 关键施工工艺	110
		3.5.4 应用成效	115
	3.6	土压平衡盾构下穿既有地铁线路施工	115
		3.6.1 工程概况	115
		3.6.2 施工难点	116
		3.6.3 关键施工技术	117
		3.6.4 应用成效	122
	3.7	土压平衡盾构下穿老旧密集建筑群	122
		3.7.1 工程概况	122
		3.7.2 施工难点	123
		3.7.3 关键施工技术	123
		3.7.4 盾构区间施工监测	127
		3.7.5 应用成效	132
	3.8	土压平衡盾构穿越桥梁桩基二次托换施工	132
		3.8.1 工程概况	132
		3.8.2 施工难点	132
		3.8.3 施工过程	133

3.8.4 应用成效 ······ 137

3.9 中心城区急曲线盾构分体始发 ······ 137
3.9.1 工程概况 ······ 137
3.9.2 施工难点 ······ 139
3.9.3 关键施工技术 ······ 139
3.9.4 应用成效 ······ 144

3.10 盾构液氮冷冻始发 ······ 144
3.10.1 工程概况 ······ 144
3.10.2 施工难点 ······ 146
3.10.3 关键施工工艺 ······ 146
3.10.4 应用成效 ······ 154

3.11 盾构盐水冷冻接收 ······ 154
3.11.1 工程概况 ······ 154
3.11.2 施工难点 ······ 156
3.11.3 关键施工技术 ······ 156
3.11.4 应用成效 ······ 171

3.12 盾构钢套筒接收 ······ 171
3.12.1 工程概况 ······ 171
3.12.2 施工难点 ······ 172
3.12.3 关键施工工艺 ······ 173

3.13 盾构空推矿山法隧道 ······ 182
3.13.1 工程概况 ······ 182
3.13.2 施工难点 ······ 183
3.13.3 关键施工技术 ······ 184
3.13.4 应用成效 ······ 196

3.14 盾构区间不良地质体微动探测 ······ 196
3.14.1 工程概况 ······ 196
3.14.2 孤石对盾构施工的影响 ······ 197
3.14.3 微动探测方法 ······ 197
3.14.4 微动探测结果分析及验证 ······ 200
3.14.5 应用成效 ······ 203

第4章 矿山法隧道修建关键技术 ······ 205

4.1 地铁矿山法隧道区间爆破施工 ······ 206
4.1.1 工程概况 ······ 206

	4.1.2	施工难点	207
	4.1.3	爆破方案设计	207
	4.1.4	爆破施工通电、通风、排水设施	211
	4.1.5	爆破安全验算	212
	4.1.6	WSS 注浆	215
	4.1.7	应用成效	217
4.2	地铁矿山法隧道超长管棚施工		218
	4.2.1	工程概况	218
	4.2.2	矿山法隧道进洞设计方案比选	218
	4.2.3	施工方案	221
	4.2.4	施工监测	223
	4.2.5	应用成效	224
4.3	江底联络通道超强冷冻法施工		224
	4.3.1	工程概况	224
	4.3.2	工程分析	227
	4.3.3	冻结加固方案	228
	4.3.4	液氮冻结与盐水冻结	230
	4.3.5	开挖施工	232
	4.3.6	冻胀与融沉控制	235
	4.3.7	应用成效	236

第 5 章　地铁车站机电工程与装修工程　　237

5.1	车站机电工程		238
	5.1.1	动力照明系统	238
	5.1.2	给排水系统	241
	5.1.3	通风空调系统	243
	5.1.4	人防系统	250
	5.1.5	综合监控系统	251
5.2	车站装修工程		255
	5.2.1	装修特色	255
	5.2.2	设计优点	257
5.3	BIM 技术的应用		259
	5.3.1	应用流程	259
	5.3.2	BIM 设计机电管线	261

第 6 章　其他工程技术 ············ 263

6.1　轨道工程 ············ 264
6.1.1　设计概况 ············ 264
6.1.2　设计优化及创新 ············ 264

6.2　通信工程 ············ 266
6.2.1　设计概况 ············ 266
6.2.2　设计优化及创新 ············ 266

参考文献 ············ 268

第 1 章

工程概况

/ 1.1 工程背景 / 1.2 线路规划与设计 / 1.3 建设意义
/ 1.4 工程地质与水文地质 / 1.5 工程重难点
/ 1.6 主要工程 / 1.7 建设历程

地下笃行
福州地铁 2 号线建设技术创新与实践

城市轨道交通主要包括地铁系统和轻轨系统。作为公共交通的骨干,城市轨道交通具有运量大、速度快、安全舒适等优点,属绿色环保交通体系,特别适用于大中城市。随着经济的快速发展以及人们对出行质量的要求提高,我国的城市轨道交通呈现井喷式发展。轨道交通的建设对支持城市发展的作用不仅仅体现在缓解交通压力上,还能从源头上拉动经济增长,有利于加速形成新的经济增长带,吸引人口、产业向沿线聚集,引导城市空间拓展,完善城市整体经济布局。因此,轨道交通的建设对促进城市发展具有不可忽视的促进作用。

2002 年 7 月,福州市规划局和上海市交通规划研究所共同编制了《福州市轨道交通网络规划》,围绕建设"一中心,六组团"的城市布局结构,初步提出远景形成两纵一横一环网络架构。2009 年 12 月 27 日,福州地铁 1 号线正式动工;2016 年 5 月 18 日,福州地铁 1 号线一期南段开通试运营,福州成为中国第 27 个(中国内地第 24 个)开通运营地铁的城市。2014 年 11 月 28 日,福州地铁 2 号线举行开工仪式,金祥站和厚庭站率先开工,标志着福州地铁进入全面建设的新阶段。

1.1 工程背景

福州市轨道交通远景线网(2050 年)由 9 条线路组成,总体结构为"有环放射式",如图 1-1 所示。9 条线路总长约 343.9km,全线网设站 200 个,其中换乘站 25 个。

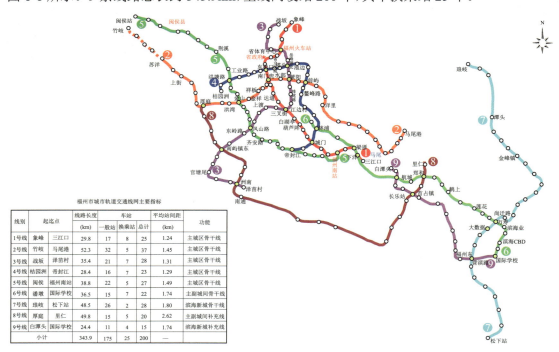

福州市城市轨道交通线网主要指标

线别	起迄点	线路长度(km)	车站 一般站	换乘站	总计	平均站间距(km)	功能
1号线	象峰—三江口	29.8	17	8	25	1.24	主城区骨干线
2号线	竹岐—马尾港	52.3	32	5	37	1.45	主城区骨干线
3号线	战坂—泽苗村	35.4	21	7	28	1.31	主城区骨干线
4号线	桔园洲—帝封江	28.4	16	7	23	1.29	主城区骨干线
5号线	闽侯—福州南站	38.8	22	5	27	1.49	主城区骨干线
6号线	潘墩—国际学校	36.5	15	7	22	1.74	主副城间骨干线
7号线	琅岐—松下站	48.5	26	2	28	1.80	滨海新城间补充线
8号线	厚庭—里仁	49.8	15	5	20	2.62	主副城间补充线
9号线	白潭头—国际学校	24.4	11	4	15	1.74	滨海新城补充线
小计		343.9	175	25	200	—	

图 1-1 福州市轨道交通网络规划图

第 1 章 工程概况

福州地铁(即福州市轨道交通)1号线、2号线和4号线是福州市轨道交通线网中的骨干线路,一起构成"十"字加"L"形的骨架网络。其中,已建的地铁1号线位于福州市城市中央发展主轴,是福州市区南北交通的主要通道。2号线位于东西向城市发展副轴,与1号线共同形成"十"字放射形态的骨架线网。2号线的开通将极大地缓解城市东西向交通压力,利于贯彻城市总体规划中"沿江向海"的发展方向,进一步引导和巩固上街大学城、金山工业区、金山居住区的开发建设,拉动晋安区的改造、升级。

1.2 线路规划与设计

如图1-2所示,福州地铁2号线起点位于国宾大道(316国道)沿线沙堤村的苏洋站,沿国宾大道、乌龙江大道、科技东路向西穿过乌龙江到达金祥路,过闽江、闽江北岸中央商务区到达西二环中路,穿越黎明新村、斗池路、西洋路、黎明湖、乌山路、古田路、福马路,终于晋安区鼓山风景区入口处的洋里站。

图 1-2 福州地铁 2 号线总体方案示意图

福州地铁2号线线路全长约30.3km,全部为地下线,共设22座车站,如图1-3所示。在竹岐修建定修段1座(共用1号线厂、架修资源)和下院停车场1座(图上未显示);于南门兜站附近修建茶亭主变电所1座（与1号线共享）和金洲南路站主变电所1座（图上未显示）；设控制中心1处（与1、3、4号线共享达道站处控制中心）及配套机电系统工程。

线路先后与轨道交通网络规划中的5号线、1号线、3号线、4号线换乘，并与1号线设置联络线。

图1-3 福州地铁2号线布局图

1.2.1 线路设计理念

（1）充分体现地市轨道交通的功能特点

福州地铁2号线位于福州市区东西交通的主要通道，线路横穿市中心区，可吸纳中心城区东西向主要客流，建成后将显著缓解城市中心东西向交通压力，对解决沿线越江交通紧张将起到重要作用。

（2）充分体现轨道交通支持实现城市规划的功能特点

福州地铁2号线的走向与城市沿江发展轴线相符，将有力支持城市近期规划的重点发展地区——大学城、金山地区、闽江北岸中央商务区的建设。对福州市近期规划布局的形成将发挥支持引导作用，有助于加快实现城市总体规划战略目标和近期建设目标。

（3）突出换乘功能

福州地铁2号线与轨道交通网络7条线路中的4条线均有交叉换乘功能，换乘节点较多，换乘客流量大，换乘功能突出。

（4）广泛实践资源共享理念

线路设计过程中贯彻了轨道交通资源共享理念，实现了福州地铁2号线轨道交通资源与网络中其他线路资源的共享和本线内部资源的共享。具体体现在以下三点：

①网络层面共享

与福州地铁1号线、3号线共用新店车辆基地的车辆厂、架修设施；与1号线、4号线共享控制中心,实现空间、人员和物资、管理资源、信息资源等方面的共享。

②内部资源共享

采用机电设备综合监控系统,可综合各子系统之间相关信息数据、报表的管理;实行各专业的信息互通,消息资源共享;实现各子系统在统一指挥下协调作业,为实现全网络的综合监控系统打下了基础。

③换乘车站资源共享

站厅实现公共付费区、非付费区的合理整合,实现两(多)线共享、共用管理资源。换乘站的多线路共享机电设备系统(如供电降压变电所、自动售检票系统、车站设备、火灾报警、环境与设备监控、通信等系统)。

1.2.2 主要设计原则

(1)以科学发展观建设节约型社会为指导,以城市总体规划、轨道交通网络规划与近期建设规划为依据,贯彻"安全、节能、环保"的轨道交通设计理念,把福州地铁2号线打造成"安全、高效、科技、绿色、可经营、人文化"的现代都市轨道交通。

(2)贯彻交通一体化原则,注重内外交通合理衔接,营造形成以轨道交通为骨干的综合交通体系。

(3)贯彻"节能增效、保护环境"的原则,重视对中心区历史风貌、文物、环境、景观的保护。

(4)贯彻"安全第一、预防为主"的方针,以降低轨道交通系统安全风险因素为宗旨,开展工程项目系统安全保障体系研究。

(5)站在整个网络的高度,以科学发展观为指导,切实做好工程预留、换乘方案、资源共享和综合利用等研究工作。

(6)车站设计应本着"以人为本,乘降安全、经济适用、简约美观"的理念,综合协调好车站的系统功能要求,为乘客提供适宜的乘车环境,体现出21世纪福州市轨道交通设计的新理念和地方特色。

(7)结构设计应考虑沿线所处区域的工程水文地质、环境条件、总体规划和道路交通状况,经过对安全、技术、经济、工期、施工方式、环境影响和使用效果的综合比较,选择合理安全的结构形式和施工方案。

1.3 建设意义

福州市是福建省省会,海峡西岸经济区的中心城市,国家历史文化名城。福州市主要城市职能是:①福建省省会,福建省政治中心,是区域政治、经济、文化和科技控制决策的中心;

②先进制造业基地;③现代服务业中心(交通物流中心、商务商贸中心、科技创新中心、文化教育中心、旅游会展中心)。福州市中心城区采用以八一七路传统中轴线和闽江现代发展轴线为骨架,以鼓楼区、台江区为核心区,外围鼓山、新店、金山、建新、仓山、盖山六分区紧密围绕的组群布局结构(图1-4)。

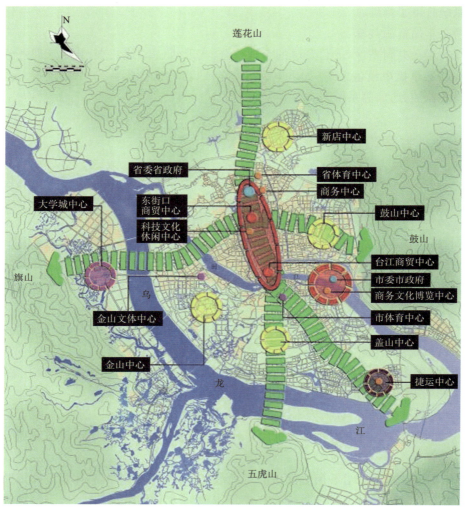

图1-4 城市空间布局现状

福州市近几年的发展主要集中在中心城区,其次是马尾区;仓山区及闽侯县的发展则较慢,无法缓解中心城区不断集聚形成的压力。现状交通存在的主要问题是交通发展滞后于市区空间拓展,由于缺少交通基础设施强有力的支持,市区人口向南台岛及外围组团的疏解和转移相对缓慢,人口与产业在市区集聚的状况并未发生根本性转变,影响了边远组团的发展。这也使得中心城区功能过度集中,人口与就业岗位密度不断加大。鼓楼区、台江区以及晋安、仓山部分片区的交通环境日益恶化,主要道路高峰时段经常拥堵。除此以外,福州市交通供需矛盾突出,现状道路网密度偏低,未达到规范(推荐值:5.4～7.1km/km^2)中的低限值,导致城市系统容量不足;主干道交通严重超负荷;分区之间联系不畅,存在多处蜂腰和瓶颈。

福州地铁 2 号线沿福州市东西向发展副轴布置,中段贯穿鼓楼、台江核心区,向西跨越闽江、乌龙江,连接上街大学城、金山工业区、金山新区大型居住区,向东伸入晋安区东边缘,连接晋安高新产业区、传统产业区、鼓山新镇大型居住区及鼓山风景区。该线的走向与城市沿江发展轴线相符,将有力支持城市近期规划的重点发展地区——大学城、海西高新科技产业园区、金山地区、闽江北岸商务区的建设,促进大学城组团的发展,对福州市近期规划布局的形成将发挥引导作用。并且,2 号线建成后将与 1 号线形成轨道交通线网的"一"字形主骨架,可有效缓解中心城区交通拥堵的矛盾,初步确立地铁在城市客运交通体系中的主导地位,使市民出行条件得到显著改善。与此同时,2 号线还将有力支持铁路南站地区、南台岛、东部新城、金山工业区、大学城等城市近期重点开发地区的建设,促进"一轴、两城、六组团"城市空间结构的形成,如图 1-5 所示。

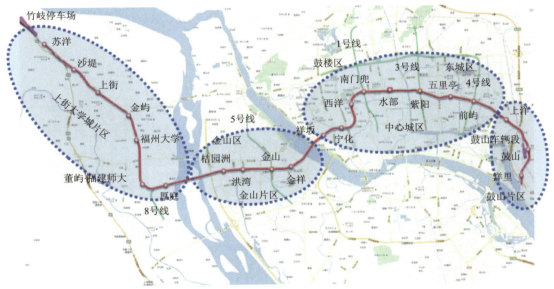

图 1-5 福州地铁 2 号线功能定位图

除此以外,福州地铁 2 号线的建设将充分发挥轨道交通对沿线土地开发利用、旧区改造、改善投资环境、带动相关产业发展、增大就业机会、拉动城市经济增长等作用,促进福州市经济的快速和持续发展。轨道交通作为绿色交通工具,可以很好地保持历史文化名城特色和城市格局的完整性,这对土地、能源、资源均十分紧缺的福州市,具有重大战略意义;满足了建设节能、环保,可持续发展的生态城市的需要。

综上所述,福州地铁 2 号线工程的建设是引导福州市城市空间结构优化调整、加强城市外围组团与中心城的联系、加强城市对外交通枢纽间的有机衔接,改善交通条件、引导城市有序建设、促进福州市经济社会发展、建设可持续发展生态城市、配合沿线重点地区及市政工程建设的重要手段,项目的建设具有重大意义。

1.4 工程地质与水文地质

福州市位于福建省东南沿海,境内地势由西北向东南倾斜,西北部分别为戴云山脉和鹫峰山脉的延伸部分,为中低山地,东南部为福州盆地和沿海冲积平原。

福州地铁 2 号线主要呈东西走向,起于闽侯县上街镇西侧国宾大道沿线的苏洋站,终于鼓山风景区,穿越闽侯、仓山、台江、鼓楼、晋安五个行政区,是福州主城区内轨道交通东西向的主干线。沿线场地多为市区主干道、住宅、写字楼、商店等,总体地势起伏不大,高程主要在 5～13m 之间。沿线场地地貌单元主要为山前冲淤积平原地貌,工程地质分区属冲、淤积区。

1.4.1 工程地质

1)工程沿线各岩土层的埋藏分布特征

场地地层分布特征见表 1-1。

场地地层分布特征表   表 1-1

土层编号	土层名称	层顶高程(m)	层厚(m)	岩性描述
<1-1>	素填土	7.45～9.12	1.00～2.00	褐黄色,松散,湿,主要成分为砂及黏性土,新近堆填,另在沿线防洪堤、道路路基位置有分布
<1-2>	杂填土	5.94～12.89	0.70～6.20	褐黄色、杂色,稍密,湿,主要成分为黏性土,含碎石、碎砖、水泥块石等建筑垃圾,表层多为 0.3～0.4m 厚的路面铺砖或水泥铺石,硬杂质含量大于 30%,堆填年代大于 10 年,分布广泛
<1-3>	块石	6.45～10.89	2.00～5.00	灰黄色,湿,成分主要为块石,人工堆填,以砂质及黏性土充填,在沿线防洪堤、内河护岸区段有分布
<2>	黏土	4.45～7.81	1.00～5.20	灰黄色、褐黄色,可塑,湿,含铁锰结核等氧化物,局部夹少量碎石,捻面较光滑,有光泽,无摇振反应,干强度与韧性中等,黏性一般;沿线局部分布
<3>	淤泥	-7.93～6.85	0.90～29.80	深灰色,流塑,饱和,含腐烂植物,部分夹薄层细砂,有腥臭味,摇振反应慢,有光泽,捻面光滑,干强度及韧性中等;本层分布广泛,局部夹有 <3-1> 细中砂层
<4>	粉质黏土	-2.55～-7.18	4.30～6.80	部分为黏土,灰黄色、褐黄色,可塑,湿,含粉砂及氧化物,捻面较光滑,有光泽,无摇振反应,干强度与韧性中等,黏性一般;沿线局部分布
<5>	中砂	-25.20～5.07	2.00～32.00	部分为粗砂,浅灰色,稍密～密实,饱和,含中粗粒石英颗粒及云母等,级配较差,部分夹薄层淤泥;实测标贯击数为 11～37 击,平均 19.2 击;局部分布有 <5-1> 淤泥亚层和 <5-2> 粉质黏土亚层
<6>	淤泥质土	-31.59～-4.11	3.10～29.80	深灰色,流塑,饱和,含腐烂植物,有腥臭味,摇振反应慢,有光泽,捻面光滑,干强度及韧性中等;本层在大部分场地有分布,局部分布有 <6-1> 中砂亚层和 <6-2> 黏土亚层
<7>	黏土	-39.09～-15.37	4.00～9.90	褐黄色,可塑,湿,含少量粉砂及氧化物,捻面较光滑,有光泽,无摇振反应,干强度与韧性中等,黏性一般;本层在沿线场地局部有分布

续上表

土层编号	土层名称	层顶高程(m)	层厚(m)	岩性描述
<8>	细中砂	-37.50～-28.59	2.00～8.50	浅灰色,稍密～密实,饱和,含中细粒石英颗粒及云母等,级配较差;本层标贯试验实测击数为14～36击,平均22.2击;本层在沿线局部有分布
<9>	淤泥质土	-30.26～-20.57	3.30～18.20	深灰色,流塑,饱和,含腐烂植物,有腥臭味,摇振反应慢,有光泽,捻面光滑,干强度及韧性中等;本层仅局部分布
<10>	卵石	-43.57～-5.55	1.80～22.40	浅灰色,中密～密实,饱和,卵石多呈椭球状,磨圆度较好,含石英及长石,中等风化,粒径一般为4～8cm,最大达12cm,含量为55%以上,间隙主要由砂质黏土及中砂充填,本层动探实测击数为12～47击,平均23.9击;本层在沿线大部分区域有分布,部分未揭穿
<11>	坡积黏性土	-35.53～2.45	1.00～2.50	褐黄、褐红色,可塑～硬塑,以黏粉粒为主,含少量砂质,黏性好,无摇振反应,捻面较光滑,有光泽,干强度及韧性中等,坡积成因;本层仅局部区域有分布
<12>	残积土砂质黏性土	-48.15～-11.85	5.40～13.30	灰黄、褐黄色,可塑～硬塑,湿,含中粗粒石英颗粒,高岭土,母岩为花岗岩。本层标贯试验实测击数为10～36击,平均26.1击;本层在沿线场地局部分布
<13-1>	强风化花岗岩(砂土状)	-48.15～-8.57	1.10～15.70	灰黄色、褐黄色,较硬,稍湿,含大量中粗粒石英颗粒、白云母片及长石,进尺有响声,岩芯采取率大于70%,岩芯呈散状状,用手易折断,结构大部分破坏,大部分矿物已显著风化变质,岩石坚硬程度属极软岩,岩体完整程度属极破碎,岩体基本质量等级属Ⅴ级;本层标贯试验实测击数为51～73击,平均62.8击
<13-2>	强风化花岗岩(碎块状)	-52.99～-24.27	1.50～6.90	灰黄色,硬,稍湿,含大量中粗粒石英颗粒、白云母片及长石,进尺有响声,岩芯采取率大于65%,岩芯呈块状,用手用力可折断,大部分矿物已风化变质,岩石坚硬程度属软岩～较软岩,岩体完整程度属破碎～较破碎,岩体基本质量等级属Ⅴ级;本层在沿线场地局部分布
<14>	中风化花岗岩	-48.55～2.02	2.68～10.20	灰白色、褐黄色,坚硬,稍湿,含大量中粗粒石英颗粒、白云母片及长石,岩芯采取率大于80%,岩芯呈短柱状,锤击声脆,不易击碎,结构部分破坏,风化裂隙发育,岩石坚硬程度分类属较硬岩,岩体完整

2）沿线不良地质及复杂的地下环境

（1）明浜、暗浜

工程沿线存在若干内河,内河两岸的驳岸及抛石、条石对本工程是一大不利因素。此外,沿线场地内可能有早期的河流、明浜、塘经填埋而形成的暗浜。

（2）突涌及流砂

根据福州市地区经验,沿线场地砂土、卵石层及基岩裂隙中的地下水部分具有一定的承压性,基坑开挖过程中有可能产生突涌现象,此外,砂层在动水压力的作用下极易产生流砂现象,这些对工程的设计和施工均不利。

（3）软土

福州地区地表下局部分布较厚的软土（淤泥、淤泥质土）,此类土多处于欠固结状态,具有含水率高、孔隙比大、强度低、压缩性高等不良特性,同时软土还有低渗透性、触变性和流变性等特点。工程建成后,软土引起的工后沉降往往较大,对工程的安全运营影响很大。

（4）地下管线

本工程线路所经区域主要为市区繁华主干道,道路两侧多分布有地下电缆、煤气管道、污水管、给排水管等各种类型的地下管道及线路,埋藏情况较为复杂,为地铁盾构隧道的掘进施工带来难题。

(5)地下洞室

本工程沿线还分布有一些洞室,如沿线大型商场、地下停车场、防空洞,沿线地下洞室的存在对线路选址有较大影响,应尽量避开。

(6)孤石及墓穴

根据地区经验,福州市较多地段残积土及风化岩中常揭示有孤石的存在,孤石的大小及分布情况无明显规律可循,而工程沿线穿越的乌龙江、闽江及内河河道两岸有存在条石、抛石的可能,这些孤石、抛石对工程建设特别是盾构的推进存在较大的不利影响。福州地铁2号线福州市区中心段不存在墓穴,但在竹岐停车场不排除存在墓穴的可能性。

(7)温泉地带

工程沿线在古田支路附近区域为温泉地带(六一路至五一路区间),应对该区段的温泉分布、埋深、水量等情况进行调查,以判断温泉对工程的影响程度。

1.4.2 水文地质情况与评价

1)地表水

工程沿线地表水体主要为乌龙江、闽江及市区内河水系。闽江经南台岛北端的淮安分为南北两汊,南汊经湾边至马尾,称南港(又称乌龙江),为闽江支流。沿线依次经过的内河主要有白马河、东西河、晋安河、凤坂河、浦东河及磨洋河等,上述内河均属于闽江内河水系,其水位主要受河道水闸调节控制,据了解内河水位高程平时多为 4.2~5.5m,而近年市区内涝最高水位为 7.5m。

2)地下水

根据《岩土工程勘察规范》(GB 50021—2001),本工程沿线场地环境类型分类主要为Ⅱ类,地下水按地层渗透性主要属强透水土层中 A 型地下水。

上层滞水主要赋存于浅部地层杂填土及②黏土层中,为孔隙水。该层水量不大,补给主要为大气降水及地表径流,以蒸发及下渗方式排泄。根据福州市地区经验,该层水位埋深一般在 1.0~2.0m 之间。

孔隙潜水主要分布于上部砂层中,富水性较好,水量中等~丰富,主要接受大气降水入渗补给及地表水和周围孔隙裂隙水的侧向补给,水位埋深一般在 2.0~5.0m,闽江及乌龙江附近场地的水位随江水变化而变化。孔隙承压水主要分布于中下部的砂层、卵石层中,具有一定的承压性,主要接受沿途河道及侧向水流的补给,根据福州市地区经验,该层水位高程一般在 3.5~4.5m 之间。

孔隙裂隙水多为潜水,主要分布于残坡积层和强风化岩中,接受大气降水和基岩裂隙水的补给,富水性差;地下水位及涌水量受季节性影响明显,水位埋深较大。基岩裂隙水为微承压水,赋存于基岩构造裂隙中;主要接受大气降水入渗补给;由于风化程度不均匀,风化孔隙裂隙率和连通性差异较大,其透水性具不均匀性,总体透水性较弱,富水性较强。

总体而言,潜水水位变化幅度最大,上层滞水次之,承压水变幅最小。此外,以上各含水层中,上层滞水与其他含水层水力联系较差,砂层与卵石层水力联系较强,其余含水层间水力联系一般。

工程沿线场地地下水对混凝土结构具有弱腐蚀性,对钢筋混凝土结构中钢筋具有微腐蚀性,对钢结构具有弱腐蚀性。

1.4.3 地震安全性评价

1)区域构造

本工程沿线场地所处的区域范围包括了武夷—戴云隆褶带和台湾海峡沉降带中部。工程场地位于武夷～戴云隆褶带闽东火山断拗带内,西邻闽西北隆起带和闽西南拗陷带,东临台湾海峡沉降带。

闽东火山断拗带位于福建东部,即政和—海丰断裂带以东,在华力西—印拗褶基础上,中生代发生大规模断陷和拗陷,形成巨厚的东南沿海中生代火山岩带,沿构造带形成强烈的区域变质和混合岩化作用,中生代岩浆广泛侵入。区域范围内构造总体轴向为北北东向,同时在区内存在南岭纬向构造带,北西向构造斜穿本区。

图1-6为福州地区区域地质构造图。从图上可看出,福州地区不具备发生6级以上地震的条件,无活动断裂通过本场地。

2)地震地质概况

根据国家现行地震区划的有关规定,工程沿线场地抗震设防烈度为7度,设计基本地震加速度值为$0.10g$,属设计地震第二组。

拟建场地浅层主要由杂填土、粉质黏土、淤泥及中砂组成。部分场地地表下20m范围内存在可液化的饱和土⑤中砂,按抗震设防烈度为7度时属轻微液化场地。沿线场地分布有较厚的③淤泥、⑥淤泥质土、⑨淤泥等软土层。根据福州地区工程经验,土层剪切波速一般均大于90m/s,按抗震设防烈度为7度时,地震时可不考虑软土震陷影响。

依据《建筑抗震设计规范》(GB 50011—2010),停车场及各站点所处场地建筑场地以Ⅲ类为主,特征周期值为0.45s,局部为Ⅱ类,特征周期值为0.35s。因工程沿线场地广泛存在软弱土及可液化土层,故场地属于抗震不利地段。

3)区域稳定性评价

根据区域地质资料,场地区域内无活动断裂带、断裂构造,基岩中发育的节理裂隙为次生构造反映,场地内未见有新构造活动迹象。工程沿线属较复杂场地、中等复杂地基,区域稳定性较好。根据《城乡规划工程地质勘察规范》(CJJ 57—2012),场地稳定性分类为稳定,适宜性分类为较适宜。

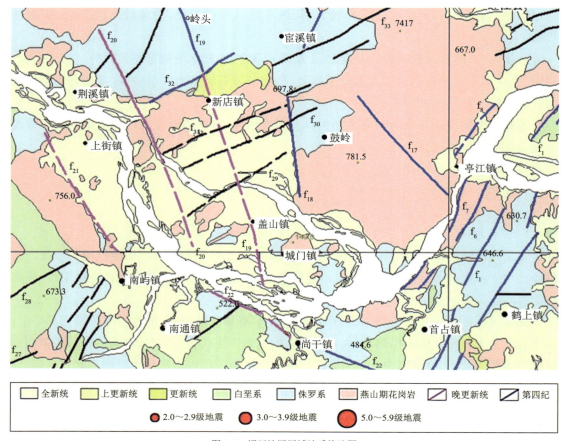

图 1-6 福州地区区域地质构造图

1.4.4 防洪安全性评价

闽江是福建省最大的河流,发源于闽赣边界的武夷山脉,向东南流入东海。闽江流域降水丰沛,居全国第七位。流域年径流总量达 623.70 亿 m^3,径流年际变化比较稳定,为重要水运通道。闽江源短流急,平均约三年就要发生一次流量超过 2 万 m^3/s 的较大洪水。中、上游滩多水急,水力资源丰富。闽江洪水就暴雨成因而论,主要有梅雨型和台风雨型两种。闽江下游为感潮河段,随着河床泥沙的淤积,潮区界也在不断变化。由于闽江下游段河床坡降低,流速转缓,加以有潮水顶托作用,一旦上游来水量增加,洪水下泄不畅,水位增加,便很容易酿成洪涝灾害。

闽江干流水口电站水库建成后,原来上游下来的推移质输砂量和约一半的悬移质输砂量拦截在坝内,近似为清水下泄,从而增加了坝下水流的冲刷能力,使坝下河道冲刷加剧。根据坝下嵩滩浦站于 1998 年观测资料,河床平均刷深 1.92m,同流量水位下降 1.01m,现状情况还会大于这个数值。

根据闽江干流竹岐站水位与河道断面面积关系曲线,分析计算得出,2004年比1992年河床平均刷深增加8.25m,其主要刷深期在近几年,正是该河段盲目大量采砂的高峰期。闽江北港文山里站1993年和2004年河床平均刷深分别为2.80m和4.60m,水位下降分别为1.70m和3.40m。

闽江汛期洪水对流量、流速、水位的影响特别显著,非汛期则以潮汐性水流出现,汛期一般发生在4—9月,较大洪水多出现在5—7月。

闽江口为强潮河口,潮型为正规半日潮,潮波近似驻波。本河段解放大桥下潮位站潮位资料统计分析,其最高潮位为8.22m(1998年),其最低潮位为0.44m(1996年),最大潮差为4.78m(1996年)。闽江300年一遇洪峰流量为11200m³/s,10年一遇洪峰流量为75900m³/s。

近10年来,整个河段深泓线变化走向基本一致,总体上摆动幅度较小,深泓线变化幅度在30m范围,滩槽稳定。

根据调查,2号线穿越闽江段,江北防洪堤坝顶高程约为12.0m,江南防洪堤坝顶高程约为10.5m;2号线穿越乌龙江段,江西岸防洪堤坝顶高程约为13.1m,江东岸防洪堤坝顶高程约为12.9m。

1.5 工程重难点

1)盾构区间施工环境复杂

图1-7所示为福州地铁2号线线路经过区域主要地质分布图,不良地质作用主要有地面沉降、砂土液化。该线路全线分布有软土,由于软土具有含水率高、压缩性大、强度低、灵敏度高、易触变等特点,易产生固结变形,引起地面沉降,导致路面、房屋开裂等地质灾害,对途经的区间隧道潜在的影响和危害较大。与此同时,线路范围内分布着海相沉积淤泥质中细砂、中细砂层。基本位于地下水位以下,在地震情况下局部会发生液化。

2)车站基坑施工难度高

(1)鼓山站

场区地下水丰富,基坑开挖范围主要为淤泥层,易产生流变现象,导致围护结构稳定性差,坑底易产生隆起;并且该场地存在巨型孤石;车站施工时不仅需要提前对巨型孤石进行处理,还需要制订加固方案。

(2)桔园洲站

场地含水层厚度较大,埋深较大,地下水十分丰富,地下连续墙无落底到不透水层的条件;车站建设时既需要隔绝地下水保证无水施工条件,又需要严格控制基坑周边建筑沉降。

(3)南门兜站

车站位于福州市中心,基坑地处硬岩地层,成槽机无法直接成槽,冲击钻磨损大、效率低。如何加快施工,快速有效地成槽是难点。

(4)水部站

该站采用半盖挖顺筑法施工,给基坑开挖、支护造成极大的困难,在一定程度上也制约整个工程的进展;另外该站站址区地下水丰富,水位埋深浅,基坑支护结构进入承压水层,施工难度极大。

图1-7 福州地铁2号线地质分区图

1.6 主要工程

全线工程以"洞通、轨通、电通、车通"四通为控制点,以盾构推进、轨道铺设和供电系统合闸送电"三线"为关键线路。三条关键线路中,盾构推进又是关键中的关键,全线工期计划就是以盾构推进这条主线展开编制而成。在保证质量和安全的前提下,根据以往国内轨道交通工程建设和福州地铁1号线的经验,同时结合地铁2号线工程的具体特点,全线工程建设按工程前期规划设计、动拆迁和管线搬迁等前期工作、车站结构、区间结构、轨道铺设、设备系统及建成通车这一顺序进行安排。

2号线线路全长约30.3km,共设22座车站。全线均为地下线,共21座盾构区间隧道,1座出入场线盾构隧道。共计划采用27台盾构机,其中4个区间采用2组(共4台)泥水平衡盾构机进行过江掘进。线路各车站间距及车站形式列于表1-2。

第 1 章　工程概况

线路主要工程　　　　　　　　　　　　表 1-2

序号	车站名称	中心里程	站间距(m)	车站形式	备注
	起点	DK8+097.1			预留西延条件
			469.9		
1	苏洋	DK8+567.00		岛式地下一层	西侧接出入线,东侧接交叉渡线
			2056.65		
2	沙堤	DK10+623.82		岛式地下两层	—
			1745.92		
3	上街	DK12+369.46		岛式地下两层	
			1608.12		
4	金屿	DK13+977.57		岛式地下两层	站西侧接单渡线
			1008.54		
5	福州大学	DK14+986.11		岛式地下两层	
			1984.63		
6	董屿	DK16+970.74		岛式地下两层	
			855.88		
7	厚庭	DK17+826.62		岛式地下两层	站西侧接双折返线,与福州地铁 8 号线换乘
			2837.54（过江）		
8	桔园洲	DK20+658.14		岛式地下两层	站东侧接单渡线
			744.58		
9	洪湾	DK21+402.72		岛式地下两层	
			1224.79		
10	金山	DK22+627.58		岛式地下两层	站西侧接单渡线,与福州地铁 5 号线换乘
			884.22		
11	金祥	DK23+511.80		岛式地下两层	
			2074.67（过江）		
12	祥坂	DK25+587.84		岛式地下两层	站南侧接双折返线
			779.79		
13	宁化	DK26+367.63		岛式地下三层	
			1433.3		
14	西洋	DK27+752.76		岛式地下两层	
			884.73		
15	南门兜	DK28+610.43		岛式地下三层	东侧设联络线单渡线,与福州地铁 1 号线换乘
			1095.64		
16	水部	DK29+706.11		岛式地下两层	
			1294.87		
17	紫阳	DK31+000.00		岛式地下两层	站东侧接双折返线,与福州地铁 3 号线换乘
			1412.77		
18	五里亭	DK32+405.43		岛式地下两层	
			1007.07		
19	前屿	DK33+412.53		岛式地下两层	与福州地铁 4 号线换乘
			1405.66		
20	上洋	DK34+816.43		岛式地下两层	站东侧设双折返线接出入段线
			2040.18		
21	鼓山	DK36+856.60		岛式地下两层	—
			969.27		
22	洋里	DK37+826.50		侧式地下一层	西侧设单渡线,东侧设交叉渡线
			308.175		
	终点	DK38+144.68			预留东延条件

1.7 建设历程

2009 年 6 月 3 日,国家发改委印发《福州市城市快速轨道交通近期建设规划(2008—2016 年)》(发改基础〔2009〕1467 号),批准福州市轨道交通 2 号线工程建设规划。

2012 年 3 月 18 日,国家发改委印发《关于福州市轨道交通 2 号线工程可行性研究报告的批复》(发改基础〔2012〕3532 号),批准福州市轨道交通 2 号线(即福州地铁 2 号线)

工程可行性建设。

2014年3月18日，福建省发改委印发《福建省发展和改革委员会关于福州市轨道交通2号线工程初步设计的批复》(闽发改交通〔2014〕32号)，批准福州市轨道交通2号线(即福州地铁2号线)工程初步设计，初步设计总投资概算为196.22亿元。5月17日，福州市人民政府召开的福州地铁2号线建设推进会，土地与房屋征收涉及福州高新区及一县四区；8月1日，福州地铁2号线金祥站管线迁改等前期工程全部完成，开始围挡施工；11月初，福州地铁2号线厚庭站开始施工；11月28日，福州地铁2号线举行开工仪式。

2015年1月23日，福州地铁2号线桔园洲站开工建设；6月14日，福州地铁2号线宁化站开始围挡施工；11月，福州地铁2号线沙堤站、西洋站开始围挡施工。

2016年11月29日，福州地铁2号线机电设备PPP项目特别经营初步协议签订。

2017年5月3日，福州地铁2号线上洋站—鼓山站区间左线盾构"二公盾5号"顺利始发；5月27日，桔园洲站—洪湾站区间左线隧道、上街站—金屿站区间左线隧道同日贯通，是福州地铁2号线最先贯通的两个隧道；11月19日，鼓山车辆段列车接触网第一根支柱在无轨的条件下组立安装完成。

2018年3月15日，福州地铁2号线迎来首列车，将在鼓山车辆段进行各项调试；5月26日，福州地铁2号线左线正式洞通，成功和福州地铁1号线交汇(南门兜站距1号线下行线仅10.24m)，标志着全长1482m的福建省首个近距离穿越已运营地铁线路的盾构区间实现双线洞通。

2019年1月20日，福州地铁2号线空载试运行阶段；4月26日，福州地铁2号线试运营。

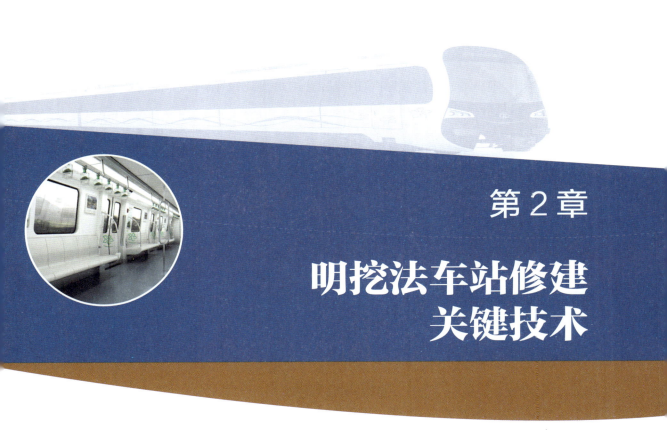

第 2 章

明挖法车站修建关键技术

/ 2.1 硬岩地层地下连续墙成槽　/ 2.2 含孤石地质条件下地下连续墙成槽
　　　/ 2.3 车站深基坑降水　/ 2.4 基坑降水开挖与水下开挖
/ 2.5 深厚富水砂层基坑水平封底施工　/ 2.6 降水试验在地铁建设中的应用
　　　　　　　　　　　　　　　/ 2.7 地铁车站基坑综合监测

地铁车站的施工方法有明挖法、盖挖法、暗挖法。根据《地铁设计规范》(GB 50157—2013),盖挖法现已归并到明挖法中;暗挖法包括盾构法和矿山法,在我国,一般特指矿山法。目前,明挖法是我国地铁车站修建中优先使用的一种修建方法,相较于暗挖法,明挖法主要的优点表现在基坑的围护结构和开挖方法上,它可以应用于不同的土层结构。

明挖法的优点主要有以下几点:

(1)便于设计。明挖法边坡支护结构、支撑和锚固体系受力比较明确,便于选择合理的设计方案和参数。

(2)便于快速施工。一般情况下,明挖法的施工场地比较开阔,工作面较多,可以组织大量人员、设备、材料、机具等进行快速施工。

(3)便于控制施工安全、质量和进度。

明挖法的施工工序和作业面大部分可以直接观察和检查,便于检测施工项目,易于发现安全隐患。不过,明挖法施工也有拆迁工作量大、受气候影响大、对环境影响大、易发生基坑整体失稳破坏等缺点。

明挖法的施工核心步骤包括降低地下水位、边坡支护、土方开挖、结构施工和防水施工等。福建素有"八山一水一田"之称,福州地铁2号线沿线地质既分布着较厚的软土(淤泥、淤泥质土)层和砂层,也离散分布着大量巨型孤石。因此,福州地铁2号线建设过程中因地制宜地吸收和改进了软岩地区和硬岩地区的明挖施工法,总结出适用于福州市典型地质的明挖法车站修建关键技术。本章从地铁车站建设出发,介绍福州市硬岩地层、含孤石地层的地下连续墙成槽技术,富水地层基坑的降水、开挖及封底技术,以及地铁车站综合监测技术。

2.1 硬岩地层地下连续墙成槽

2.1.1 工程概况

福州地铁2号线南门兜站为地下三层换乘车站,长283.2m,标准段宽26m,基坑挖深24m。该站围护结构采取钻孔桩加地下连续墙的形式,如图2-1所示。西段(右线1~23轴,左线1~13轴)围护结构采用1000mm地下连续墙,合计60幅;东段(右线23~34轴,左线13~34轴)采用 ϕ1000mm@1150mm 钻孔桩,合计248根钻孔桩。

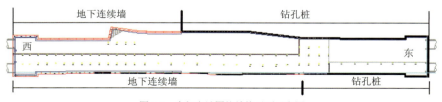

图2-1 南门兜站围护结构平面示意图

南门兜西段车站底板主要位于粉质黏土,淤泥质土及(含砂)粉质黏土层;坑底以上位于淤泥段需进行槽壁加固,地下连续墙墙趾大部分进入中风化花岗岩及微风化花岗岩层。东段车站底板主要位于中风化花岗岩及微风化花岗岩层;钻孔桩桩底大部分进入中风化花岗岩及微风化花岗岩层。图 2-2 所示为南门兜站部分芯样图。

a)　　　　　　　　　　b)　　　　　　　　　　c)

图 2-2　南门兜站部分芯样图

2.1.2　施工难点

该站基坑地处硬岩地层,包括微风化花岗岩和中风化花岗岩,单轴极限抗压强度均值分别为 87MPa 和 56MPa。面对硬度较大的硬岩地层,成槽机无法直接成槽,冲击钻磨损大且效率低。如何在硬岩地层施工基坑的地下连续墙是难点。

2.1.3　施工关键技术

南门兜站地下连续墙共计 60 幅,其中入中微化花岗岩 36 幅,平均入岩深度为 5~7m,地下连续墙平均深度约为 32m。针对这一工况,共对比了以下两种不同的成槽方案。

1)方案一:冲击钻引孔

该方案需要 SG60A 成槽机 1 台,冲击钻 2 台。先用成槽机抓除地下连续墙上部杂填土、淤泥、粉质黏土和部分强风化花岗岩,待成槽机不能正常抓除时再配以冲击钻引孔。

(1)成槽机垂直度控制

成槽前,利用车载水平仪调整成槽机的平整度。成槽过程中,利用成槽机上的垂直仪表及自动纠偏装置来保证成槽垂直度,成槽垂直精度不得大于设计要求的 1/300,接头处相邻两槽段的中心线任一深度的偏差均不得大于槽深与垂直度精度之积。

(2)成槽开挖顺序的确定

成槽机开挖顺序为先两边后中间,如图 2-3 所示。

待成槽机无法正常抓除时,再用冲击钻引孔,每个槽段配备 2 台冲击钻。以 6m 长槽段为例,每个槽段引孔 7 个,分别为 4 个主孔和 3 个副孔。先施工主孔,后施工副孔。冲击钻引孔施工顺序依次为主孔 1→主孔 3→主孔 2→主孔 4;冲击钻副孔施工顺序为副孔 1、副孔 3 同时施工,最后再施工副孔 2。通过引孔将槽段宽度方向上方的岩层全部冲碎,然后用冲击钻(方锤)修边,待成槽机挖出破碎岩层后用滤砂器清槽,具体施工步骤如图 2-4 所示。

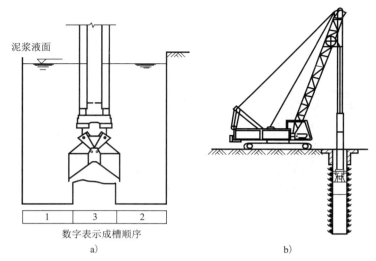

图 2-3 成槽开挖顺序

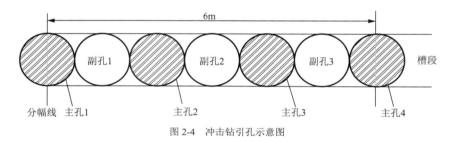

图 2-4 冲击钻引孔示意图

2）方案二：潜孔钻引孔

该方案需配备 SG60A 成槽机 1 台，冲击钻 2 台，潜孔钻 1 台。先用成槽机抓除地下连续墙上部杂填土、淤泥、粉质黏土和部分强风化花岗岩，待成槽机不能正常抓除时再配以潜孔钻引孔，冲击钻（方锤）修边。成槽机垂直度控制与冲击钻引孔方案中一致。

（1）成槽开挖顺序的确定

成槽机开挖顺序也是先两边后中间，待成槽机无法正常抓除时，再用潜孔锤引孔，每个槽段配备 2 台冲击钻。以 6m 长槽段为例，槽段用潜孔锤冲出 4 个主孔，潜孔锤引孔施工顺序依次为主孔 1→主孔 2→主孔 3→主孔 4；完成后再用冲击钻冲出 3 个副孔，冲击钻副孔施工顺序为副孔 1 与副孔 3 同时施工，最后再施工副孔 2。后续施工步骤与冲击钻引孔方案中一致。具体施工步骤如图 2-5 所示。

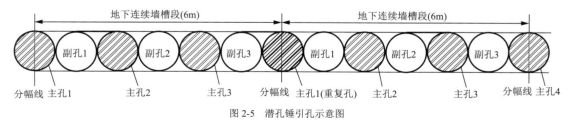

图 2-5 潜孔锤引孔示意图

（2）风动式潜孔锤的优势

风动式潜孔锤正循环垂直冲击钻进，压缩空气经内管孔道传输给潜孔锤，并驱动潜孔锤做功；排出的废气经钻头排气孔排出，冲洗孔底、冷却钻头，并挟带岩渣屑沿孔壁与外管之间的环状间隙上返至地表，完成正循环钻进过程。潜孔锤正循环时，高速气流冲刷孔壁，孔壁受到大口径外管保护而不易坍塌掉块，有利于孔壁的清洁稳定；高压气流排出孔口的同时，伴随着地下水与岩屑粉尘搅拌成的泥浆，返至地面。在潜孔锤冲击破碎岩石或卵砾石层的同时，动力头带动钻杆及潜孔锤进行适度的钻压与回转钻进，既能研磨刻碎岩石，又能使潜孔锤击打位置不停地变化，使潜孔锤底部的合金突出点每次都击打在不同位置，大大加强了对岩石的破碎作用，起到多重效果，具有更高的钻进效率。

3）两方案成槽功效对比

DXQ-32处（入强风化花岗岩9.3m，入中风化花岗岩3.5m）选用方案一进行成槽施工；DXQ-31处（入强风化花岗岩8m，入中风化花岗岩6m）选用方案二进行成槽。从现场施工实际情况来看（表2-1，图2-6），DXQ-32地下连续墙完成总时间为355h（14.8d），DXQ-31地下连续墙完成总时间为149.5h（6.3d）。通过对比，方案二的成槽速度更快，潜孔锤入岩平均1m/h，冲击钻入岩平均0.2m/h。

施工记录分析表　　　　　　　　　　　　　　　　表2-1

DXQ-31（墙深31m，潜孔锤引孔）			DXQ-32（墙深30m，冲击钻引孔）		
成槽方式	深度及地层地质	施工时间	成槽方式	深度及地层地质	施工时间
成槽机抓槽	18.2m（杂填土及淤泥地层进入强风化界面）	5h	成槽机抓槽	16m（杂填土及淤泥地层进入强风化界面）	7h
潜孔锤引孔	1号主孔：强风化9.3m 中风化3.5m 终孔深度31m	13h20min	冲击钻引孔	1号主孔：强风化8m 中风化6m 终孔深度30m	48h30min
	2号主孔：强风化9.2m 中风化3.7m 终孔深度31.1m	16h30min		2号主孔：强风化8m 中风化6m 终孔深度30m	61h30min
	3号主孔：强风化9.3m 中风化3.5m 终孔深度31m	16h40min		3号主孔：强风化8m 中风化6m 终孔深度30m	75h30min
	4号主孔：强风化9.3m 中风化3.6m 终孔深度31.1m	11h30min		4号主孔：强风化8m 中风化6m 终孔深度30m	73h30min
冲击钻副孔引孔	1号副孔：强风化9.3m 中风化3.5m 终孔深度31m	18h30min	冲击钻副孔引孔	1号副孔：强风化8m 中风化6m 终孔深度30m	17h30min
	2号副孔：强风化9.3m 中风化3.5m 终孔深度31m	22h30min		2号副孔：强风化8m 中风化6m 终孔深度30m	20h
	3号副孔：强风化9.3m 中风化3.5m 终孔深度31m	21h30min		3号副孔：强风化8m 中风化6m 终孔深度30m	19h30min
冲击钻方锤修孔	修孔深度31m	9h	冲击钻方锤修孔	修孔深度30m	17h30min
成槽机清渣及灌注		15h	成槽机清渣及灌注		14h30min
合计时间		149h30min	合计时间		355h

经过现场实际施工对比,本工程南门兜站硬岩地层地下连续墙成槽施工采用方案二。

a)　　　　　　　　　　　　b)　　　　　　　　　　　　c)

图 2-6　地下连续墙成槽施工、引孔现场

2.1.4　应用成效

福州地铁 2 号线南门兜站硬岩地层地下连续墙建设中,成槽施工采用方案二(潜孔锤引孔),从 2016 年 9 月 18 日到 2016 年 12 月 25 日为止,总计 99d,共完成地下连续墙 22 幅,平均 4.5d/幅。成槽效率比直接用冲击钻引孔要提高约 1 倍。

2.2　含孤石地质条件下地下连续墙成槽

2.2.1　工程概况

鼓山站是福州地铁 2 号线的第 22 站,位于福马路与鼓山路交叉口,为地下两层岛式车站。车站设计起点里程 YDK36+786.004,设计终点里程 YDK36+986.004。车站东、西端区间均采用盾构法施工,东端为盾构接收端,西端为盾构始发端。东西侧端头井基坑开挖深度约 16.41m,标准段基坑开挖深度约 14.61m。车站主体共 80 幅地下连续墙,其中东端头井有 2 幅厚度为 1000mm 的地下连续墙,其余全部为 800mm 厚地下连续墙。

鼓山站站址基坑所处地层由上至下依次为:<1-2> 杂填土、<2-4-1> 淤泥、<3-8> 卵石、<3-1> 粉质黏土、<3-3> 中粗砂、<3-5> 淤泥质土夹薄层砂、<5-2> 残积砂质黏性土、<7-1> 强风化花岗岩。基坑开挖范围内地层主要为杂填土层、淤泥层、粉质黏土层,基底大多处在 <2-4-1> 淤泥层。鼓山站详细勘察阶段岩土工程勘察报告显示(图 2-7),在基坑开挖范围内存在巨型孤石。

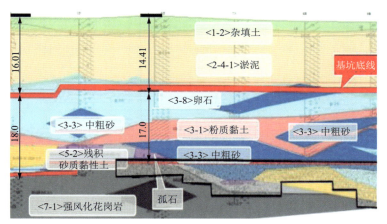

图 2-7 鼓山站地质情况示意图（尺寸单位：m）

2.2.2 施工难点

（1）场区地下水丰富，基坑开挖范围主要为淤泥层，易产生流变现象，导致围护结构稳定性差，坑底易产生隆起。如何保障基坑顺利安全开挖是施工难点。

（2）福州地铁 2 号线鼓山站详细勘察阶段岩土工程勘察报告显示，车站范围内有三处位置存在巨型孤石，三处地下连续墙施工均要穿透孤石。如何提前对巨型孤石进行处理是施工难点。

2.2.3 施工关键技术

地下连续墙施工工艺流程如图 2-8 所示。施工步骤为：施工测量→导墙修筑→成槽清槽→吊入钢筋笼→混凝土浇筑。鼓山站地下水丰富，基坑开挖范围主要为淤泥层，易产生流变现象，导致围护结构稳定性差。因此控制泥浆质量成为该站地下连续墙施工的关键点。与此同时，勘察报告显示三处地下连续墙施工均需穿透巨型孤石，所以如何在成槽过程中对孤石进行处理是施工中的另一关键点。

1）泥浆制备及调整

（1）泥浆的制备

本工程根据经验及周边的地质情况，泥浆采用优质钠基膨润土进行预水化后加以制备。

按照护壁泥浆性能指标，通过试验确定泥浆配合比，根据配合比向泥浆搅拌机中加入膨润土和水（视情况加入必要的化学处理剂）等材料，通过高速搅拌制备泥浆，制备好的泥浆通过现场制作的泥浆箱储存。福州地铁 2 号线工程采用的膨润土造浆配合比见表 2-2。

膨润土造浆配合比（占水的质量百分比）　　　　表 2-2

水(%)	膨润土(%)	CMC（%）	烧碱(%)
100	10	0.03～0.05	0.4～0.5

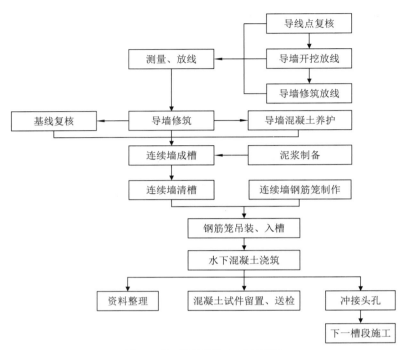

图 2-8 地下连续墙施工工艺流程图

(2) 泥浆的性能指标

根据不同的施工阶段,护壁泥浆的控制指标见表 2-3。在成槽过程中,如遇粉砂层和圆砾层等自稳性较差的土层,且土层较厚时,泥浆相对密度应适当提高至 1.3 左右,以保证槽壁的稳定。同时,要保证泥浆液面高出地下水位 1m 以上,用以控制槽壁稳定。

泥浆的性能指标表   表 2-3

时段	项目	泥浆的性能控制指标	检验方法	备注
成槽时	相对密度	1.04～1.10	泥浆相对密度计	—
	黏度(s)	20～25	500mL/700mL 漏斗法	
	pH 值	8～9	pH 试纸	
	胶体率(%)	>95	重杯法	
	失水量(ml/min)	<30	失水量仪	
清孔后底部	相对密度	≤1.10	泥浆相对密度计	槽底以上 0.2～1.0m 处
	黏度(s)	<25	500mL/700mL 漏斗法	
	含砂率(%)	<7	含砂量法	
	pH 值	>8	pH 试纸	
	胶体率(%)	>95	重杯法	
	失水量	<25mL/min	失水量仪	

被污染后性能降低的泥浆,经处理后可重复使用。泥浆净化回收可采用振动筛、旋流器、流槽及沉淀池(凝聚沉淀)或强制脱水等方法。如污染严重难以处理或处理不经济者则舍弃。本工程泥浆处理采用机械处理和重力沉淀处理相结合的方式,从槽段中置换出来的

泥浆经过机械处理后流入沉淀池进行重力沉淀,重力沉淀 16h 稳定后,将表面清稀部分浆水用水泵抽送到过滤池,并通过四层滤网过滤,将废水排掉,余下的浆体再生,重复利用。

(3)泥浆循环系统

①成槽过程中的泥浆循环

为保证成槽的速度及质量,泥浆循环系统包括:大型泥浆池、泥浆沉淀池、黑旋风泥浆分离器、泥浆泵、高压潜水泵。在抓槽的过程中,将泥浆池中的泥浆用泥浆泵直接抽送到成槽的槽段,或在成槽的槽口中加入适量水,通过抓槽在操作拌动,原始土体自然成浆。如果浆液不能满足要求,根据需求往槽口内加入膨润土造浆直至满足要求,形成槽内成浆系统。在成槽完成后,将槽段内的泥浆抽送到黑旋风泥浆分离器,经泥浆分离器将渣浆分离,泥浆存入泥浆池,供下一幅导墙槽段施工使用。

②清槽过程中的泥浆循环

经高压潜水泵抽的泥浆送往分砂器分砂,合格后泥浆流回槽段。

③水下混凝土浇筑的泥浆循环

在距离浇筑混凝土槽段附近放置两台泥浆泵,在混凝土浇筑时把泥浆抽往泥浆池及储浆罐。

2)巨型孤石的处理

福州地铁 2 号线鼓山站 TQ-3A 段在成槽施工过程中,在 15m 深度处遇见卵石层,采用冲击钻成槽至 22m 深度后,又在 35m 深度处遇见岩层,继续采用冲击钻成槽至 37m 深度处,完成施工。TQ-2A 段同样的在 15m 深度处遇见卵石层,然而采用相同的冲击钻成槽至 18m 深度时,冲击锤多次锤击始终偏移,并且时常卡锤,成槽机多次抓取石块,均无法成功取出。面对这种情况,推断该处孤石可能部分在槽段内,部分在土体内,为快速清除巨型孤石,保证成槽,决定采用土力钻机排钻法切断巨型孤石,再成槽挖除。

土力钻机钻孔布置方案如图 2-9 所示,钻孔位置距槽边 20cm,钻孔直径 10cm;根据现场推断钻孔约 51 个,钻孔深度为 22～24m,实际根据钻机钻进速度及持力情况决定是否需继续下钻,排钻完成后,采用成槽机挖除孤石。依照该方案,最终成功地清除巨型孤石(图 2-10),完成成槽施工。

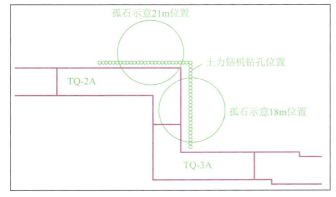

图 2-9 土力钻机钻孔布置方案

图 2-10 现场取出的孤石

2.2.4 应用成效

福州地铁 2 号线鼓山站场区地下水丰富,基坑开挖范围主要为易流变的淤泥层,同时局部又含有巨型孤石;这些复杂的地质状况给该站地下连续墙施工带来较大的技术难题。在本工程中,通过调整泥浆造浆配合比及泥浆性能控制,保证了成槽的速度和质量;采用土力钻机排钻法切断巨型孤石,成槽速度快、占地小,且价格低廉,处理后能保证地下连续墙顺利成槽。本工程在施工过程中及时对参数进行优化和总结,对方案进行修正,最终使得地下连续墙顺利建成。由于软弱土与孤石混合的不良地质在福建省范围内广泛分布,本工程的顺利施工为今后类似工况提供了可借鉴的施工经验。

2.3 车站深基坑降水

2.3.1 工程概况

福州地铁 2 号线水部站呈东西向布置于古田路上,现状场地地形较平坦;地面高程为 5.28～7.12m,场地内主要有现状道路、居住民宅和公共设施等,如图 2-11 所示。

图 2-11 水部站车站平面位置

该站为地下两层岛式车站,车站设计起点里程 YDK29+611.108,设计终点里程 YDK29+779.108,结构外包尺寸 169.4m×19.7m,站中心基坑深度约 16.46m,顶板覆土 3.15m。主体围护结构施工包括 $\phi 650mm@450mm$ 三轴搅拌桩槽壁加固、$\phi 700mm@500mm$ 双轴搅拌桩坑内抽条加固,地下连续墙与车站外墙形成复合墙结构。该站结合交通组织采用半盖挖顺筑法施工基坑。

水部站站址基坑所处地层由上至下依次为杂填土、块石、淤泥、淤泥夹砂、(含泥)粉细砂、粉质黏土、(含泥)粗中砂、卵石(砂质填充)及强风化花岗岩(砂土状)。该站基坑范围内松散岩类孔隙承压水主要赋存于淤泥夹砂、(含泥)粗中砂、卵石层中。其中,淤泥夹砂、(含泥)粗中、卵石层之间存在直接的水力联系,其承压水位高程为1.2～3.6m,埋置深度为2.5～5.5m;其含水性能与砂的形状、大小、颗粒级配及黏粒含量等有密切关系,淤泥夹砂属于弱～中等透水层,(含泥)粉细砂、(含泥)粗中砂、卵石层属中等～强透水层,其余属不透水～弱透水层。该承压水层对工程建设的影响较大,特别是对桩基施工和基坑开挖有较大影响,在地铁施工和运营过程中需随时掌握水位变化情况。

2.3.2 施工难点

福州地铁2号线水部站因交通组织等因素限制,需采用半盖挖顺筑法施工,给基坑开挖、支护造成极大困难,在一定程度上制约了整个工程的进展。另外该站站址区地下水丰富,水位埋深浅,基坑支护结构进入承压水层,施工难度大。地下水位严重影响施工安全及工程进展。因此,降水施工必须贯穿整个基坑开挖过程。

2.3.3 关键施工工艺

1) 降水设计方案

(1) 基坑底板抗突涌稳定性验算

基坑开挖后,由于承压含水层上覆土层厚度变薄,其上覆土的压力降低。当上覆土的压力小于或等于承压含水层的顶托力时,承压水将可能使基坑底面产生隆起,严重时使土体被顶裂产生渗水通道,从而发生基坑突涌。

图2-12所示为基坑抗承压水突涌稳定性验算原理示意图,通常采用公式(2-1)判别基坑开挖后是否处于抗底部承压含水层突涌(以下简称"抗突涌")稳定(安全)的状态。

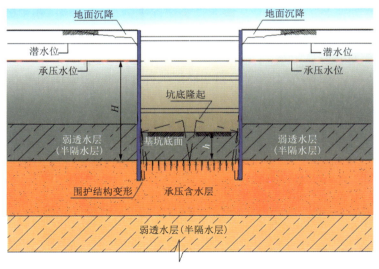

图2-12 基坑抗承压水突涌稳定性验算原理示意图

$$\frac{P_s}{P_w} = \frac{\sum h_i \times \gamma_{si}}{H \times \gamma_w} \geqslant F_s \quad (2-1)$$

式中：P_s——承压含水层顶面至基底面之间的上覆土压力；

P_w——初始状态下（未减压降水时）承压水的顶托力；

h_i——承压含水层顶面至基底面间各分层土层的厚度，其和等于图2-12中的h；

γ_{si}——承压含水层顶面至基底面间各分层土层的重度；

H——高于承压含水层顶面的承压水头高度，如图2-11中所示；

γ_w——水的重度；

F_s——安全系数，工程上一般取1.05～1.20，本工程取1.05。

由地质详勘报告可知，场区内（含泥）粗中砂承压含水层存在突涌的危险，需对其进行基坑抗突涌验算。根据勘察报告（含泥）粗中砂层承压水水位高程可按1.20m考虑，因地层起伏较大，各轴段选取不同的勘探孔进行基坑抗突涌验算。具体基坑各部位抗突涌稳定性验算结果见表2-4。

基坑底抗突涌稳定性验算表（F_s=1.05） 表2-4

工程部位	坑底高程(m)	参考勘探孔	地下水顶托力(kPa)	上覆土压力(kPa)	水位降深(m)	控制水位高程(m)
西端头井	-12.238	MBZ3-15-14	230.895	138.54	8.796	-7.596
东端头井	-10.575	MBZ4-15-20	199.50	117.045	7.853	-6.653
标准段	-11.92	MBZ4-15-17	176.19	59.292	11.133	-9.933

（2）降水设计思路

本工程主要软弱土层为深灰色淤泥层，该层土含水率高、孔隙比大、土质软弱、压缩性高，具有高灵敏度、低强度的特点。若不采取措施降低土层含水率，将造成开挖面软弱、积水等不良现象，影响开挖面上的施工；与此同时过高的含水率也会使土体自立性差，影响开挖效率。为此，本层直接采用疏干方式降水。

对基坑开挖造成主要影响的承压含水层为淤泥夹砂层和（含泥）粗中砂层。由于基坑开挖已经揭露淤泥夹砂层，所以对该层进行直接疏干；针对（含泥）粗中砂层，经过抗突涌验算，需要针对该层进行减压降水。

基坑周边环境复杂，需布置（含泥）粗中砂层坑外观测井，用于监测坑外承压水位变化，检验基坑围护止水效果。

（3）降水井设计

采用围护明挖施工时，提前布设若干疏干井，对基坑开挖范围内土层进行疏干。根据本工程土层情况，本次降水工程单井有效抽水面积$a_井$取200m²。坑内降水井数量计算公式为：

$$n = \frac{A}{a_井} \quad (2-2)$$

式中：n——基坑内降水井数量；

A——基坑面积；

$a_{井}$——单井有效降水面积。

本工程疏干降水井数量及布置情况见表 2-5。

疏干降水井参数　　　　　　表 2-5

工程部位	面积(m²)	计算井数(口)	实际井数(口)	井　号	井深(m)
主体基坑	3184	15.92	16	J1～J16	25、24、22、19

具体各井管位置、布设尺寸及结构如图 2-13 所示。

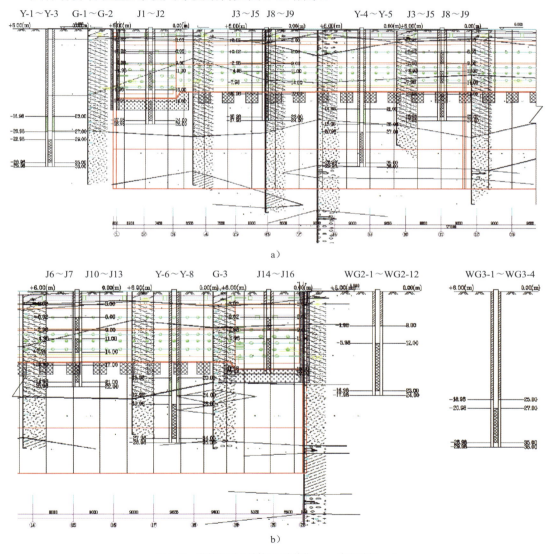

图 2-13　井管位置及结构(尺寸单位:mm;高程单位:m)

(4)降压井设计

为进行全面的基坑降水渗流分析及制定合理的基坑降水技术方案,需建立关于本基坑工程降水的水文地质数学模型及数值分析模型,在此基础上进行基坑降水渗流分析与设计计算,以检验井结构设计的合理性,综合确定井的深度与井的数量,同时预测基坑降水对周边地下水的渗流影响。

根据与本场地相适应的水文地质条件,可建立下列与之相适应的地下水三维非稳定渗流数学模型。

$$\frac{\partial}{\partial x}\left(k_{xx}\frac{\partial h}{\partial x}\right)+\frac{\partial}{\partial y}\left(k_{yy}\frac{\partial h}{\partial y}\right)+\frac{\partial}{\partial z}\left(k_{zz}\frac{\partial h}{\partial z}\right)-W=\frac{E}{T}\frac{\partial h}{\partial x} \quad (x,y,z\in\Omega) \quad (2\text{-}3)$$

$$h(x,y,z,t)|_{t=0}=h_0(x,y,z) \quad (x,y,z\in\Omega) \quad (2\text{-}4)$$

$$h(x,y,z,t)|_{\Gamma_1}=h_1(x,y,z) \quad (x,y,z\in\Gamma_1) \quad (2\text{-}5)$$

$$E=\begin{cases}S\text{承压水层}\\S_y\text{潜水层}\end{cases}, \quad T=\begin{cases}M\text{承压水层}\\B\text{潜水层}\end{cases}$$

式中: S ——储水系数;
  S_y ——给水度;
  M ——承压含水层单元体厚度;
  B ——潜水含水层单元体地下水饱和厚度;
  k_{xx}, k_{yy}, k_{zz} ——分别为各向异性主方向渗透系数(m/d);
  h ——点在 t 时刻的水头值;
  W ——源汇项(1/d);
  h_0 ——计算域初始水头值;
  h_1 ——第一类边界的水头值;
  t ——时间(d);
  Ω ——计算域;
  Γ_1 ——第一类边界。

采用有限差分法将上述数学模型进行离散,就可得到数值模型,以此为基础,借助 Visualmodflow 软件建立有限元模型,计算和预测抽水引起的地下水位的时空分布,有限元模型如图 2-14 所示,计算结果如图 2-15 所示。

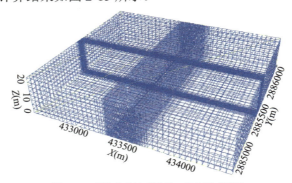

图 2-14　基坑水文地质数值三维有限元模型

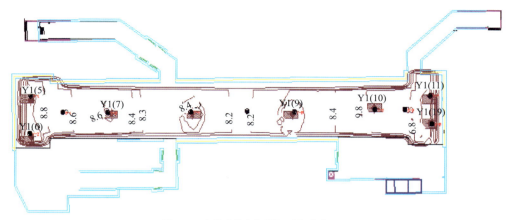

图 2-15 主体基坑水位降深云图(单位:m)

根据计算结果,本工程降压井设计参数见表 2-6。

降压井设计参数　　　　表 2-6

工程部位	降水井类型	编　号	数量(口)	深度(m)	小计(m)
主体结构	降压井	Y-1～Y-5	5	36	180
	降压井	Y-6～Y-8	3	35	105
	坑内(含泥)粗中砂层观测井	G-1、G-2	2	36	72
	坑内(含泥)粗中砂层观测井	G-3	1	35	35

主体基坑共布置 8 口降压井及 3 口观测(兼备用)井,井号 Y-1～Y-8、G-1～G-3,井深 35、36m 两种。具体各井管平面位置、布设尺寸及井结构参见图 2-13。

(5)坑外观测井设计

本工程针对淤泥夹砂层、(含泥)粗中砂层降水是在封闭状态下进行,坑内降水对坑外的影响取决于地下连续墙止水效果;若地下连续墙存在缺陷,则坑内降水可能造成坑外较大的水位降低,并引起较大的沉降。因此,采用淤泥夹砂层、(含泥)粗中砂层布置坑外观测井,用以实时监测坑外含水层水位变化情况,了解坑内降水对坑外的影响,以便发现问题可及时处理。本次主体结构共布置 12 口淤泥夹砂层坑外观测井,具体参数见表 2-7;各井管平面位置、布设尺寸及井结构参见图 2-13。

坑外观测井设计参数　　　　表 2-7

工程部位	降水井类型	编　号	数量(口)	深度(m)	小计(m)
主体结构	坑外<3-3>层观测井	WG3-1～WG3-4	4	36	144
	坑外<2-4-4>层观测井	WG2-1～WG2-12	12	22	264

2)成井施工工艺

成井施工工艺流程如图 2-16 所示。正式施工之前,首先根据降水管井平面布置图测放井位,井位测放完毕后应做好井位标记;对于场地可能存在的地下障碍物,在施工前应根据施工的情况,先进行孔位清障处理。通常采用的清障处理方式为人工挖孔,挖孔过程中遇到障碍时,由挖机配合进行挖掘,挖孔深度应超出障碍物约 30cm。

清障完成后,进行护口管埋设。护口管底口应插入原状土层中,管外应用黏性土或草辫子封严,防止施工时管外返浆,护口管上部应高出地面 0.10 ～ 0.30m;对于场地遇到有障碍物的孔位,应根据清障后的孔深适度考虑采用长护筒,确保护筒能够满足降水施工的要求。

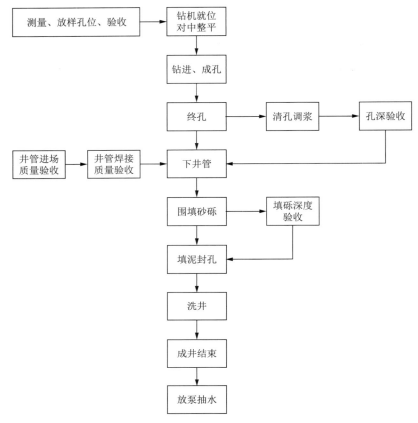

图 2-16　成井施工工艺流程图

以上三步完成后,进行钻机安装。安装钻机时,为了保证孔的垂直度,钻机台应安装稳固、水平,大钩、转盘与孔的重心三点成一线。

(1)成井施工

本工程施工机械设备选用 GPS-10 型工程钻机及其配套设备。成孔时采用正循环回转钻进泥浆护壁的成孔工艺。开孔孔径为 650mm,成孔时均一径到底;钻进开孔时应吊紧大钩钢丝绳,轻压慢转,以保证开孔钻进的垂直度。成孔施工采用孔内自然造浆,钻进过程中泥浆相对密度控制在 1.10 ～ 1.15,当提升钻具或停工时,孔内必须压满泥浆,以防止孔壁坍塌。钻孔钻进至设计高程后,在提钻前将钻杆提至离孔底 0.5m,进行冲孔清除孔内杂物,同时将孔内的泥浆相对密度逐步调至 1.08,孔底沉淤小于 0.3m,返出的泥浆内不含泥块为止。

对于深层井,井管进场后,应检查过滤器的缝隙是否符合设计要求。首先必须测量孔深,并对井管滤水管逐根丈量、记录。封堵沉淀管底部,为保证沉淀管底部封堵牢靠,下部封堵铁板不小于 6mm。其次要检查井管焊接,井管焊接接头处应采用套接型,套管接箍长

20mm，套入上下井管各 10mm；套管接箍与井管焊接，要求焊缝均匀、无砂眼，焊缝堆高不小于 6mm。检查完毕后开始下井管，下管时为保证滤水管居中，在滤水管上下两端各设一套直径小于孔径 5cm 的扶正器；扶正器采用梯形铁环，上部和下部扶正器的铁环应 1/2 错开，不在同一直线上。

井管安好后需要回填疏干滤料，回填滤料前在井管内放入钻杆至距孔底 0.3～0.5m 处，井管上口加闷头密封后，从钻杆内泵送泥浆边冲孔边逐步调浆，使孔内的泥浆从滤水管内向外由井管与孔壁的环状间隙内返浆；将孔内的泥浆相对密度逐步调到 1.05，然后调小泵流量按设计要求填入滤料，并随填随测填滤料的高度，直至滤料下到预定位置为止。

（2）洗井

下井管、回填滤料及黏土分孔后，对深层井进行活塞洗井，待洗通滤料后，提出活塞，再利用空压机进行洗井，洗井原理如图 2-17 所示。

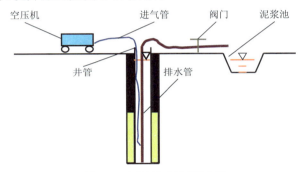

图 2-17　空压机洗井原理示意图

活塞直径与井管内径之差约为 5mm，活塞杆底部必须加活门。洗井时，活塞必须从滤水管下部向上拉，将水拉出孔口，对出水量很少的井可将活塞在过滤器部位上下窜动，冲击孔壁泥皮，此时应向井内边注水边拉活塞。当活塞拉出的水基本不含泥沙后，可换用空压机抽水洗井，吹出管底沉淤，直到水中不含砂为止。疏干井在成井结束后直接用空压机洗井。

洗井完毕后，可以下泵试抽。试抽成功，代表该井成井完毕，可以投入使用。

（3）质量控制要求

本工程降水施工应按表 2-8 中所列进行质量控制。

特殊过程质量控制要求　　　　表 2-8

序　号	检 查 项 目	技 术 要 求	检 查 数 量
1	成孔直径(mm)	＞井管外径 273	全数
2	井管沉设深度(m)	偏差 ±0.20（疏干井）	≥50% 井数
		偏差 ±0.15（降压井）	全数
3	井管间距(m)	偏差 ±1.00	≥50% 井数
4	滤料规格	（6～12d_{50}）	全数
5	滤料围填	高出滤管顶 2m 以上，滤料体积≥95%	全数
6	孔口段黏土封填	不得使用粉性土，厚度≥1.5m	≥50% 井数

注：d_{50} 指有 50%（按质量计）滤料能通过的筛孔孔径(mm)。

3)降水运行管理

(1)疏干降水运行工况

本工程中的疏干井提前20d进行降水,并根据要求加载真空负压,以疏干基坑开挖土体,开挖过程中继续保持持续抽水。

在疏干井正式抽水前,在施工坑外布设潜水位观测井。潜水水位观测井施工完成后及时开启疏干井进行疏干降水。一般正常情况下,疏干井基本保持24h连续抽水。出现降水异常时,根据需要进行调整。

施工时,采用真空泵抽气、潜水泵抽水的方法降低潜水位,其中每3口井配备1台真空泵,每口井单用一台潜水泵,要求潜水泵的抽水能力大于单井的最大出水量,潜水泵和真空泵同时开启。

真空负压疏干井抽水安装如图2-18所示。

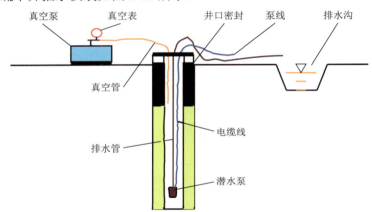

图2-18 真空负压疏干井抽水安装示意图

(2)承压水降水运行控制工况

基坑开挖涉及下部承压水的降水,运行时考虑环境问题,按照安全系数1.05计算。

4)封井方案

(1)封井原则

针对降水井,在确定停抽、封井时,应注意以下几点:

①所有深层井均应在底板浇筑完毕并养护一周以上,根据实测水位验算,满足底板抗承压水稳定后方可考虑停止抽水。

②试停抽期间降水井内抽水泵不应拔除,且应确保抽水泵可以随时正常开启。

(2)降压井封井

根据本工程降水特点,在对于坑内深层井进行封井时,通常采取以下封井方案:

①基坑挖至设计高程后,在基坑底开挖面以上0.5m处,于井管外焊一止水板,止水板外圈直径600mm。

②降水运行结束封井前,先预搅拌一定量的水泥浆,水灰比为1:0.8~1:1.0。

③井管内放入注浆管,注浆管的底端进入滤管底部。

④井管内初次填入瓜子片,瓜子片的回填高度需高于注浆管 9.0m 以上。

⑤每注浆 0.5～1.0m 高度后将注浆管往上提 0.5～1.0m,继续注浆;注浆管上提 3.0m 后拔除一节注浆管。

⑥二次填入瓜子片,瓜子片填入量仍保持瓜子片高于注浆管 9.0m 以上。

⑦重复进行步骤⑤、⑥直至瓜子片填至底板面以下 2.0～3.0m;注浆至瓜子片顶面,拔除注浆管。

⑧水泥浆达到初凝的时间后,抽出井管内残留水,并及时观测井管内的水位变化情况;一般观测 2～4h 后,井管内的水位无明显的升高,说明注浆效果较好。

⑨当判定已达到注浆的效果后,向井管内灌入混凝土至底板顶面约 10cm;混凝土灌注结束,及时观测井管内水位的变化情况,以判断封堵的实际效果。

⑩待井管内灌注的混凝土初凝符合要求,并能确定封堵的实际效果满足要求后,即可割去所有外露的井管;在底板顶面以下 100mm 处采用 10mm 厚钢板焊封管口,再用水泥砂浆抹平井口,封井工作完毕。

具体注浆封井如图 2-19 所示。

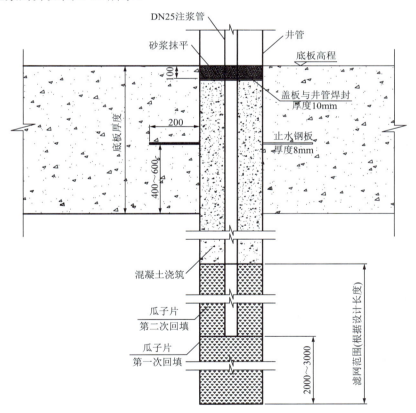

图 2-19 注浆封井示意图(尺寸单位:mm)

(3)降水井封井

降水井通常采取以下封井方案:

①当本基坑挖至设计高程后,在基坑底开挖面以上0.5m处,在井管外焊一止水板,止水板外圈直径600mm,厚度8mm。

②用抽水泵将井内水位抽至井底,迅速拔除抽水泵。

③灌入混凝土至底板以下约0.1m,捣实混凝土;混凝土初凝后割除剩余井管至底板以下约0.1m。

④井口烧焊止水盖板,并用水泥砂浆抹平井口,至此封井完毕。

2.3.4 应用成效

水部站站址区地下水丰富,水位埋深浅,基坑支护结构进入承压水层,施工难度大。本工程经过抗突涌稳定性验算,最后采用疏干降水和减压降水相结合的方式进行降水,保证了施工环境。在降低基坑突涌风险、保证车站主体结构施工的同时,最大程度减少了基坑降水对基坑周边环境的影响。

2.4 基坑降水开挖与水下开挖

2.4.1 工程概况

2号线厚庭站—桔园洲站区间长度约2668m,根据长隧道通风防灾要求,在区间里程YDK19+920.639~YDK19+936.939段设置一座区间风井,与区间联络通道合建。区间风井位于乌龙江及乌龙江湿地公园东侧,金祥路与三环快速路丁字路口处三环快速路西侧、桔园洲立交桥南侧闸口附近(图2-20),紧邻闽江防洪堤及三环快速路等重要设施(图2-21),周边环境复杂。风井平面呈长方形,基坑沿线路方向净长为16.3m,净宽为24.2m。由于区间隧道下穿乌龙江,隧道埋深大,因此风井基坑开挖总深度为41.6m,围护结构采用厚度1.2m地下连续墙。

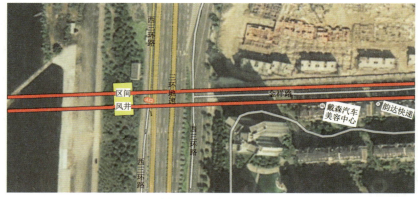

图2-20 风井地理位置

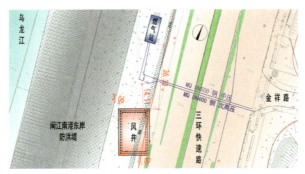

图 2-21 风井周边建筑平面图

根据地质勘察报告,风井所在场地地层主要为杂填土 <1-2> 层、素填土 <1-1> 层、粗中砂(稍密)<2-5-2> 层、粗中砂(中密)<2-5-2> 层及卵石 <3-8> 层,局部含淤泥夹砂,地基持力层为卵石 <3-8> 层,如图 2-21 所示。由于该风井位于乌龙江堤岸,填土层厚度较大,其中杂填土厚为 1.6~4.1m,素填土厚为 6.3~7.0m;潜水水位埋深 3.40~5.66m;水位高程 3.40~8.13m,主要位于粗中砂 <2-5-2> 层和卵石 <3-8> 层,如图 2-22 所示。

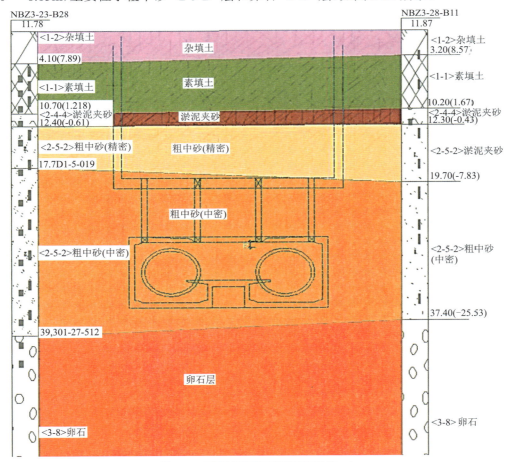

图 2-22 工程地质剖面示意图(高程单位:m)

2.4.2 施工难点

根据风井的尺寸及水文地质条件,风井基坑开挖总深度为41.6m,分两步开挖:第一级基坑从地面开挖至23.6m深,采用水平封底后降水开挖方式,内支撑采用五道钢筋混凝土支撑。第二级基坑从23.6m深开挖至41.6m深,开挖土层厚度为18m,采用水下开挖方式。第二级基坑在分层开挖过程中,坑内泥浆同地面且需保持稳定。因此,该工程在施工中存在以下难题:

(1)基坑尺寸较小,开挖难度大。区间风井基坑内部净尺寸为16.3m×24.2m(长×宽),一级基坑开挖深度23.6m,二级基坑开挖深度18m,总开挖深度达到41.6m。基坑开挖时,基坑内存在5道混凝土支撑及腰梁,开挖空间非常狭小,土方只能以垂直方式进行运输,如何顺利快速出土是难题。

(2)本工程地下水位较高,开挖过程中需采取坑内管井降水方式进行开挖,如何保证土方开挖阶段的无水作业条件是难题。

(3)二级基坑水下开挖时,位于腰梁底部和地下连续墙边的土方如何开挖是难题。

2.4.3 施工关键技术

1) 降水井布置

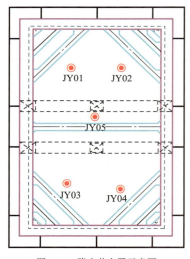

图 2-23 降水井布置示意图

本基坑分两级开挖,第一级基坑采用降水方式干开挖至地面下 23.6m(高程 -11.1m),为防止基坑涌水,保证基坑底板的稳定性,水位需降至第一级基底以下 1m,即降至高程 -12.1m;水位总降深约 20m。考虑到场地地层主要为粗中砂、卵石层,透水性好,且与乌龙江存在水力联系,本次初步在基坑内布设 5 口降水井(含备用兼观测井)。降水井布置如图 2-23 所示。

井管采用外径 273mm、壁厚 4mm 钢管;滤管为同规格的桥式滤管,外包单层 60 目锦纶滤网,底部设 1m 沉淀管;滤料为瓜米石,回填至初始地下水位附近。降水井的深度根据降水深度,含水层的埋藏分布、地下水类型、降水设备条件以及降水期间地下水位动态等因素确定。本工程中,结合基底加固深度,降水井深度约 39m。

2) 降水试验情况

实际降水施工前,需进行现场抽水试验。其试验目的主要包括:①实测降水井出水量,检验降水井成井质量,指导抽水运行设备配置;②实测初始地下水位、观测水位下降情况,验证降水方案能否满足设计要求;③检验围护结构的封闭止水效果;④通过抽水试验数据,指导后期降水运行。

基坑内共施工了3口试验井,坑外利用1口施工用水井及1口水位观测井进行坑外水位观测。另外,在大堤、雨水管线、燃气管线等关键位置布置沉降监测点,进行沉降监测。

图2-24所示为流量及水位埋深随时间的变化曲线。可以发现,开启JY04进行抽水,抽水前12h,观测井JY01、JY05水位下降迅速,后期水位下降相对平缓。抽水13h后,JY01、JY05两个观测井水位分别降至埋深24.37m、23.79m,均位于第一级基坑底以下,能够满足开挖要求;抽水50h,两观测井水位降至埋深约29m,且基本趋于平稳;停止抽水后,观测水位回升,24 h上升约5.6m;停抽约45.5 h后,水位仅上升至地面以下19.5m,上升幅度约9.7m。

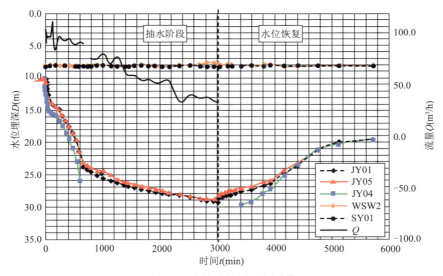

图2-24 流量、水位埋深历时曲线

图2-25所示为坑外水位变化曲线,整个试验过程中,坑外水位未见明显下降,只是随潮汐呈规律性变化。

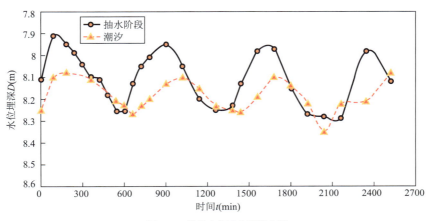

图2-25 坑外水位变化历时曲线

根据前期桔园洲站抽水试验资料,初始水位高程为+7.0m,本次单井出水量约

700～1000m³/d。通过计算可知，坑内开启4口降水井时，总涌水量为2800～3000m³/d，坑内水位降至高程-13.0m，满足设计水位要求（高程-12.1m），坑外水位仅下降0.2m。降水试验表明坑外水位几乎未受坑内抽水影响，构筑物沉降、煤气管线沉降、雨水管线沉降值非常小，表明该方案有效控制了降水对周边沉降的影响。

3）基坑降水开挖工艺

风井基坑降水开挖阶段施工工艺流程如图2-26所示。风井地下连续墙、冠梁、挡墙及降水施工完毕后，进行基坑开挖条件验收，经各方验收通过后再进行风井土方施工。基坑土方开挖根据作业条件分别选用不同类型机械开挖，采用挖掘机开挖时应防止碰撞支撑。第三道腰梁及混凝土支撑以上土方直接采用反铲挖掘机开挖、长臂挖掘机运输装车；第三道混凝土支撑以下至第五道混凝土支撑之间的出土采用钢丝绳抓铲挖掘机配合汽车式起重机垂直运输，将土倒入场地设置的集土场内或直接运走；支撑下方土方用人工配合小型挖掘机开挖。开挖时，保证降水水位始终低于开挖面下1.0m，基底土方处于干燥状态。

4）基坑水下开挖工艺

降水开挖中的第五道混凝土支撑施工完成后，向基坑内回灌水至基坑顶部，保证坑内水位高度高于地下水位1m以上，按照每2m为一层开挖至基坑底部，水下开挖过程中保持坑内液面不变。施工过程中，在基坑顶部搭设施工平台，采用门式起重机或者普通起重机吊装水下开挖设备至相应高程，分层进行水下开挖施工。每层开挖完成后，由潜水员下水对坑壁上残留的土方进行清理，完成后进行下一步开挖。此阶段施工现场需设置沉淀池及回水池，通过水泵连接基坑内部。风井基坑水下开挖阶段施工工艺流程如图2-27所示。

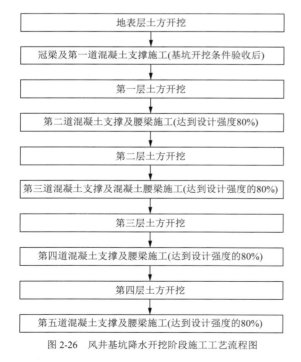

图2-26　风井基坑降水开挖阶段施工工艺流程图　　图2-27　风井基坑水下开挖阶段施工工艺流程图

水下开挖相较于降水开挖更为复杂,额外需要的设备主要为空气吸泥机及水泵。开挖过程中,共安装空气吸泥机2套,用于基坑水下开挖吸泥;安装调水设备2套,用于从乌龙江内抽水回灌基坑;回加水泵4台,用于泥浆沉淀后将清水抽回基坑内;井外排送泥沙中转泵1台套及配套管路。与此同时,与吸泥机配套布置供风设备2台,采用2台22.1m³/min的空气压缩机,配套布置高压气管2路;高压射水泵2台,用于卵石层的冲吸。

水下吸泥过程是由空气吸泥机吸土,经由泥沙泵将泥浆排至井外泥浆沉淀池,吸出的泥浆经沉淀池沉淀后,水流入回水区,再由水泵送到井内循环利用。如此不间断的作业,保证水下吸泥正常进行,完成风井吸泥开挖工程。

本工程中为了更好地让原状土转换成泥浆,采用钻吸法施工,即在吸泥机基础上增加三翼钻头,钻头旋转搅拌原状土,能更好地使较硬土块变成泥浆。钻吸法施工主要过程为:采用高压水泵及空压机,使喷头及三翼钻头边旋转边下沉,下沉速度为25～35cm/min;吸泥机切割搅拌下沉2.0m时,利用高压水流切割原状土,停留切割搅拌1min,然后边提升边搅拌至顶面,提升速度为50～60cm/min(每次以2.0m高度为一个工作往返)。图2-28所示为钻吸法施工作业,图2-29为射水冲吸法施工作业。

图2-28 空气吸泥钻吸法施工作业

图2-29 空气吸泥射水冲吸法施工作业

水下开挖过程中,2台空气吸泥机平均分配吸泥区域,在基坑外设置补水回水泵4台,进行基坑回灌补水,确保在水下取土过程中基坑内外头差在允许范围内。吸泥取土应遵循对称均匀取土的原则,结合本工程特点,使基坑底先形成四周高中间低的锅底状,基坑围护结构四角处及地下连续墙内壁残留的泥土采用潜水员水下作业检查并清理。在吸泥过程中,吸泥管口离泥面15～50cm为宜,过低易堵塞,过高吸泥效果不好;通过起重机经常摇荡管身和移动位置可增加吸泥效果。同时,测量人员应严密监视泥面高程的变化情况,应每隔1～2h测量一次泥面变化情况,并绘制出泥面变化曲线。

基坑在清基完成并检测合格后,即可进行封底施工,封底混凝土施工采用刚性导管法浇筑。每根导管均采用集中料斗灌注混凝土。首批混凝土的浇筑要保证满足导管埋深和导管内的混凝土的数量需要。首批混凝土施工完成后,继续进行水下混凝土浇筑的常规施工,直至该区封底施工完成。

具体的浇筑顺序及材料如图2-30所示,采用的水下素混凝土回填材料为C20细石混凝土;封底底板素混凝土为C35,坍落度220～240mm,根据计算,本工程封底所需C35混凝土总方量约 1578m³；所需 C20 混凝土总方量约为 5996m³。

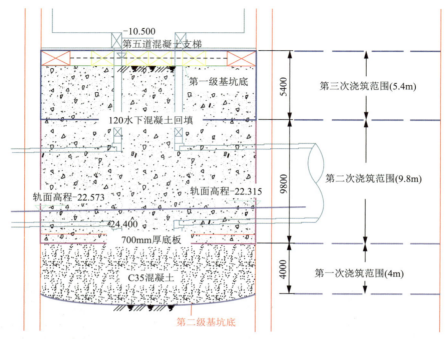

图 2-30 封底浇筑顺序及材料（尺寸单位：mm）

由于封底混凝土体量较大，浇筑时间长，C35 和 C20 混凝土强度等级不同，因此要分开进行浇筑。先浇筑 C35 封底混凝土，实现基坑封底；封底完成后再进行 C20 素混凝土的浇筑施工。C20 素混凝土浇筑施工时，分两次进行浇筑，第一次回填浇筑至隧道顶上 2m 高程位置，第二次浇筑至设计回填高程。

混凝土封底采用大料斗封底，其设计储料容量为 1.5～3m³，封底混凝土导管采用 $\phi325\times10$mm 的无缝钢管制作，管节长度为 6m、3m、2m 及 1m 四种，管节之间采用快速螺纹接头连接，导管的作用半径按照 3.0m 考虑。封底顺序由基坑一侧向另一侧连续进行，保证相邻导管底部混凝土的连续性。导管全部封口后，应连续浇筑直至混凝土封底施工完成。

若发现混凝土注入速度较慢应立即提高导管 10～20cm，混凝土顺利下落后再将导管回落到原定高度，若发生堵管或管内进水应立即停止灌注。图 2-31 所示为风井水下混凝土封底施工现场。

分层浇筑过程中，前一阶段全部浇筑完成后，应对已浇筑的混凝土顶部进行清理。采用高压水枪和吸泥泵清除混凝土表面沉淀的泥沙及松散石子，清理工作完成后才能均匀浇筑下一阶段混凝土。

图 2-31 风井水下混凝土封底施工现场

混凝土浇筑将结束前,加大混凝土的坍落度和导管埋深,使混凝土均匀地扩散,同时测出全部导管流动半径内的混凝土面高程,根据测量结果,重点检测导管作用半径相交处。当所有测点的高程满足施工控制要求后,结束封底混凝土施工,上拔导管,冲洗堆放。

基坑素混凝土施工完成后,将基坑内水抽排至坑外,清理一级基坑底部浮浆,整平基面,浇筑混凝土垫层后即可进行风井结构底板的施工。

2.4.4　应用成效

受水文地质条件及所处位置的影响,福州地铁 2 号线厚庭站—桔园洲站的中间风井基坑开挖风险较高,因此,在设计上创新地采用降水开挖和水下开挖相结合的施工工艺。此种工艺在国内地铁施工领域尚属首次,无可借鉴的施工经验和工法。本工程通过技术研究,优化降水开挖与水下开挖技术方案使得风井基坑开挖施工全部顺利完成,基坑围护结构及周边建构筑物监测数据正常,基坑周边三环路和乌龙江大堤未发生较大变形或沉降预警。本工程的顺利完成,是国内地铁施工领域的一次重大创新,可为后续的工程提供参考和技术支持。

2.5　深厚富水砂层基坑水平封底施工

2.5.1　工程概况

福州地铁 2 号线桔园洲站沿仓山区金祥路东西向设置站位,为地下两层岛式车站。车站南侧为金山桔园小区,小区的地下室边线距离车站的出入口约 4m;车站北侧紧邻横江渡河。车站基坑全长 285m,标准段宽度 19.7m,深度 16.656m,盾构井段宽 23.8m,深度 18.388m。主体围护结构采用 800mm 地下连续墙,槽壁加固采用 $\phi650mm@450mm$ 三轴搅拌桩。

该站地质情况复杂,场地内岩土层自上而下依次为:素填土 <1-1>、杂填土 <1-2>、淤泥夹砂 <2-4-4>、粉细砂 <2-5-1>、粗中砂 <2-5-2>、粉细砂 <3-2> 层、中粗砂 <3-3>、淤泥质土 <3-4>、淤泥夹砂 <3-5>、卵石 <3-8>、砂质黏性土 <5-2>、砂土状强风化花岗岩 <7-1>、碎块状强风化花岗岩 <7-2>、中等风化花岗岩 <8> 层;其中砂层与卵石层较为深厚。

场地内地下水主要位于粉细砂 <2-5-1> 层、粗中砂 <2-5-2> 层、粉细砂 <3-2> 层、中粗砂 <3-3> 层及卵石 <3-8> 层中的潜水以及赋存于强风化花岗岩 <7-1> 层及 <7-2> 层的基岩裂隙水。本场地基岩与卵石层直接接触,基岩裂隙水与潜水有密切的水力联系。潜水层特征见表 2-9。

地下水特征一览表　　　　　表2-9

地下水性质	观测钻孔编号	静止水位		观测时间	含 水 层	观测孔位置
		埋深(m)	高程(m)			
潜水	桔园洲站已施工钻孔	2.30～4.30	3.79～5.78	2013年7月—2014年1月	粉细砂<2-5-1>、粗中砂<2-5-2>、粉细砂<3-2>、中粗砂<3-3>、卵石<3-8>	桔园洲站

2.5.2　施工难点

桔园洲站场地含水层厚度较大，埋深较深，地下水十分丰富，地下连续墙无落到不透水层的条件。因此，在控制基坑周边建筑沉降的同时，如何隔绝地下水、降低基坑内地下水位，为车站结构施工创造条件是难点。

2.5.3　施工关键技术

车站开挖前，为了保证地层的稳定、防止周围地下水和泥沙流入坑内，采用对基坑底部一定范围内的土体进行高压旋喷加固，在基坑底透水层中人工制造一道水平隔水层进行封底，以隔断下部基坑内外水力联系。施工工艺流程如图2-32所示。

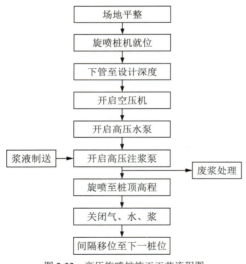

图2-32　高压旋喷桩施工工艺流程图

盾构扩大端加固范围为−20.01～−26.01m，标准段加固范围为−20.01～−25.01m。另外在标准段增加三道旋喷桩横向隔断，加固范围为−0.8～−33.5m。

1）加固方案

深层水平封底加固采用 ϕ1100mm @850mm 三重管超高压旋喷桩，横向隔断采用 ϕ1100mm @800mm 三重管超高压旋喷桩，材料为强度等级42.5级的新鲜普通硅酸盐水泥。喷浆压力为22～25MPa，水压为25～30MPa，气压需大于0.75MPa，流量须大于30L/min，提升速度控制在12cm/min，水灰比为1:1，旋转速度为10 r/min。水泥土加固体的强度以龄期28d的无侧限抗压强度 q_U 为标准，加固体 q_U 不宜低于1.2MPa，水泥土加固体的渗透系数不宜大于 $1×10^{-7}$cm/s。

施工注意事项和主要技术措施如下所述：

（1）三重管超高压旋喷桩必须于静水中施工，并通过工程管理、监督、施工等各个环节严格把控旋喷桩整体成桩质量。

（2）坑外水位观测孔应于三重管超高压旋喷桩施工前布设，观测频率为2次/d，若发现水位变化异常应判断是否影响旋喷桩的施工，必要时应暂停旋喷桩的施工。

（3）每个小基坑开挖前均应进行验证性抽水试验，基坑抽水量达到控制值1.5万 m³/d

以下时方可开挖基坑,如抽水量高于规定值则需全断面用袖阀管注射双液浆。

(4)施工时应根据小基坑的验证性抽水试验对旋喷桩施工参数进行校核及修正,基坑抽水量达到规定值以下时,方可根据小基坑的旋喷桩施工参数施作其他小基坑的深层水平封底加固。

本工程地基加固采用三重管法,其搭接长度、布置形式如图 2-33 所示。

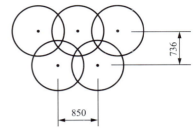

图 2-33　旋喷桩布置大样图(尺寸单位:mm)

2)测放桩位

施工前用全站仪测定旋喷桩施工的控制点。控制点布设于非施工区域,并设置半永久性标志,经过复测验线合格后,用 50m 钢卷尺和测线实地布设桩位,并用竹签钉紧,一桩一签,保证桩孔中心移位偏差小于 50mm。分批次进行标识,在正常施工过程中经常复核桩位,确保桩位无误。

确定桩位后,移动旋喷机架,将喷管的喷头对准标签,检查机架、喷管的垂直度。垂直度误差不超过 0.5%,对中误差小于 2cm。

3)下管、旋喷

正式旋喷时,喷头尖部对准桩位下放,将压力调整到 20MPa,边旋转下钻边利用高压水流冲切土体,直至下放到设计深度。通过测量组提供的地面高程和设计的孔底高程现场配置钻杆,并在最上一节采用油漆作标志,当钻机钻到标志位置时,表明已经钻到设计深度。

喷射管下放至设计深度后,开始送入符合要求的压缩气、浆液,待浆液冒出孔口后,即按设计的提升速度、旋转速度,自下而上开始喷射、旋转、提升。为防止水泥浆沉淀,在喷射时应不停地搅拌水泥浆。

4)注浆顺序

为防止旋喷压力过大造成邻近桩位穿孔,采取跳打方式注浆,即一根桩施工结束后,将机架移动至间隔两个桩位处,重复以上施工方法。

5)质量保证措施

(1)桩身质量控制

旋喷封底加固属隐蔽工程,缺乏过程质量检测的手段,一般通过试桩施工总结技术参数,利用成品检测验证参数科学合理后,按照技术参数施工;施工中利用检查技术参数等方法来实现过程控制。成品检验采用钻孔取芯结合试块无侧限抗压强度进行检验。同时,施工还应注意以下几个方面:

①压浆阶段杜绝断浆和输浆管道堵塞现象。

②控制喷浆量和提升速度。

③桩机下沉至停浆面下 0.5m,待恢复供浆后再喷浆提升,以保证加固范围内每一深度均得到充分搅拌。

④相邻两桩施工间隔时间应不少于 48 h。

⑤水泥浆液严格按设计水灰比进行配料,水泥浆液搅拌好后,进入储浆筒前,用20目筛网清除水泥中的结块和杂物;并且只能在压浆前进入储浆筒中,以保证水泥浆不发生离析。

⑥高压旋喷桩进行现场取芯试验,取芯数量应该占高压旋喷桩总数的1%,开挖前必须对高压旋喷桩进行强度检查。

⑦基坑开挖前需提前一定时间对基坑进行预降水、疏干,并进行生产性验证试验,确保水位能满足开挖要求,保证无水开挖。

（2）原材料质量控制

水泥及外掺剂进场前,检查其产品合格证及质量检测鉴定报告,并根据规定的检验批次、数量及检验方法对其进行各项质量指标的检验。

（3）桩位质量控制

采用全站仪放样出一排桩的轴线及轴线两端桩位后,再用钢尺放样出桩位,"一桩一签"标识桩位。

（4）桩体垂直度质量控制

利用铅锤量测机架垂直度,并在机器设备组装过程中控制好动力装置与机架的角度为90°。

（5）桩顶、桩底高程控制

利用水准仪量测地面高程,同时记录喷管长度、下放根数等,反算桩底、桩顶高程。

（6）水泥浆质量控制

本工程采用自动计量搅拌系统制备水泥浆液,同时采用泥浆相对密度计复查水泥泥浆的相对密度。水泥浆液应随配随用,搅拌时间为3～5min,停置时间超过2h不得使用;浆液搅拌采用二级搅拌,防止水泥浆沉淀。

6）质量检验标准

高压喷射注浆地基质量检验标准见表2-10。

高压喷射注浆地基质量检验标准　　　　表2-10

项目	序号	检查项目	允许偏差或允许值		检查方法
			单位	数值	
主控项目	1	水泥及外掺剂质量	符合出厂要求		查产品合格证书或抽样送检
	2	水泥用量	设计要求		查看流量表及水泥浆水灰比
	3	桩体强度或完整性检验	设计要求		按规定方法
一般项目	1	钻孔位置(mm)		≤50	用钢尺量
	2	钻孔垂直度(%)		≤1.5	经纬仪测钻杆或实测
	3	孔深(mm)		±200	用钢尺量
	4	注浆压力		按设定参数指标	查看压力表
	5	桩体搭接(mm)		>250	用钢尺量
	6	桩体直径(mm)		≤50	开挖后用钢尺量
	7	桩身中心允许偏差(mm)		≤0.2D（D为桩径）	开挖后桩顶下500mm处用钢尺量

旋喷桩可根据工程要求和当地经验采用开挖检查、钻孔取芯、标准贯入试验、动力触探和静荷载试验等方法进行检验。检验点布置应符合下列规定：

（1）有代表性的桩位，端头井及标准段中间部位。

（2）根据施工记录检验施工中出现异常情况的部位。

（3）地基情况复杂，可能对旋喷桩质量产生影响的部位。

成桩质量检验点的数量不少于施工孔数的 2%，并不应少于 6 点。

7）质量通病及防治

根据旋喷桩施工工艺特点及场区内工程地质情况，本工程对实际施工中遇到的问题进行了分析并总结了预防和处理措施。

（1）固结体强度不均匀、缩颈

固结体强度不均匀产生的主要原因为：

①喷射方法与机具没有根据地质条件进行选择。

②喷浆设备出现故障中断施工。

③拔管速度、旋转速度及注浆量适配不当，造成桩身直径大小不均匀，浆液有多有少。

④喷射的浆液与切削的土粒强制搅拌不均匀，不充分。

⑤穿过较硬的黏性土，产生颈缩。

本工程为了预防固结体强度不均匀采用的预防措施及处理方法包括：

①根据封底试验情况，深层封底施工时采取预先引孔的方法，采取比试验时孔径更大的 $\phi 100mm$ 引孔机，避免出现砂层抱杆现象；

②喷浆前，先进行压浆压气试验，一切正常后再配浆喷射，配浆时确保用筛过滤。

③根据固结体的形状及桩身匀质性，调整喷嘴的旋转速度、提升速度、喷射压力和喷浆量。

④对易出现缩颈部位及底部不易检查处进行定位旋转喷射（不提升）或复喷以达到扩大桩径的目的。

（2）旋喷压力异常

旋喷压力异常的主要原因为：

①安全阀和管路接头处密封圈不严或高压管路、喷嘴堵塞。

②泵体或出浆管路有堵塞。

③泵阀损坏，油管破裂漏油。

④安全阀的安全压力过低，或吸浆管内留有空气、密封圈泄漏。

⑤塞油泵调压过低。

出现压力异常应停机检查和疏通，并以清水进行调压试验，以达到所要求的压力为止。

（3）钻孔沉管困难偏斜、冒浆

钻孔异常产生的主要原因为：

①遇有地下埋设物。

②注浆量与实际需要量相差较多。

③地层中有较大空隙不冒浆或冒浆量过大是因为有效喷射范围与注浆量不相适应,注浆量大大超过旋喷固结所需的浆液所致。

本工程采取的预防措施及处理方法:

①放桩位点时应先进行探测,遇有地下埋设物应清除或移动桩钻孔点。

②喷射注浆前应先平整场地,钻杆垂直倾斜度应控制在 0.3% 以内。

③利用侧口式喷头,减小出浆口孔径并提高喷射能力,使浆液量与实际需要量相当,减少冒浆。

④针对冒浆的现象,可在浆液中掺加适量的速凝剂,缩短固结时间,使浆液在一定土层范围内凝固;还可在空隙地段增大注浆量,填满空隙后再继续旋喷。

(4)固结体顶部下凹

在水泥浆液与土搅拌混合后,由于浆液的析水特性,会产生一定的收缩作用,因而造成在固结体顶部出现凹穴。其深度随土质浆液的析水性、固结体的直径和长度等因素的不同而异。

实践中发现,旋喷长度比设计长度长 0.5m 可有效防止顶部的浆液收缩效应带来的顶部凹陷。

2.5.4 应用成效

本工程对基坑底所处的透水层进行高压旋喷加固,人工制造了一道水平隔水层进行封底,在加固坑底土体,隔绝坑内外水力联系等方面取得了良好的效果。在降低基坑突涌风险、保证车站主体结构施工的同时,最大限度地减少了基坑降水对基坑周边环境的影响。

2.6 降水试验在地铁建设中的应用

地铁建设中,降水试验的作用主要有两个:

(1)研究水力联系。在施工初期,求取各含水层的水文地质参数、各层的承压水位以及各层之间的水力联系;并且通过模拟在悬挂式止水帷幕下降水的试验,测试坑内外水位(含承压水)差异,以此来描绘坑外与坑内的地下水的绕流及水头曲线,分析地面沉降与降水漏斗之间的关系。

(2)检测围护结构防渗效果。降水试验可在施工中期检测结构的防渗效果。

接下来将详细介绍福州地铁 2 号线五里亭站的降水试验应用过程及应用成效。

2.6.1 工程概况

福州地铁2号线五里亭站位于福马路上,与庙前街、后浦街相交,呈东西向布设,如图2-34所示。车站西侧端头距离五里亭立交桥匝道60m,该立交桥车流量较大,且车站基坑开挖影响范围内管线较多,通信管线、电力管线、雨污水管、给水管、煤气管等工程管线密集。根据《城市轨道交通岩土工程勘察规范》(GB 50307—2012),结合本段工程特点和环境特点,本车站环境风险为1级。

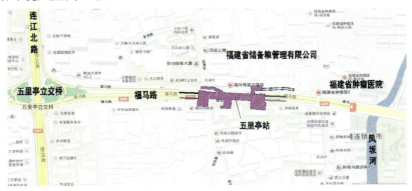

图2-34 五里亭站工程地理位置

该站为地下两层岛式车站,车站总长200m,标准段宽19.7m,顶板覆土2.334m,标准段基坑深度约15.7m,主体围护结构采用800mm厚地下连续墙,墙体嵌固深度约14.1m,基坑底部位于<2-4-5>淤泥质中细砂,如图2-35所示。勘察时测得钻孔中初见水位埋深为0.8~2.8m;混合稳定水位埋深为1.2~3.5m,<2-4-5>淤泥质中细砂、<3-3>中粗砂和<3-8>卵石层之间水力联系密切,无明显隔水层。基坑开挖时很可能出现基底突涌的风险,结合周边环境、交通导改情况,一旦出现基底突涌,就会造成围护结构失稳、周边地面大幅度沉降;交通瘫痪及房屋开裂等险情,直接关系到车站工程的造价、工期以及设计方案的可行性。

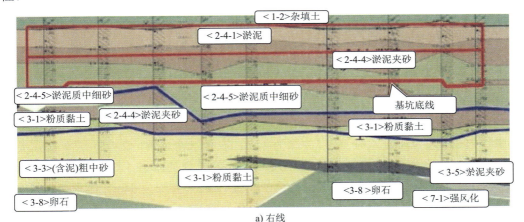

a) 右线

图 2-35

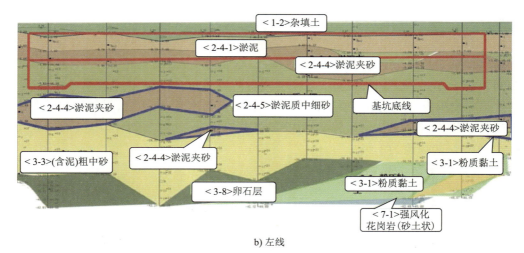

b) 左线

图 2-35 五里亭站双线地质剖面

2.6.2 降水试验研究水力联系

1)试验井布置方案

按设计要求,本次试验将在有帷幕条件下进行。考虑到普通三轴搅拌桩的施工能力,止水帷幕深度按 34m 考虑,止水帷幕尺寸为 15m×10m。具体平剖面设计如图 2-36 所示。

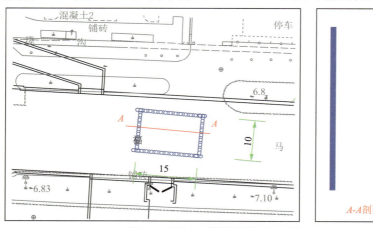

图 2-36 试验止水帷幕设计图(尺寸单位:m)

如图 2-37 所示,本次试验共布置 6 口抽水井、2 口回灌井。其中在 <2-4-4> 层布置抽水试验井 1 口(Y5),位于止水帷幕外,井深为 24m。在止水帷幕内,<2-4-5> 层布置抽水试验井 1 口(Y4),井深为 26m;<2-4-5> 层与 <3-3> 层布置混合抽水井 1 口(Y3),井深为 34m;<3-3> 层按基坑中心线对称布置抽水试验井 2 口(Y1,Y2),井深为 34m。在东端头井处布设抽水井 1 口(Y6),井深为 36m。另外,在止水帷幕外的 <2-4-5> 层和 <3-3> 层混合布置回灌井 1 口(H1),井深为 34m;<2-4-5> 层布置 1 口回灌井(H2),位于止水帷幕外,井深为 25m。

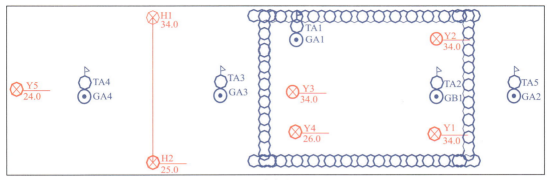

a) 试验区一

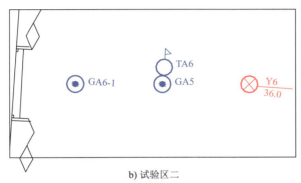

b) 试验区二

图 2-37 试验场区井布置图

2)水位观测孔布置

本次试验涉及含水层复杂,为观察不同含水层间的水位变化和水力联系,设置 7 组水位观测孔。试验抽水井回灌井井剖面如图 2-38 所示,分别为 GA1～GA5、GB1 和 GA6-1 组,每组监测孔分别监测 <3-3> 层、<2-4-5> 层以及浅部淤泥质层。观测井组 GA1～GA5 孔深分别为(8m、23m 和 34m),观测井 GA6 井深 34m,GB 组观测孔孔深分别为(8m、26m 和 34m),试验观测井剖面如图 2-39 所示。

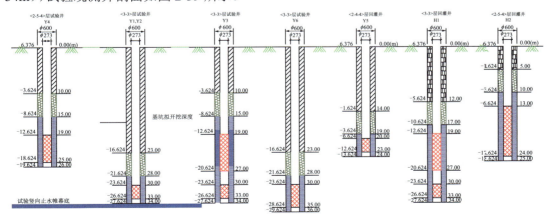

图 2-38 试验抽水井回灌井剖面图(尺寸单位:mm;高程单位:m)

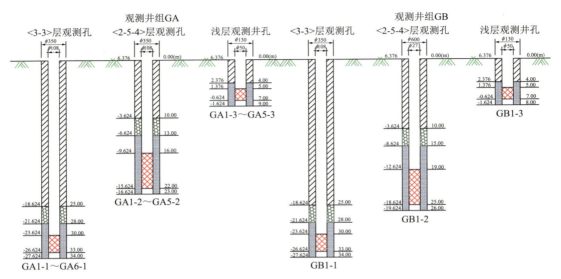

图 2-39　试验观测井剖面图(尺寸单位:mm;高程单位:m)

3) 降水试验结果及分析

试验区二内 <3-3> 承压含水层的富水性、渗透性较好,其与上部 <2-4-5> 承压含水层和浅部淤泥层水力联系均十分微弱。<2-4-5> 层、<3-3> 层混合井出水量大,且在有帷幕的条件下水位下降速度更快,当混合井抽吸 <2-4-5> 层和 <3-3> 层承压水时,<3-3> 层承压含水层水位下降速度快于 <2-4-5> 层承压含水层。试验过程中,在不加压的条件下,随着回灌时间增长,回灌量逐渐减小,最后趋于稳定(H1 回灌过程)。在加压的条件下,单井回灌量迅速增大,随后迅速减小(H2 回灌过程)。单井回灌过程中,回灌量较小,观测井水位均没有明显变化。H1、H2 同时回灌时,<2-4-5> 层水位有较为明显的抬升,观测井 GA3-2、GA4-2 上升幅度最大,分别达到 0.68m 和 1.15m,水位抬深效率达到 47.55% 和 56.37%。

4) 基坑承压水抗突涌稳定性验算

采用 2.3 节中的公式(2-1)进行基坑承压水突涌稳定性验算。通过降水试验可知场区承压水水位约 3.15m,因地层起伏较大,各轴段选取不同的勘探孔进行基坑抗突涌验算。具体基坑各部位抗突涌稳定性验算结果见表 2-11。

基坑底抗突涌稳定性验算表(F_s=1.05)　　　　　表 2-11

工程部位	坑底埋深 (m)	参考勘探孔	地下水顶托力 (kPa)	上覆土压力 (kPa)	水位降深 (m)	控制水位高程 (m)
1～3 轴(端头)	-11.60	MBZ3-18-23	241.61	141.83	9.50	-6.35
3～6 轴	-9.89	MBZ3-18-09	250.01	182.05	6.47	-3.32
6～11 轴	-9.34	MBZ2-B130	222.60	142.49	7.63	-4.48
11～19 轴	-9.19	MBZ3-18-11	<2-4-5> 层及 <3-3> 层连通,水位降至坑底以下		13.34	-10.19
19～23 轴	-9.08	MBZ2-B133	273.21	237.68	3.38	-0.23
23～25 轴(端头)	-10.65	MBZ3-18-14	259.04	188.04	6.76	-3.61

根据验算结果显示基坑开挖存在较大突涌风险,为此,采用降水试验数据进行计算后制定基坑加固措施,嵌固深度为22m,坑底17m以下满堂加固5m进行水平封堵,封底加固采用$\phi1100mm$ @850mm三重管旋喷桩。

2.6.3 降水试验检测防渗效果

1)降水试验主要检测内容

在施工中期进行降水试验主要可以检测以下内容:
(1)确定围护隔断状态下坑内外承压含水层的初始水位。
(2)确定围护封闭状态下降水井的单井出水量。
(3)监测坑内降水对坑外水位降深的影响。
(4)检验地下连续墙和水平加固的防渗效果。

2)检测过程

在地铁2号线五里亭站围护结构搭建完成后,进行了降水试验检测防渗效果。图2-40所示为五里亭站的基坑分仓图,对应的降水井平面布置和井结构图分别如图2-41、图2-42所示。

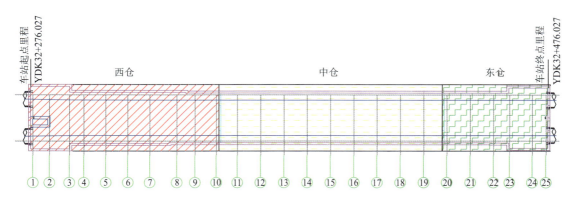

图2-40 五里亭站基坑分仓图

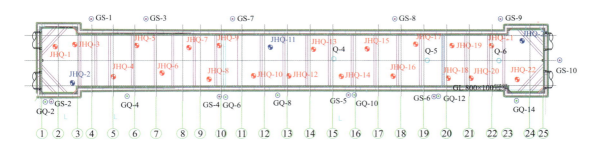

图2-41 降水井平面布置图

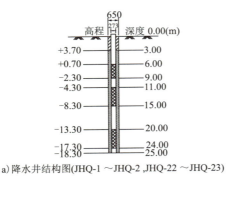
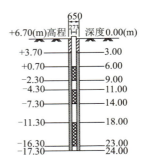
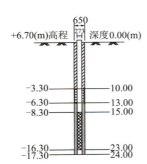
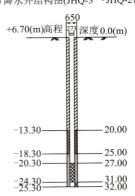

a) 降水井结构图(JHQ-1～JHQ-2,JHQ-22～JHQ-23)
b) 降水井结构图(JHQ-3～JHQ-21)
c) 观测井结构图(GQ-2,GQ-4,GQ-6,GQ-8,GQ-10)
d) 观测井结构图(GS-2,GS-4～GS-6)

图 2-42　降水井结构示意图(尺寸单位:mm)

在降水井布设完成后,按照表 2-12 所示流程进行抽水。

抽水试验流程表　　　　　　　　　表 2-12

工程部位	试验过程	抽水井号	坑内观测井	坑外观测井	试验周期(d)	水位控制要求
西仓	群井试验	JHQ-1、JHQ-3～JHQ-8	JHQ-2、JHQ-9	GQ-2、GQ-4、GQ-6、GS-2、GS-4、JHQ-10	3	水位降至埋深10m
					4	水位降至埋深17m
					2	水位降至埋深17m
中仓	群井试验	JHQ-10、JHQ-12、JHQ-14、JHQ-16、JHQ-17	JHQ-11、JHQ-15	GQ-6、GQ-8、GQ-10、GQ-12、GS-4～GS-6、JHQ-18、JHQ-19	4	水位降至埋深17m
	恢复试验		JHQ-11、JHQ-15		5	
东仓	群井试验	JHQ-18～JHQ-22	JHQ-23	GQ-12、GQ-14、GS-6、GS-9、GS-10	3	水位降至埋深10m
					2	水位降至埋深17m

3)试验结果分析

如图 2-43 所示,西仓试验历时 7d 达到水位控制深度,开始阶段各降水井的出水流量较大,单井出水流量为 4.1～4.9m³/h。随着试验进行,降水井出水流量逐渐减小,且各井出水流量变化较大,试验后期单井最大出水流量为 2.08m³/h(JHQ-6),试验后期单井最小出水流量为 0.09m³/h(JHQ-5),基坑涌水流量约为 179.55m³/d,小于 500m³/d。

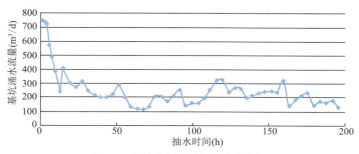

图 2-43　西仓基坑涌水量时程变化曲线

图 2-44 表明中仓试验历时 4d 达到水位控制深度，开始阶段单井出水量为 3.5～5.0m³/h。随着试验进行，降水井出水量逐渐减小，试验后期单井最大出水量 2.31m³/h（JHQ-12），试验后期单井最小出水量为 0.31m³/h（JHQ-10），基坑涌水量约为 207.7m³/d，小于 500m³/d。

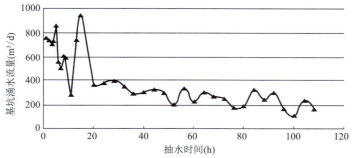

图 2-44　中仓基坑涌水量时程变化曲线

图 2-45 中显示东仓试验历时 4d 达到水位控制深度，开始阶段单井出水流量为 3.1～4.2m³/h，随着试验进行，降水井出水量逐渐减小，试验后期单井最大出水流量为 1.90m³/h（JHQ-21），试验后期单井最小出水流量为 0.59m³/h（JHQ-18），基坑涌水流量约为 100.29m³/d，小于 250m³/d。

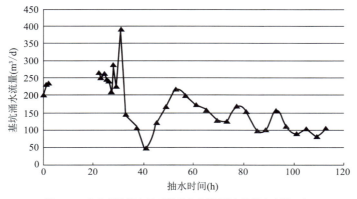

图 2-45　东仓基坑涌水量时程变化曲线（受台风影响中断 1d）

以上分析表明西仓、中仓、东仓水位恢复历时 5d，坑内观测井水位恢复分别为 11.54m、13.85m、15.54m，截至降水试验结束均未有大的变动，说明基坑水位恢复速率较慢，基坑整体封闭性较好。群井降水试验数据表明基坑后期涌水量低于设计指标,止水帷幕性能达到了预期设计要求。

2.6.4 应用成效

受传统地质勘察方式的影响,地下结构土质情况和水文情况很难得到连续、准确的信息,这对围护结构的设计和施工有较大的影响。福州地铁 2 号线五里亭站在修建过程中充分应用降水试验,通过降水试验获得了不同土层之间的水力联系,并检测了地下围护结构的防渗效果,该应用过程中所测试的数据也可为类似地质条件下的施工提供参考。

2.7 地铁车站基坑综合监测

深基坑开挖通常会面临围护结构的破坏失效,基底隆起破坏,支撑立柱失稳,地表沉降过大,周边建筑、地下管线、道路破坏等安全风险。不仅会影响周围道路和建筑物等公共设施的正常使用,还可能造成工期延误和财产损失,甚至是人员伤亡,造成恶劣的社会影响。因此,基坑安全问题是岩土工程领域需要解决的最重要问题之一。

地铁深基坑工程对基坑本体结构设计中存在的风险、地质风险及周边环境建(构)筑物存在的风险进行辨识,针对采取有效的监测措施,降低工程存在的风险。广西九州国际大厦深基坑、宁波地铁 2 号线基坑等软土基坑工程把监测数据纳入现场安全的评估过程中,进行现场动态评估,有效地保障了工程安全实施。薛丽影等基于北京地铁某个深基坑工程事故的原因分析提出了针对性应急监测的理念。青岛地铁李村换乘站采用自动化监测安全预警系统对基坑的重大风险源进行实时监测,确保了基坑的安全施工。北京地铁使用安全风险监控系统将监测数据及巡视报告纳入信息系统中,及时反馈监测信息,项目人员可以及时地掌握工程安全监测情况,对安全风险实施动态管理。

目前深基坑施工安全风险监测成果如下:

(1)选取对基坑安全性具有明显规律性、敏感性的监测项目,建立深基坑的风险评价指标体系。

(2)设定合理科学的风险分级。过于保守,没有危险而报警,会对工程人员造成麻痹心理;过于严格,危险已经发生而未报警,失去了预测的意义。

(3)根据监测数据的风险分级,把监测项目实际测得的累积值、速率值与之一一对应,对风险发生概率估值,用调查法对风险损失进行估值,最后根据风险的定义转化为风险值。

(4)根据各监测项目的风险值判断存在的危险,并根据风险接受准则进行控制。

由于地质条件的复杂性和不确定性可能导致工程安全风险,因而地质条件是轨道交通工程建设的基础,统计资料表明,我国城市轨道交通建设过程中发生的各类工程风险中有

70%以上与地质条件有关,其中明挖法工程风险事件中59%的事故原因与软弱土质相关。鉴于福州地区工程地质条件和水文地质条件具有一定的特殊性,因而开展福州地铁深基坑开挖安全风险监测研究,总结实践经验并为后续类似工程提供借鉴经验尤其必要和迫切。本节以福州地铁2号线金祥站深基坑工程为背景,对福州地区深基坑施工安全风险进行研究。

2.7.1 工程概况

福州地铁2号线金祥站位于福州市金山新区,车站处于金榕路与闽江大道之间,金山文体中心北侧,沿金祥路近似东、西向设置,站位地形较平坦。车站覆土平均厚约3.0m,车站为地下两层岛式站台。车站采用明挖顺作法施工,总净长205.179m,站台宽度11m,标准段总净宽19.9m,车站起点里程YDK23+386.210,终点里程YDK23+591.389。围护结构采用800mm厚地下连续墙加内支撑支护方案,车站平面及断面如图2-46、图2-47所示。

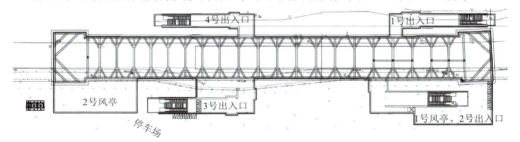

图 2-46　金祥站平面图

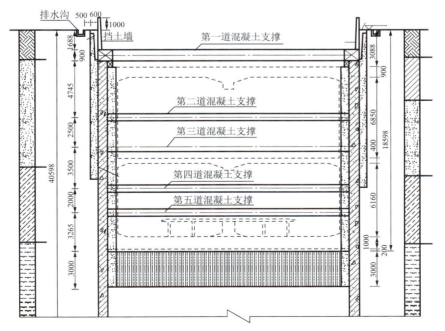

图 2-47　金祥站主体结构标准断面图(尺寸单位:mm)

2.7.2 风险源分析

1）建设条件风险源

车站大部分底板坐落于淤泥质土层、（含砂）粉质黏土、（含泥）中砂，开挖过程中以淤泥质土、淤泥夹砂、淤泥质粉细砂为主，地质条件较差。地下水丰富，（含泥）中砂组成的承压含水层稳定水位埋深为 3.74m，水位较高。施工中如果处理不好可能引起的险情包括：地表沉降过大，周边建筑物沉降、开裂、变形，管线渗漏、破坏等；墙体测斜变形过大引起支撑破坏、基坑围护结构失稳，甚至造成垮塌；地下水处理不善，造成基坑渗漏水、涌水涌砂、管涌、沙土液化，影响基坑安全，严重时甚至造成基坑垮塌。

2）结构方案风险源

（1）深基坑

金祥站标准段挖深 18.598m，东侧端头井挖深 19.935m（局部底板下沉 0.52m），西侧挖深 19.427m（局部底板下沉 0.52m）；属于深基坑，施工风险大。

（2）支护形式

车站围护结构采用 800mm 厚地下连续墙加内支撑支护方案。连续墙墙趾大部分落于卵石或（泥质）粉砂层，地下连续墙底部稳定性较差；内支撑为 1 道混凝土支撑加 4 道钢支撑，第二道和第三道钢支撑受力大、风险高。

（3）断面变化

车站标准段和端头井断面形式不同，存在明显的阳角，阳角处局部节点受力不平衡，风险高，需要严格控制施工。

3）施工技术风险源

（1）施工工艺

车站内支撑为 1 道混凝土支撑加 4 道钢支撑的形式，在土方开挖架设钢支撑的时期，由于受到开挖条件的限制，无法满足"先撑后挖"的要求，钢支撑架设必然不及时，土方开挖未架设钢支撑的区段为基坑的重大风险源。

（2）施工质量

地下连续墙施工工序较多，涉及成槽、开挖、钢筋笼制作、混凝土浇筑等，每个环节都需要严格控制施工质量，需要现场各工种之间紧密配合。地下连续墙的施工质量难以控制，容易成为整个围护结构安全稳定的短板；旋喷桩施工时由于引孔的角度误差，容易造成旋喷桩倾斜，注浆压力控制不好难以保证成桩质量，造成个别地方止水效果不好，形成渗漏水或者涌水现象。

2.7.3 施工风险监测方案

为了有效监测金祥站施工过程中汇总的各类安全风险，基坑设置了以下监测项目：墙体深层水平位移、地表沉降、建筑物沉降、立柱沉降、墙顶沉降、墙顶水平位移、地下水位、管线沉降、支撑轴力。表 2-13 列出了金祥站监测项目，图 2-48 所示为监测点布置方案。

金祥站基坑监测表　　　　　　　　　　　　　　　　　表 2-13

序号	监测项目	监测目的	测点布置原则
1	围护墙顶水平位移、沉降	直接反映基坑冠梁的稳定性	（1）纵向间距 20m； （2）布设在冠梁顶部
2	围护结构变形	直接监测地下连续墙，判断围护结构的稳定性	（1）纵向间距 20m； （2）布设在地下连续墙钢筋笼内
3	土体侧向变形	直接反映基坑周边土体的侧向位移，间接判断基坑围护结构的稳定性	（1）纵向间距 20m； （2）采用钻孔埋设法
4	支撑轴力	直接监测内支撑的受力变化情况，判断内支撑的受力安全	（1）每层支撑不少于 10%； （2）钢支撑布设在两端，混凝土支撑布设在 1/3 处
5	立柱桩沉降	直接监测立柱的沉降，判断立柱的稳定性，间接反映基坑隆起情况	（1）立柱桩总数的 20%； （2）布设在立柱顶部
6	地下水位	直接监测基坑周边水位的变化情况，间接反映基坑降水效果和止水帷幕效果	（1）纵向间距 20m； （2）采用钻孔埋设法
7	地面沉降	直接监测基坑周边地表的沉降，间接反映地层的变化情况	（1）断面纵向间距 20m； （2）钻孔埋设至原状土体内
8	周边管线变形	直接监测周边管线的沉降，计算管线的差异沉降，判断管线的安全性	（1）断面纵向间距 20m； （2）燃气管线和给水管线应采用直接法埋设
9	周边建筑物	直接监测建筑物的沉降，计算建筑物的不均匀沉降，判断建筑物的稳定性	（1）房屋四角； （2）布设在建筑物的承重柱或承重墙上
10	围护桩侧土压力	直接监测围护结构所受的侧向土压力	（1）断面纵向间距 20m； （2）挂布法或钻孔法埋设至原状土体内
11	坑底隆起	直接监测坑底隆起，判断基坑的安全性	（1）断面纵向间距 20m； （2）布设在坑底垫层上

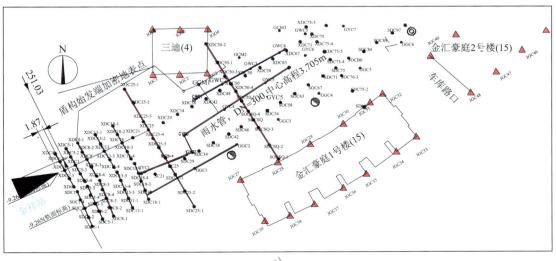

a)

图 2-48

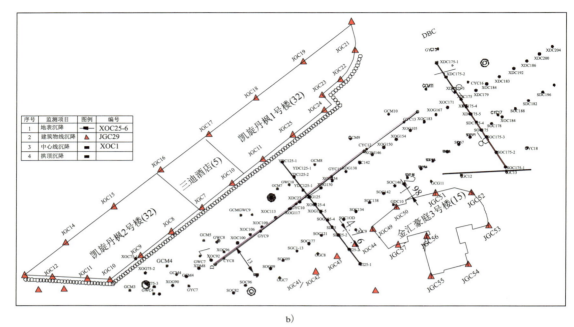

图 2-48　金祥站监测点布置方案图（尺寸单位：mm）

2.7.4　风险监测结果分析

金祥站土方开挖期出现了多次监测数据变化速率超标预警，主要集中在墙体深层水平位移和地表沉降，如图 2-49 所示。监测结果显示墙体深层水平位移最大累计变化量达到 140mm，地表沉降最大累计变化量达到 80mm。

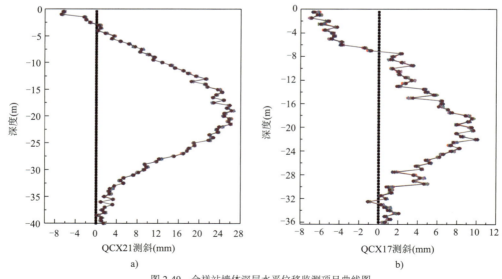

图 2-49　金祥站墙体深层水平位移监测项目曲线图

典型的一次基坑涌水出现在 2016 年 11 月。事故发生的原因为基坑内降压井周边封堵不密实,承压水向上突涌形成水流通路,恰好遇到特殊情况施工单位停工 2 个月,致使水流通路变大最终形成涌水。后续采用基坑内存水进行反压,确保坑底承压水位稳定的同时进行地表注浆封堵,最终涌水事故得到有效控制,未造成安全责任事故。

施工过程中遇到的几次典型预警情况统计见表 2-14。

典型监测数据超标分析统计表　　　　表 2-14

序号	警情日期	监测项目	警情描述	施工工况	发生原因
1	2015 年 9 月 18 日	建筑物沉降	JC1～JC10 变化速率超标（标准 2mm/d）,最大变化速率 -4.44mm/d	开挖到基坑底部,施工垫层	土方开挖,荷载卸除,墙体向基坑内发生侧向移动
2	2015 年 9 月 19 日	墙体深层水平位移	QCX15 深度 18.5～20.5m 处变化速率超标（标准 2mm/d）,最大变化速率 8.37mm/d	开挖到基坑底部,施工垫层	土方开挖,荷载卸除,墙体向基坑内发生侧向移动
3	2015 年 9 月 19 日	墙体深层水平位移	QCX02 深度 20～22m 处变化速率超标（标准 2mm/d）,最大变化速率 50.82mm/d	开挖到基坑底部	土方开挖,地下连续墙墙体泥水渗漏导致后方土体下沉扰动
4	2015 年 9 月 19 日	土体深层水平位移	TCX22 深度 5～7m 处变化速率超标（标准 2mm/d）,最大变化速率 -43.88mm/d	开挖到基坑底部	土方开挖,地下连续墙墙体泥水渗漏导致后方土体下沉扰动
5	2015 年 9 月 19 日	地表沉降	DBC22-2、DBC22-3、DBC23-2、DBC23-3 变化速率超标（标准 2mm/d）,最大变化速率 -5.36mm/d	开挖到基坑底部	漏水断面位于 DBC22 断面附近,泥沙流失导致地面沉降测点下沉

2.7.5 应用成效

复杂地质和外部环境条件下的深基坑施工,施工难度大,环境控制要求高,需要全面的施工方案和详细的技术安全措施。本工程通过福州地铁 2 号线金祥站深基坑施工安全风险监测实践,形成了一套完善有效的综合监测方案和分析方法,及时妥善地处理了工程中的突发状况,顺利地完成基坑的开挖和维护工作。结合施工现场工况与监测数据分析,本工程也对深基坑开挖过程的风险源进行评级和分析,经验总结如下:

(1)地下连续墙施工和土方开挖与支撑工序为主要风险源,主体结构施工为次级风险源。因此,针对综合分析结果主要在以下方面采取措施:超深地下墙施工控制、土方开挖与支撑控制、基坑降水控制和结构防水施工控制等。

(2)墙体深层水平位移变化与基坑开挖最敏感。

(3)地表沉降随着时间的增长逐渐增加,但是与基坑开挖工况之间的对应关系不明确。本基坑工程施工过程与设计要求比较吻合,但地表沉降值却远远超过设计要求的警戒。这说明在软土地区,对于工期较长,开挖深度较深的基坑,要控制基坑开挖引起的地表沉降仅从加强基坑本身的刚度入手是难以实现的。

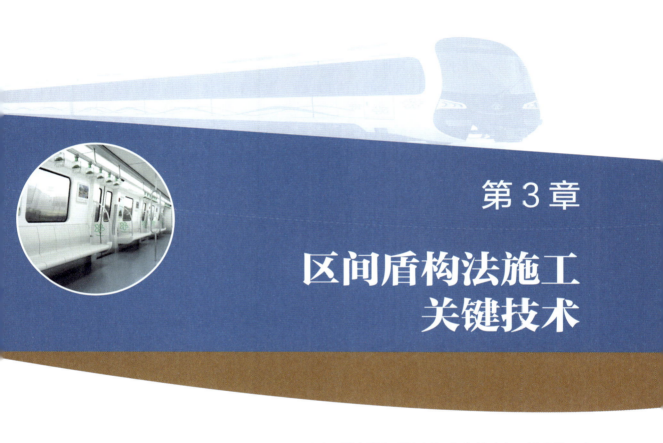

第 3 章

区间盾构法施工关键技术

/ 3.1 泥水平衡盾构长距离穿越砂卵石地层施工
/ 3.2 泥水平衡盾构富水砂卵石地层带压进舱换刀
/ 3.3 泥水平衡盾构穿越闽江液化砂土层施工
/ 3.4 土压平衡盾构穿越硬岩地层施工 / 3.5 土压平衡盾构下穿既有高速铁路施工
/ 3.6 土压平衡盾构下穿既有地铁线路施工 / 3.7 土压平衡盾构下穿老旧密集建筑群
/ 3.8 土压平衡盾构穿越桥梁桩基二次托换施工
/ 3.9 中心城区急曲线盾构分体始发 / 3.10 盾构液氮冷冻始发
/ 3.11 盾构盐水冷冻接收 / 3.12 盾构钢套筒接收
/ 3.13 盾构空推矿山法隧道 / 3.14 盾构区间不良地质体微动探测

福州地铁 2 号线全长 30.3km,全部为地下线;车站区间主要采用盾构法施工。盾构施工根据选用的盾构机类型分为泥水平衡盾构法施工和土压平衡盾构法施工。其中泥水平衡盾构法施工是指在盾构开挖面的密封隔舱内注入泥水,通过泥水加压和外部压力平衡,以保证开挖面土体的稳定。盾构推进时,开挖下来的渣土进入盾构机前部的泥水舱,经搅拌装置进行搅拌,搅拌后的高浓度泥水用泥水泵泵送到地面,泥水在地面经过分离,然后再进入盾构机的泥水舱,循环排渣净化使用。土压平衡盾构法施工是把土料(必要时添加泡沫等对土壤进行改良)作为稳定开挖面的介质;盾构推进时,其前端刀盘旋转掘削地层土体,切削下来的土体进入土舱,当土体充满土舱时,其被动土压力与掘削面上的土压、水压基本平衡,使得掘削面与盾构面处于平衡状态。

福州地铁 2 号线全线共 21 个盾构区间,其中 4 个区间采用泥水平衡盾构法施工,17 个区间采用土压平衡盾构法施工。泥水平衡盾构法施工主要用于地铁穿越乌龙江、闽江区间段,施工的主要难点在于穿越区段较长、存在液化砂层等不良地质;土压平衡盾构法施工区间则面临着下穿既有轨道交通线路、密集老旧建筑等难题。本章详细介绍福州地铁 2 号线泥水平衡盾构穿越乌龙江和闽江过程中采用的关键技术,以及在复杂地层中土压平衡盾构下穿既有构筑物的始发、掘进以及接收技术。

3.1 泥水平衡盾构长距离穿越砂卵石地层施工

3.1.1 工程概况

福州地铁 2 号线厚庭站—桔园洲站区间线路出厚庭站后沿科技东路向东行进并下穿乌龙江,之后到达金山片区,在金祥路设桔园洲站。区间左线长 2668.959m(含长链 8.092m),右线长 2666.895m(含长链 6.028m)。其中里程 ZDK18+335(西岸防洪堤里程)~ZDK19+889(东岸防洪堤里程)段下穿乌龙江,过江段长度约 1554m,江面宽度约 1370m(受季节及潮汐影响),过江段平面如图 3-1 所示。

如图 3-2 所示,盾构过西岸防洪堤段隧道断面主要地质为 <2-4-4> 淤泥夹砂层、<2-5-2> 粗中砂、覆土厚度约 28.8m,水位埋深约 4.7m。西岸防洪堤基础为搅拌桩防渗墙,底部高程 +2.0m,距隧道顶部 18m;过乌龙江段隧道断面地质情况以 <2-5-2> 粗中砂、<3-8> 卵石为主,夹杂 <2-6-1> 粉质黏土、<2-6-3> 粉土、<2-4-4> 淤泥夹砂、<2-4-2> 淤泥质土,下穿乌龙江时最小覆土厚度约为 14.1m,乌龙江最大水深 11.7m。盾构过东岸防洪堤段隧道断面全部为粗中砂地层,最小覆土厚度约 26m,最大覆土厚度约 29m,水位埋深约 2.3~4.8m,东岸驳岸基础为抛石和吹填沙基础,基础底部高程 +4.7m,底部距隧道顶部 22.65m。

第 3 章 区间盾构法施工关键技术

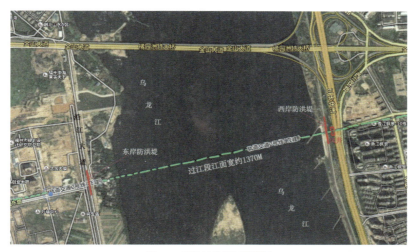

图 3-1 盾构过乌龙江平面图

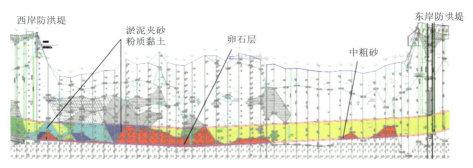

图 3-2 盾构过乌龙江地质断面图

3.1.2 施工难点

（1）厚庭站—桔园洲站区间盾构穿越土层为粗中砂层、卵石层等，与潜水有密切的水力联系，盾构机在长距离含水的砂卵石地层中掘进，面临着掌子面自稳性差，易坍塌的安全风险，如何实现顺利掘进是难点。

（2）粗中砂地层渗透系数大，盾构施工中泥浆参数设置是难点。

（3）盾构在强透水层中下穿乌龙江，对隧道密封和防渗提出了极高的要求，如何做好盾构密封和防渗是难点。

3.1.3 关键施工工艺

1）盾构机选型

国内外盾构机在砂卵石地层内进行盾构施工时普遍遇到由于出土方量超方导致地面沉

降控制不好、刀盘卡死、刀盘刀具损耗严重、螺旋输送机卡轴断轴、螺旋输送机喷涌等问题。成都17号线黄石站—温泉大道站区间（温江区域）隧道几乎全部从卵石土层中穿越，卵石含量高，卵石最大粒径可达600mm以上，卵石级配差，地下水含量丰富且渗透性强。为此，杨辉等及李海峰均对砂卵石地层中盾构机选型进行了研究。

杨辉等基于ANASYS有限元受力分析（图3-3、图3-4），发现在额定扭矩及脱困扭矩工作状态下，刀盘最大应力分别为150MPa、208MPa，最大变形量分别为3mm、3.6mm，满足正常掘进过程中的刀盘强度设计。

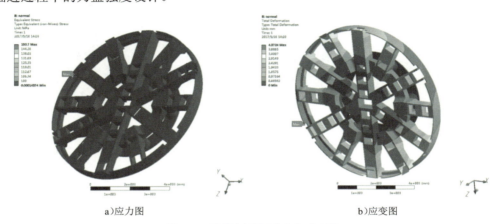

a）应力图　　　　　　　　　b）应变图

图3-3　刀盘额定扭矩下的应力、应变图

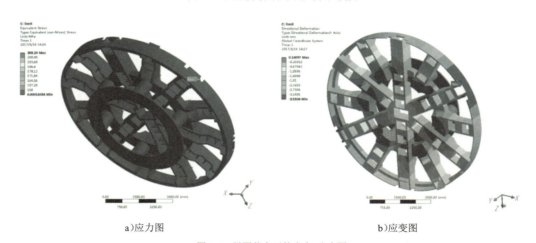

a）应力图　　　　　　　　　b）应变图

图3-4　脱困状态下的应力、应变图

李海峰等根据成都地铁1号线项目所选的盾构机型在施工过程中得到的经验和教训，通过对盾构机的掘进机理深入分析，提出了在富水砂卵石地层盾构机刀盘的合理结构形式。对刀盘的结构要求如下：

（1）结构强、材质好。

（2）面板少、开口率大（35%左右为宜）、开口尺寸适当，用网格结构控制。

（3）中心安装先行刀。

（4）滚刀，滚刀刃间距根据所配置的螺旋输送机的排除卵石尺寸确定。

（5）刀盘的正面、侧面有耐磨保护装置。

对盾构机的推力及扭矩参数要求如下：

（1）总推力应不低于45000kN。

（2）最大扭矩不低于5000kN·m。

根据以上对盾构机刀盘、推力及扭矩等方面的研究结果，本工程选取了中交天和机械设备制造有限公司（以下简称：中交天和）生产的2台 $\phi6480mm$ 气垫式复合泥水平衡盾构机进行该区间的掘进施工。该型号盾构机刀盘结构强、材质好；中心安装了8把中间先行刀；开口率达32%，开口幅度最大达到700mm；并装有耐磨保护装置。盾构机的总推力为41600kN，最大扭矩为7320kN·m。盾构机的主要性能参数列于表3-1。

盾构机的主要性能参数表 表3-1

设备系统和部件名称	参 数 名 称	规格、参数值
盾构主体	开挖直径(mm)	6500（先行刀开挖直径）
	总体长度(m)	约100
	盾体长度(mm)	约10865
	盾体总质量(t)	约342
	后部拖车总质量(t)	约250（含连接桥及设备）
	分割块数(块)	9（8节台车）
	空隙(开口)率(%)	32
	最大开口幅宽(mm)	700
	刀盘质量(kg)	约65000
	刀盘外圈保护刀(把)	20（刀长 $L=350mm$ 的12，$L=230mm$ 的8把）
	切削刀(把)	40把（刀宽 $W=250mm$）
	焊接型切削刀(把)	10（刀宽 $W=250mm$ 的4把，$W=250mm$ 的6把）
	刀箱保护刀(把)	12（刀高 $H=50mm$ 的6把，$H=70mm$ 的6把）
	边缘刮刀(最外周)(把)	8（正向和逆向各4把）
	边缘刮刀A（把）	8（正向和逆向各4把）
	边缘刮刀B（把）	8（正向和逆向各4把）
	先行刀(焊接型)(把)	1
	磨损检测刀(把)	2（液压式）
	先行刀(焊接型,边缘位置)(把)	10
	中心先行刀(把)	8（可与中心滚刀互换）
	正面先行刀A（把）	18（可与正滚刀互换）
	正面先行刀B（把）	2（可与正面双拼滚刀互换）
	外周先行刀(把)	16（可与外周滚刀互换）
	刀盘磨损检测点(处)	4（刀盘面板磨损检测，条状）
	刀盘耐磨方式	刀盘面板10mm耐磨板,外周为30mm耐磨板
仿形刀	行程(mm)	150
	最大超挖量(mm)	110
	最大顶出力(kN)	200
	液压工作压力(MPa)	21.0
	数量(把)	1

续上表

设备系统和部件名称	参 数 名 称	规格、参数值
前盾	前盾直径(mm)	6480
	前盾长度(mm)	2765
	前盾块数(块)	1
	前盾壁厚(mm)	45
	气垫舱前隔板厚(mm)	80
	气垫舱后隔板厚(mm)	80
	径向注浆孔(个)	8
	气垫舱至泥水舱通气孔数量(个)	2
	前盾材质	Q345B
	前盾质量(kg)	约 45000（含人行闸）
	排浆口直径/数量	300/2（一备一用）
	大直径进浆冲刷口直径/数量(mm/个)	250/1 个（总进浆管）
	小直径进浆冲刷口直径/数量(mm/个)	顶部 80/1（预留）；上部 200/2；中部 150/2；下部 800/2（预留）
	人舱门数量及直径	1 个 600mm（进入气泡舱）、1 个 750mm（进入泥水舱）、2 个 600mm（进入人闸主、副舱）、2 个 500mm（由人闸副舱进入材料闸）、1 个 450mm（由材料闸进入泥水舱）、2 个 620mm（进入泥水舱，进入人行闸）
	材料舱门数量及直径	借用人行闸副舱及 F 环
	泥水舱液位传感器数量(个)	2
	泥水舱压力传感器数量(个)	3
	超前钻预留孔数量(个)	6
驱动系统	主轴承形式	三排圆柱滚子轴承
	主轴承寿命(h)	≥10000
	密封形式	多段式密封（唇式）
	密封抗压强度(MPa)	1
	主轴承密封寿命(h)	≥10000
	主轴承冷却方式	水冷
	刀盘驱动形式	变频电机驱动
	驱动马达数量(个)	10
	单个马达功率(kW)	90
	马达冷却方式	水冷
	刀盘驱动功率(kW)	900
	额定扭矩(kN·m)	5631
	最大扭矩(kN·m)	7320
	脱困扭矩(kN·m)	7320
	最大速度时扭矩(kN·m)	2817
	转速范围(r/min)	0.3～3.05

续上表

设备系统和部件名称	参数名称	规格、参数值
破碎机	形式	鄂板式
	驱动方式	液压驱动
	最大破碎粒径(入口)(mm)	450
	最大出口粒径(mm)	100
	破碎频率(次/min)	7
	可破碎岩石最大强度(MPa)	200
	液压系统工作压力(MPa)	20.6
	开度行程位置传感器数量(个)	2
气垫舱气压调节系统	调节进气阀数量(个)	2
	压力调节范围(MPa)	0～1.0
	压力调节精度(%)	0.3
	排气阀数量(个)	2
	气垫舱最大压力(MPa)	0～1.0
中盾	中盾外径(mm)	6470
	中盾长度(mm)	2575
	中盾壁厚(mm)	45
	中盾质量(kg)	约73000（含推进液压缸、铰接液压缸和铰接装置）
	中盾材质	Q345B
	中盾块数(个)	1
	超前钻预留孔数量(个)	0
推进系统	推进液压缸数量(根)	32（16组）
	液压缸行程(mm)	2150
	推进系统最高压力(MPa)	30.0
	液压缸撑靴在管片上的最大压力(MPa)	8.3
	全数液压缸最大推进速度(mm/min)	80
	液压缸缩回速度(mm/min)	1500（3组液压缸同步缩回）
	行程传感器数量(内置)(个)	4
	最大推力(kN)	41600
	正常推力(kN)	41600
	单个液压缸最大推力(kN)	1300
	分区数(个)	4
铰接系统	铰接形式	主动铰接
	铰接个数(个)	12
	铰接行程(mm)	200
	铰接行程传感器数量(个)	4
	铰接密封形式	唇型

续上表

设备系统和部件名称	参数名称	规格、参数值
盾尾	尾盾外径（mm）	6460
	尾盾长度（mm）	T_1=1355、T_2=3665
	尾盾壁厚（mm）	100
	尾盾质量（kg）	约 50000（含盾尾刷）
	尾盾材质	Q345B
	盾尾间隙（mm）	30
	密封方式	4 道钢丝刷 +1 道止浆板
	密封道数（道）	4
	最大抗压（MPa）	1.0
	注脂泵形式	气动泵
	注脂泵数量（个）	2
	注脂泵压力（MPa）	34.0
	注脂泵流量（L/min）	2.62
	盾尾注脂管分布数量	18 根 /3 道
	压力传感器数量（个）	19
	盾尾注脂管口径（mm）	25
	同步注浆管分布数量（个）	8
	防洪泵数量（台）	1

2）设备及材料

砂卵层的长距离掘进，对于泥水循环系统来说，磨损是一项重要问题。针对 1500m 的长距离砂卵层掘进，在材料采购阶段，本工程对泥水循环管路的选择就着重以耐压和耐磨为主要参考依据来进行选择，直管采用壁厚为 8mm 的钢管，所有弯头均采用耐磨复合材料，管接头和连接闸阀等连接零件均采用压力为 16bar（1bar=0.1MPa）的耐磨材料制作，远高于实际工程施工管路压力。同时制订了管路检测计划，每周定期对循环管路进行磨损检测，监测重点着重于弯头、弯管位置。

区间使用的主要设备及材料见表 3-2、表 3-3。

主要设备一览表（双线） 表 3-2

序号	设备名称	型号规格	数量	单位	备注
1	泥水平衡盾构机及后配套台车	6480mm	2	套	
2	蓄电池平车	CF-DP25	4	辆	
3	泥水分离设备	MTP-800	2	套	800m³/h
4	制浆、调浆设备	ZTJ-120	1	套	120m³/h
5	压滤设备	APN18SL40M	2	台	25m³/h
6	龙门式起重机	MG25/5T-22m	2	台	
7	搅拌站	HZS50	1	座	同步注浆搅拌
8	拖泵	HBT-60	1	台	60m³/h
9	外循环水泵	100DL100-25×9	2	台	84m³/h

续上表

序号	设备名称	型号规格	数量	单位	备注
10	冷却塔	JFHT-150G	1	座	150m³/h
11	发电机	400kW	1	台	备用
12	电焊机	ZX7-400	4	台	
13	污水泵	18.5kW/53m³	2	台	隧道排污
14	充电装置	ZCK100/300K（A）	4	套	电瓶车电池组充电
15	防洪泵	100m³/h	2	台	隧道内防洪
16	防洪泵	150m³/h	2	台	井口防洪
17	进泥泵	10/8-FF-AH	2	台	
18	聚氨酯泵	3ZBQ-30/3	2	台	
19	空压机	HET100	2	台	

周转材料、工具需求清单　　表3-3

序号	材料名称	规格型号	数量	单位	备注
1	始发架	—	2	套	左右线各1套
2	反力架	—	2	套	左右线各1套
3	反力架钢支撑	DN560，厚12mm	48	m	
4	钢轨	43kg/m，6m/根	200	根	蓄电池平车轨道
5	钢轨	43kg/m，12.5m/根	96	根	门式起重机轨道、车站内蓄电池平车轨道
6	泥浆管（螺旋焊管）	DN300，8m，6m/根	80	根	进浆管
7	泥浆管（螺旋焊管）	DN250，8m，6m/根	80	根	排浆管
8	镀锌钢管	DN100，3.5m，6m/根	150	根	外循环水管
9	抱箍（含密封圈）	DN300	100	套	连接进浆管
10	抱箍（含密封圈）	DN250	100	套	连接排浆管
11	抱箍（含密封圈）	DN100	200	套	连接外循环水管
12	闸阀	DN300，1.6MPa	10	个	进浆管
13	闸阀	DN250，1.6MPa	10	个	排浆管
14	闸阀	DN100，1.6MPa	20	个	外循环水管
15	风管	DN1200	300	m	隧道通风
16	高压电缆	YJV 3×50mm² 8.7/15kV	350	m	盾构延伸主电缆
17	交联聚乙烯绝缘电缆	YJV 3×185mm² + 2×95mm²	450	m	泥水分离设备组
18	交联聚乙烯绝缘电缆	YJV 3×150mm² + 2×70mm²	300	m	泥水站制浆、调浆设备组
19	交联聚乙烯绝缘电缆	YJV 3×95mm² + 2×35mm²	550	m	泥水站压滤设备及井口总配电柜
20	道岔（含板道器）	943-6-40	2	套	蓄电池平车变轨
21	鱼尾板	P43	500	块	
22	轨道连接板螺栓	M24×120	750	套	
23	12号槽钢	—	5.8	t	加工隧道内轨枕
24	14a号槽钢	—	5.6	t	加工车站内轨枕
25	走道板	2.4m/块	100	块	

续上表

序号	材料名称	规格型号	数量	单位	备注
26	管片抓举头		24	个	管片吊装
27	二次注浆头		24	个	二次注浆
28	单向阀		20	个	二次注浆
29	照明节能灯	带灯罩,支架,25W	100	套	个/8环
30	风炮	1380N·m	10	套	管片螺栓
31	棘轮扳手		6	把	复紧螺栓
32	手拉葫芦	2t	4	台	吊运辅助
33	手拉葫芦	3t	4	台	吊运辅助
34	手拉葫芦	5t	5	台	吊运辅助
35	手拉葫芦	10t	2	台	吊运辅助
36	千斤顶	50t	2	台	始发辅助

3)泥水压力

为保证泥水平衡盾构开挖面稳定,泥浆压力必须分别平衡开挖面处的水压力和土压力。本工程在盾构始发穿越加固体后按照里程从小到大每隔10m选取1个断面,根据地层地质情况及地下水位分别计算11个断面理论水土压力大小,然后估算切口水压。

切口水压力为静止土压力、水压力以及预留压力之和,计算公式为:

$$P = \sum(\gamma_i \times h_i) \times k_{0i} \times \gamma_w \times h_w \times F_p \tag{3-1}$$

式中:γ_i——各层土的重度;

h_i——各土层的厚度;

k_{0i}——刀盘上部各土层静止侧压力系数;

γ_w——水的重度;

h_w——水深;

F_p——预留压力,取20kPa。

根据公式(3-1),11个断面切口水压(刀盘中心)计算结果见表3-4。

各断面切口水压计算统计表　　表3-4

序号	断面位置里程	地层名称	厚度(m)	天然密度(g/cm³)	隧道中心水深(m)	侧压力系数 k_0	切口水压(kPa)
1	DK17+927.372	素填土	1.824	1.95	10.344	0.67	177.5
		粉细砂	3.061	1.80		0.39	
		粗中砂(稍密)	6.126	1.85		0.37	
		粗中砂(中密)	1.968	1.88		0.33	
		小计	12.979				
2	DK17+937.372	素填土	2.217	1.95	13.620	0.67	199.9
		粉细砂	0.776	1.80		0.39	
		粗中砂(稍密)	8.197	1.85		0.37	
		粗中砂(中密)	1.858	1.88		0.33	
		小计	13.048				

续上表

序号	断面位置里程	地层名称	厚度(m)	天然密度(g/cm³)	隧道中心水深(m)	侧压力系数 k_0	切口水压(kPa)
3	DK17+947.372	素填土	2.606	1.95	13.905	0.67	202.6
		粗中砂(稍密)	8.758	1.85		0.37	
		粗中砂(中密)	1.781	1.88		0.33	
		小计	13.145				
4	DK17+957.372	素填土	2.757	1.95	14.096	0.67	204.8
		粗中砂(稍密)	8.743	1.85		0.37	
		粗中砂(中密)	1.782	1.88		0.33	
		小计	13.282				
5	DK17+967.372	素填土	2.209	1.95	14.316	0.67	207.1
		粉细砂	0	1.80		0.39	
		粗中砂(稍密)	9.291	0.85		0.37	
		粗中砂(中密)	1.951	1.88		0.33	
		小计	13.451				
6	DK17+977.372	素填土	1.66	1.95	14.312	0.67	207.9
		粉细砂	1.536	1.80		0.39	
		粗中砂(稍密)	8.304	1.85		0.37	
		粗中砂(中密)	2.154	1.88		0.33	
		小计	13.654				
7	DK17+987.372	素填土	1.23	1.95	13.734	0.67	205.1
		粉细砂	2.951	1.80		0.39	
		粗中砂(稍密)	7.349	1.85		0.37	
		粗中砂(中密)	2.354	1.88		0.33	
		小计	13.884				
8	DK17+997.372	素填土	1.415	1.95	13.404	0.67	204.7
		粉细砂	0.47	1.80		0.39	
		粗中砂(稍密)	9.83	1.85		0.37	
		粗中砂(中密)	2.384	1.88		0.33	
		小计	14.099				
9	DK18+007.372	素填土	1.6	1.95	13.674	0.67	208.0
		粗中砂(稍密)	10.3	1.85		0.37	
		粗中砂(中密)	2.414	1.88		0.33	
		小计	14.314				
10	DK18+017.372	素填土	1.298	1.95	13.964	0.67	210.8
		杂填土	0.354	1.80		0.67	
		粗中砂(稍密)	10.288	1.85		0.37	
		粗中砂(中密)	2.603	1.88		0.33	
		小计	14.543				

续上表

序号	断面位置里程	地层名称	厚度（m）	天然密度（g/cm³）	隧道中心水深（m）	侧压力系数 k_0	切口水压（kPa）
11	DK18+027.372	素填土	0.427	1.95	14.254	0.67	213.8
		杂填土	1.124	1.80		0.67	
		粗中砂（稍密）	10.263	1.85		0.37	
		粗中砂（中密）	2.978	1.88		0.33	
		小计	14.792				

为有效控制推进姿态并保护刀盘,盾构掘进速度不宜过快,应使盾构缓慢稳步地前进。本区间在试掘进段将盾构掘进速度控制在 20～30mm/min 以下。待盾构穿越加固区后,盾构掘进速度可适当提高。掘进速度和刀盘转速见表3-5。

掘进速度及刀盘转速　　　　　　　表3-5

项目	刀盘转速（r/min）	掘进速度（mm/min）	推力（kN）
100环试掘进	0.8～1.0	20～30	0～18230

4）泥水管理

泥水平衡盾构使用泥水的主要目的是维持掌子面的稳定,在防止塌方的同时将切削下的渣土形成泥浆并通过管道输送到地面泥水处理系统。根据不同的土体,泥水管理的要求和方法也不同。应根据需要加入纯碱等化学制浆剂,调节相对密度、黏度、泥膜形成性、润滑性以满足施工要求。

（1）泥浆输送模式

①旁通模式

这种模式是待机模式,用于盾构不进行开挖时执行其他功能,也用于当盾构机从一种功能切换到另一种功能的情况,特别是安装管片衬砌环时开挖室被隔离。在旁通模式状态,各泥浆泵都根据泵的超载压力和所要求的排渣流量所控制的转速保持旋转。

②掘进模式

旁通状态运转数分钟,且当进、排泥水压力和流量趋于稳定并基本相同后,方可操作进入掘进状态。

③逆洗模式

当管路或排浆泵吸口堵塞时,可操作逆洗模式。逆洗模式必须由旁通模式转入,严禁直接在掘进与逆洗模式间切换。逆洗完成后先切换到旁通模式再切换到掘进模式。

④接管模式

在延长送排泥管路时使用。这种模式使隧道里的泥浆管道系统与地面系统处于完全隔离的状态,但此时设在地面的分离厂和制备厂之间的回路仍保持连通；这种模式主要是用于隧道泥浆管道延伸时的情况。

（2）泥浆指标

厚庭站—桔园洲站区间过江段（DK18+5.1.432～DK19+918.276）主要穿越地层为粉质

黏土 <2-6-1>、卵石 <3-8>、粗中砂 <2-5-2>、粉土 <2-6-3>。本工程施工中总结的各地层泥浆指标见表 3-6。

各地层掘进泥浆指标　　　　　　表 3-6

地　层	泥浆指标	
	黏度（马氏）(s)	密度（g/cm³）
淤泥、黏土层	27～28	1.10～1.15
粉土层	29～30	1.08～1.10
砂层	30～32	1.15～1.20
卵石层	32～35	1.20～1.25

黏土地层掘进需要注意，由于地层具有一定乃至较高的自造浆性能，该地层掘进时泥浆黏度指标将有明显上升趋势。泥浆黏度指标在一环掘进时间内往往上升 5～7s。粉土地层中由于土体颗粒较小，小于泥水分离设备最小分离粒径的颗粒较多，分离后的泥浆密度上升较快，单环泥浆密度上升趋势超过 0.15g/cm³。卵石地层掘进过程中，由于需要泥浆携带大块卵石，所以泥浆在具有一定密度能够顺利携渣的条件下，还需要有相对较高的黏度，能够在开挖面形成较为致密的泥膜，保证掌子面稳定的同时可以防止地层里的水大量进入掌子面，同时用以包裹卵石减少对管路、对泵的磨损，在弯道等容易积压的位置顺利穿过。

（3）泥浆运输

过江段掘进过程中前 350m 为粉土和粉质黏土地层，在该地层掘进时，由于粉土和黏土同时存在，在掘进过程中，泥浆黏度指标和密度指标双双上升，最高达到了 37s 和 1.37g/cm³。黏度较高的泥浆在分离的过程中使粉细砂相互黏结，形成泥团，堵塞筛网，导致预筛泥浆无法顺利透过筛网，并顺着筛子流到渣场。针对由于地层原因出现的跑浆现象，本工程通过分析原因，对图 3-5 所示的泥水分离设备以及施工工艺进行了优化调整。优化措施包括：

图 3-5　泥水分离设备预筛

①适当调整预筛筛孔大小。

②增加预筛冲洗，将黏结的泥团冲散，使其顺利通过筛网。

③及时调整和降低泥浆指标，确保在对应地层掘进时进浆密度和黏度尽可能接近建议值。

④在渣场出渣口处设置导流管，同时制作泥浆收集箱，将外漏泥浆尽可能收集回抽处理，避免流往渣场。

对于该地层掘进产生的大量高黏度高密度泥浆，本工程采取分流处置的方式，将一部分泥浆分流到顶板泥浆池，进行沉淀存置处理，等到后期地层情况允许再回抽制浆重复利用；另一部分泥浆通过底流泵抽送至配置的压滤系统进行压滤，将泥浆固化处理，压滤回收的水再进行循环制浆利用。达到减少废弃泥浆排放，提高泥浆回收使用率的目的。

（4）泥水循环操作注意事项

①准备泥水循环前，应该检查包括接管器在内的阀块开合情况，确认无误后，待泥水站

准备完成后方可开启泥水循环。

②进行泥水循环时需先进行旁通回路调节，待压力、流量稳定后方可切入循环模式。

③关闭或者切换循环模式时，需先切换至旁通回路，再进行调节切换，不可直接停泵或者关阀。

（5）出渣量控制

盾构机掘进时必须严格控制每环的出渣量。通过进排泥流量差、密度差计算实际出渣量，并与理论出渣量进行对比。实际出渣量宜控制在理论出渣量的97%～100%，通过调节进排泥流量差及掘进速度来控制出渣量。

5）砂卵石层掘进

根据地质报告，本区间盾构机需在乌龙江江底砂卵层进行长距离掘进。由于地质条件因素，在掘进初期，卵石粒径远大于详勘资料所显示的3～8cm，根据掘进情况发现，有大量粒径10～20cm的大颗粒卵石的存在（图3-6）。但是盾构机选型期间，根据地质地勘资料显示最大8cm粒径的卵石配备了10cm大小格栅（图3-7）。掘进时发生严重堵塞的情况，需要花费大量时间来进行反冲循环，单环掘进时间下降至300min/环，最长达到2400min/环。

图3-6　大粒径卵石　　　　　图3-7　破碎机及格栅

掘进时的长时间反冲循环，不仅不利于掌子面稳定，同时掘进效率大大降低。根据掘进情况，本工程经过方案讨论，采取了常压更换格栅的措施，通过关闭前舱闸门，在密封效果检验合格的条件下，常压进舱清理淤积在排浆管口的大颗粒石块以及渣土，并且重新更换增大格栅孔的前格栅。格栅更换完成后掘进效率提高明显，单环掘进时间能有效控制在70min左右。

同时对于长距离掘进，为了防止管道过长导致的沉渣以及阻塞，在掘进技术上，要求在掘进完成后继续通过机内旁通进行循环，直至泥水分离设备不再分离出渣，方可停止。

6）同步注浆及二次注浆

同步注浆的作用是为了及时填充地层建筑空隙，减少地表沉降，保证周边环境安全；确保管片衬砌的早期稳定和间隙的密实性；防止挖掘面泥浆后窜和盾体后方地下水向前渗透，以减小隧道变形量。作为隧道衬砌的加强层，使其具有耐久性和一定强度。

同步注浆的砂浆由地面搅拌站拌制后，泵送至蓄电池平车上的砂浆搅拌罐，再由蓄电池平车运送至盾构机上，在盾构机推进的同时，通过4个注入口将浆液注入建筑间隙。为确保同步注浆浆液能有效地进入土体，必须保证4点位置管路注浆口和出浆口的压力分别大于相对应各位置盾尾泥水压力。

(1)同步注浆材料及特点

由于在盾构掘进过程中不可避免的停机,浆液初凝时间太短会增加停机期间堵管的可能性,影响盾构掘进。因此,同步注浆浆液的初凝时间应与盾构掘进一个班的工作时间接近为宜,且为保证壁后注浆的填充效果,同步注浆采用初凝时间为 10～12h 的砂浆。本区间采用水泥砂浆的配合比见表3-7。

同步注浆材料配合比表　　　　　　表3-7

组分	水泥	粉煤灰	砂	膨润土	水
用量(kg/m^3)	100	300	800	50	270

(2)注浆设备配置

盾构机设有 $8m^3$ 砂浆罐 1 个,注浆泵 2 台,每台泵供 2 条注浆管路,单台注浆泵注浆能力 200 L/min、泵送最大压力 6MPa,盾尾设注浆管路 8 根(4 根备用)。

(3)注浆控制

①注浆压力控制

盾构在盾尾处设有 4 个浆液注入点,盾尾同步注浆压力因浆液注入点位置不同而不同,施工时的壁后注浆压力控制 0.4～0.5MPa。

②注浆量控制

盾构掘进过程中,每环刀盘与管片之间建筑空隙理论为:

$$V = \frac{\pi}{4}(6.5^2 - 6.2^2) \times 1.2 = 3.59(m^3) \tag{3-2}$$

壁后浆液的注入量 Q,通常可按下式估算:

$$Q = V \times \alpha \tag{3-3}$$

式中:V——盾尾空隙体积;

α——注入率,对估算注入量至关重要。

本区间实际注浆量应为理论注浆量的 180%～200%。施工中需对注浆点进行压力、注浆量双参数控制,保证填充效果。如施工过程中发现浆液注入量持续增多,则必须检查超挖、漏失等因素。注入量低于预定值时,则应考虑注入浆液配合比、注入时期、盾构推进速度过快或出现故障等原因,一般采取加大注浆压力或二次注浆措施。

③注浆时间及速度

盾构向前推进 10cm 后,进行同步注浆,同步注浆的速度与盾构推进的速度相匹配,盾构推进结束前 20cm 停止注浆。

④管路清洗

为确保管路畅通,在每环掘进即将完成应及时对储浆罐、注浆设备及管路进行清洗,防止停止注浆后出现管路堵塞。

(4)二次注浆

盾构掘进时,需要对脱出盾尾的管片背后进行二次注浆。按照"从下到上,从后到前"

的方式注入双液浆,形成包裹住盾尾的止水环和具有一定强度的加固体,以确保盾尾刷更换的安全。二次注浆浆液采用 1∶0.8～1∶1(水灰比)的水泥单液浆,注浆压力宜为 2MPa 左右,达到压力要求后 10min 即可停止注浆。

7)盾尾密封

本区间盾构穿越乌龙江距离较长,江底掘进地层为强渗透砂卵石地层,渗透系数为 30～55m/d,这对盾尾刷密封性提出了非常高的要求。一旦盾尾密封、铰接密封或主轴承等密封失效,将引起江水倒灌,后果不堪设想。

根据设计概况,隧道最大埋深 31.8m,最大水土压力不超过 0.45MPa;盾构机盾尾密封设计按照静水压≤0.8MPa、动水压≤0.6MPa 设计。为加强盾尾密封效果,设置了 4 道盾尾刷(前 2 道为隧道内可更换形式)和 1 道止浆板,如图 3-8 所示。

图 3-8　盾尾密封尺寸及实物图

(1)密封材料选择

盾尾密封油脂选用优质高效的康达特进口油脂,并且对进场密封油脂的稠度、和易性及封水性能采用专用工装进行现场模拟试验检测;主轴承及铰接密封采用性能好、口碑好的壳牌润滑油脂。

(2)密封系统的保证措施

盾构始发时在 4 道尾刷之间腔体采用手涂油脂填充,尤其是根部位置确保涂抹和填充饱满,手涂油脂的饱满和密实对后期盾尾刷的保护至关重要;始发后使用机注油脂进行盾尾刷腔体的油脂压注,确保整圈每道油脂管路的油脂注入量和注入压力;当注入量或压力异常时必须进行原因分析,并及时进行手动操作;日常掘进过程中,将盾尾密封渗漏作为重大安全风险进行管控,安排专人对盾尾刷密封性能进行记录,记录渗漏情况、注入压力、注入量异常情况。

刀盘旋转部位需要密封以防止地下水、泥沙进入。为了确保密封部位的润滑和背压,通过压力控制来加注润滑脂。密封部的润滑不良会导致刀盘驱动部的故障和动作不良,中盾尾盾的前后部装有 2 道唇形铰接密封,可防止地下水和泥沙进入,铰接密封间的油脂为自动注脂,有 6 个注油端口,油脂最大压力可达 20.6MPa。

8)管片防渗

区间过江掘进长度约 1500m,主要穿越地层为粉质黏土 <2-6-1>、卵石 <3-8>、粗中砂 <2-5-2>、粉土 <2-6-3>。其中渗透系数大于 10^{-2}cm/s 的地层粗中砂 <2-5-2>、卵石 <3-8> 占总长度的 80%。在强渗透地层掘进中防止渗漏尤为重要,本工程中针对盾构衬砌防渗主要采取的手段是管片防渗。

(1)管片及防水材料的进场及验收存放

经检验合格的管片从管片预制厂运至施工现场,通过 25t 门式起重机卸至管片存放区,底层管片下垫 2 根 150mm×150mm×1200mm 枕木,层与层之间采用 4 块 100mm×100mm×

100mm 方木隔离,堆放不得超过 3 层。在卸车前必须对管片外观质量进行检查验收。

（2）管片检查及清理

管片预制、场内存放及运输过程中表面会粘上灰尘、油渍等污染物或表面出现破损现象。破损处采用管片厂同材料同配合比的修补材料进行修补,确保管片的外观质量和防水性能;为了保证管片与防水材料铺贴部位的黏结力必须用钢丝刷、毛刷等专用工具对管片的防水槽及端面进行污物和浮尘清理,同时对管片端面贴止水材料处进行烘干处理。

（3）防水橡胶密封垫的粘贴

在干净、干燥的管片防水槽内均匀涂刷单组分氯丁—酚醛胶黏剂 1～2 遍,同时在防水橡胶密封垫内面也均匀涂刷单组分氯丁—酚醛胶黏剂 1 遍,涂刷必须均匀,无遗漏。待胶黏剂已初干(用手接触不黏手、不拉丝),将密封垫放入槽内进行粘贴,其程序为先两端面,后环面,中间逐渐向两端伸,粘贴必须四角平整,不允许凹凸;然后用木槌敲击,使其粘贴牢固。

（4）管片安装

管片安装工艺流程如图 3-9 所示。

①管片采用通用楔形环管片,安装点位以满足隧道线形为前提,确保管片安装后盾尾间隙满足施工要求。

②管片安装时必须从隧道下部开始,然后依次安装相邻块,最后安装封顶块。

③在安装封顶块管片前,应对两侧的防水密封条进行润滑处理,安装时先搭接 2/3,径向上推,然后纵向插入,防止封顶块顶入时搓坏防水密封条。

④每块管片安装到位后,应及时伸出相应位置的推进液压缸顶紧管片,其顶推力应大于稳定管片所需力,管片螺栓安装紧固后方可移开管片拼装机。

⑤在管片脱离盾尾前、后对管片连接螺栓进行复紧。

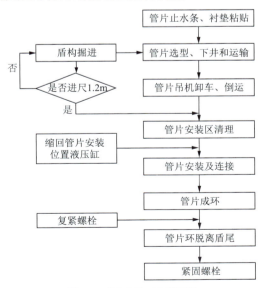

图 3-9　管片安装工艺流程图

本工程从管片制作时就安排专人同驻厂监理一起严把管片制作质量,确保每块管片均满足设计强度和抗渗要求。出厂后的每一个环节都严格管理,确保最终拼接使用的管片和止水密封材料都符合设计要求。同时掘进时每环注浆量根据盾尾注浆压力在确保注浆充足(180%～200%)的情况下进行动态调整,确保管片包裹止水效果。成形隧道出现渗漏情况及时通过管片吊装孔进行水泥、水玻璃速凝浆液二次注浆补强,确保成形隧道渗水控制在设计要求范围内。

3.1.4 应用成效

福州地铁2号线厚庭站—桔园洲站区间盾构需要长距离穿越江底砂卵石层,本工程从设备选择上重点考虑了材料的耐压耐磨性,掘进过程中针对江底砂卵石层渗透系数大的特征,调整了泥浆指标和注浆参数,并对盾尾和管片的密封防水性能进行重点把控,最终顺利穿越乌龙江,穿越后的各项监测指标均满足规范要求。本工程的顺利实施为后续穿江工程提供了参数依据和宝贵经验。

3.2 泥水平衡盾构富水砂卵石地层带压进舱换刀

3.2.1 工程概况

目前国内地铁区间工程在穿越河流、内海或对沉降有较强要求的区域时,常采用泥水平衡盾构法施工。在泥水平衡盾构法施工过程中,盾构带压进舱换刀法因其换刀工期短,成本低以及对地面沉降影响小等优点在地铁盾构施工中得到了广泛应用。福州地铁2号线厚庭站—桔园洲站区间需下穿乌龙江,因此采用的是泥水平衡盾构法掘进,施工过程中选择的是高效价廉的盾构带压进舱换刀法。该区间线路长2669m,最大纵坡29‰,最小转弯半径600m,隧道最小埋深10.26m,最大埋深30.2m,江面宽约1350m,最大水深11.6m。盾构主要穿越土层为粗中砂层、卵石层等,局部穿越淤泥质土层、淤泥夹砂、粉细砂、粉质黏土、粉土等;其中中粗砂及卵石层所占比例为83.5%。地下潜水水位埋深3.40～5.66m,含水层主要为粉细砂层、粗中砂层及卵石层,基岩裂隙水赋存于强风化花岗岩层,如图3-10所示。

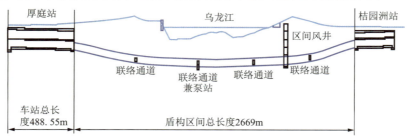

图3-10 厚庭站—桔园洲站区间纵断面示意图

3.2.2 施工难点

福州地铁 2 号线盾构穿越土层中,基岩与卵石层直接接触,与潜水有密切的水力联系;盾构带压进舱换刀法的换刀作业需在有水的砂卵石地层中进行,存在掌子面自稳性差,易坍塌的安全风险。因此,如何根据盾构隧道所处的地质水文条件和泥水平衡盾构法施工工艺制订合理的带压换刀方案,安全顺利地完成换刀作业是难点。

3.2.3 高质量泥膜

1）泥浆与泥膜的制作

福州地铁 2 号线厚庭站—桔园洲站区间盾构穿越所遇到的富水砂卵石地层渗透性强,气体容易逃逸,保压困难。采用盾构带压进舱换刀法作业需要解决的是掌子面自稳性差的难题。因此,需要采用高质量泥浆在掌子面形成渗透泥膜及护壁泥膜,保证掌子面稳定,达到不透水、不漏气的目的。避免因掌子面失稳,导致压力波动;泥浆成膜效果是降低带压作业风险的重要环节。泥浆的相对密度、黏度、含砂率、胶体率等是判定泥浆性能的关键技术指标,尤其相对密度和黏度是控制重点,一般情况下,相对密度和黏度越大,越有利于掌子面稳定。

本工程中带压作业的泥膜指标包括渗透泥膜指标和护壁泥膜指标。其中渗透泥膜的泥浆指标为:相对密度 1.2～1.25,黏度（马氏）40～50s。护壁泥膜的泥浆指标为:相对密度 1.15～1.25,黏度（马氏）120～180s。

换刀时,在盾构停机后对盾尾 4 个径向孔和盾尾后 1 环压注聚氨酯密封。对盾体后 2～5 环间进行二次灌注 1∶1（水灰比）水泥浆封闭,避免泥膜建造过程泥浆发生渗漏及泥水舱泄压。注浆完成 2d 后对掌子面进行渗透泥膜和护壁泥膜的建立,在砂卵石地层中,泥膜的建立通常需要 5～7d。泥膜的建立过程中为计算及论证进舱作业前边界条件的安全状态,需准确记录液位升降、压气量等数据。

2）送气及液位的平衡

为给换刀作业人员提供进入泥水舱的安全通道,作业前须降低泥水舱与气泡舱液位的高度。换刀过程中须确保 SAMSON 自动保压系统向舱内连续供压缩空气,同时须持续监测,密切关注液位与压力的变化,如有异常情况,说明泥水舱腔体未完全封闭,有漏气卸压风险,须立即处理。换刀过程中液位调节具体操作如图 3-11 所示。

（1）起初,气垫舱室内液位高度为满舱,液面上部充满着压力值为 P_a 的空气压力,如图 3-11a)所示。

（2）向泥水舱送气,此时气垫舱内液位逐渐升高,泥水舱液位降低,原液位高度位置的压力值逐渐增至 P_a,如图 3-11b)所示。

（3）当泥水舱与气垫舱内液位同高时,两舱内的压缩空气高度达到平衡,人员方可进舱带压作业,如图 3-11c)所示。

（4）换刀完成后，关闭闸阀1并打开闸阀2，回注泥水舱内的泥浆至满舱，方可恢复掘进，如图3-11d）所示。

（5）打开闸阀2后，泥水舱室内的压力降低，开挖舱液位高度逐渐升高，气垫舱室内的液位高度逐渐降低，如图3-11e）所示。

（6）泥水舱满舱后，当泥浆从闸阀2流出后关闭闸阀2，泥水舱内残留的少量压缩空气正常掘进时可以随泥浆排除，如图3-11f）所示。

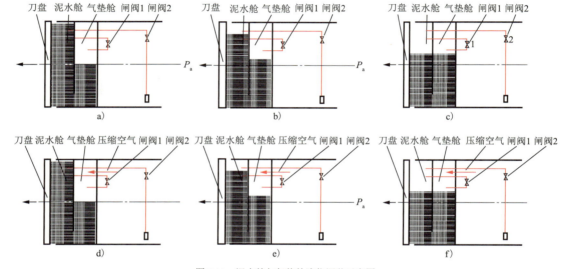

图3-11 泥水舱与气垫舱液位调节示意图

需要注意的是，在泥水舱液位降低，气压增加的过程中，应分梯度进行。当液位降低1m时，应及时将压力设置提高0.1 bar，避免因压力突变造成掌子面失稳。加压时要保持人舱内的升压速度恒定，升压速度控制在0.5～1 bar/min直至达到设定压力。

3）泥膜效果检验

泥膜的成膜效果主要通过气密性试验来检验。

首先在降液位进行气密性试验：2h内，在设定3.3 bar的压力下，气垫舱液位左侧上升3mm，右侧上升4mm，变化速率分别为1.5mm/h和2mm/h，满足方案要求，气密性试验达标，表明渗透泥膜建立顺利完成。之后再进行泥水舱气密性试验，在相同压力下，2h内气垫舱液位上升1mm，护壁泥膜指标达到要求，泥水舱气密性试验达标。

3.2.4 人员进出舱程序

福州地铁2号线厚庭站—桔园洲站区间盾构掘进过程中采用的是φ6480mm复合式气垫平衡泥水平衡盾构机，盾构机设有人舱（主舱、副舱）、气垫舱（气泡舱）、泥水舱及多道舱门。舱门数量和尺寸分别为2个φ600mm（进入气泡舱）、1个φ750mm（进入泥水舱）、2个φ600mm（人闸主副舱）、2个φ500mm（由人闸副舱进入材料闸）、1个450mm×600mm（由材料闸进入泥水舱)、2个620mm×750mm(进入人行闸),如图3-12所示。其中主舱、气垫舱、泥水为有压舱,副舱升压时为有压舱(降压时为无压舱)兼人员应急舱及材料舱。人员的升压和降压均在主舱进行,升压和降压时需要紧闭主副舱之间及气垫舱与主舱之间的闸门。

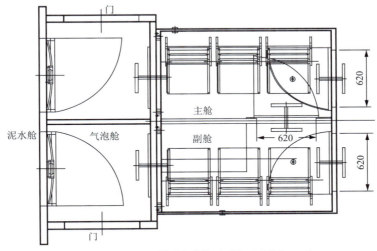

图3-12 泥水平衡盾构舱门结构平面图(尺寸单位:mm)

盾构带压进舱换刀作业过程中,作业人员需要从常压环境瞬间进入有压环境中,是存在重大风险的一个环节。因此,需要结合盾构机设备、泥水舱结构、换刀工况、舱门启闭及压力等情况确定严格的进出舱程序。本工程中的进出舱程序如图3-13所示。

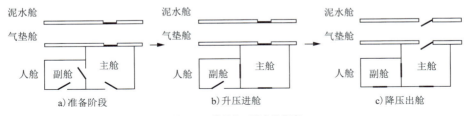

图3-13 带压换刀进出舱程序

(1)准备阶段:带压作业准备→停机、降液位→泥水舱中注入可形成泥膜的高浓度泥浆(须提前制浆)→降低液位、设定压力(主、副舱均常压)→泥水舱密封效果检查。

(2)升压进舱:人员进主舱(关闭所有舱门)及材料、机具进副舱→操舱员舱外升压→气垫舱压力等于主、副舱压力→升压完成→打开前段舱门进入泥水舱开始换刀。

(3)降压出舱:作业面带压换刀结束→人员打开前段舱门进入主舱→封闭前段舱门→人舱中减压出舱。

(4)计算从加压至减压结束各环节所需要的压缩空气总量及检查核实储备压缩空气是否满足用气量,并留有充足的富余量,空压机通常一用一备(备用空压机为内燃式)。

换刀完成后,须整体检查刀具上紧固螺栓的松紧度,不断地通过小角度转动刀盘(5°～10°)核实刀盘及刀具安装整体质量及调试盾构机各系统。当完成泥水舱泥浆建舱,泥浆压力完全代替气压后,方可恢复正常掘进。

3.2.5 施工组织

换刀作业中，从第一舱进舱查刀，明确各类刀具换刀数量后，须制订具体的换刀作业工作计划，且均应在安全的前提下进行。换刀作业分舱次进行，通常设定6h/舱，舱内不少于3人，舱外设一个操舱员，并根据作业时长明确出每舱的工作量。操舱员还需要计算好升压时间、作业时间、降压时间及实施效果，并对操作做好记录。本工程中，厚庭站—桔园洲站区间换刀作业期人舱升压约1h，作业约2h，降压约3h。

舱内作业时需要带齐的材料及工机具如下：铁锹、镐头（刀盘清理）、刀具、脚手架（必要时）、照明头灯、安全带、倒链、抓紧钳（滚刀时用）等。换刀作业时，需根据班组作业头几舱的工效不断优化完善工作计划，避免盾构机长时间停机带来的沉降与栽头的安全影响。同时，舱内作业需确保安全，尤其在转动刀盘时，舱内人员与刀盘要保持安全距离，做到自防、互防、联防，必要时可以撤出泥水舱。

即使采取了泥浆密封掌子面及SAMSON自动保压系统向舱内压气，保证舱内压力随时保持恒定；在富水砂卵石地层进行带压进舱换刀作业时，仍需特别注意当边界条件发生突变时，掌子面有可能出现失稳或涌水涌砂等安全风险。故换刀期间仍应密切关注掌子面泥膜龟裂失效后渗漏水、泥水舱压力及刀盘上方水面是否有冒气泡等情况。出现此类异常现象时，须立即停止换刀并转移人员，确保人、机安全。

3.2.6 应用成效

福州地铁2号线厚庭站—桔园洲站区间在带压换刀13个作业人员工作16天顺利完成了44把滚刀换刀任务。左、右线均安全顺利地完成带压进舱换刀作业，人员出舱后体态正常，身体无不良反应。该区间盾构的顺利通过表明，在福州地区特有的富水砂卵石地层中（卵石含量高且强度大、粒径大，地下水位高且有承压水、地层渗透性强）实现带压换刀是完全可行的，也为后续的类似工况提供借鉴。

3.3 泥水平衡盾构穿越闽江液化砂土层施工

3.3.1 工程概况

福州地铁2号线金祥站—祥坂站区间，在ZDK24+185（495环闽江南岸防洪堤）～ZDK24+883（1076环闽江北岸驳岸）处下穿闽江，长约698m，其中江面宽度约500m（受季节及潮汐影响）。闽江南岸防洪堤基础为高压水泥防渗墙，底部距隧道顶部横向距离18m；闽江北岸驳岸基础为浆砌石，底部距隧道顶部横向距离20.5m，下穿闽江时最小覆土厚度约为 8.8m。

盾构隧道区间由中交天和生产的两台 ϕ6502mm 泥水平衡盾构进行掘进,采用装配式钢筋混凝土管片分 6 块进行错缝拼装衬砌。管片内径 5500mm,管片外径 6200mm,管片厚度 350mm,管片宽度 1200mm。管片与围岩之间的环形间隙采用水泥砂浆同步注浆回填,必要时采用双液浆进行二次注浆补强。

根据地质详勘,金祥站—祥坂站区间地质情况较为复杂,过闽江段地质情况以 <2-4-2> 淤泥质土为主,其间夹杂 <2-6>(含粗砂)粉质黏土、<2-5>(含泥)粗中砂及淤泥夹砂。图 3-14、图 3-15 分别给出了该区间的地质剖面图及土层种类统计图,实际穿越地层以流塑淤泥质土为主。淤泥质土强度很低,平均贯入度为 2.4mm,地基承载力特征值为 55kPa,快剪试验得到的黏聚力为 21.1kPa,内摩擦角为 2.1°;淤泥质土的动强度随着振次的增加而减小,且强度很低,动黏聚力为 0.3～4.0kPa,动内摩擦角为 7°～10°。

图 3-14　金祥站—祥坂站区间地质剖面图

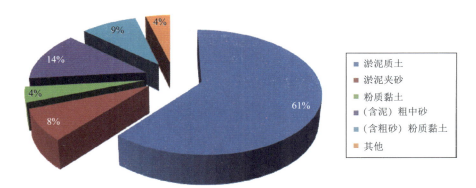

图 3-15　金祥站—祥坂站区间左线地质情况分布比例图

金祥站—祥坂站区间所经过的地表水主要为闽江和融侨水乡别墅内人工河,隧道从闽江河床下经过,地下水位埋深 0.1～4.63m,且闽江附近的地下水随闽江涨落潮的变化而变化,闽江最大水深 12.8m。

3.3.2 施工难点

从金祥站—祥坂站区间的地质和水文勘察结果可以发现,该区间地下水埋深浅,盾构穿越的淤泥质土、富水砂层、粉质黏土等土层均位于地下水位线以下,处于饱和状态。这类饱和软土层具有水土压力大、上浮力大、土体约束力小等特点。因此,在盾构掘进过程中,主要存在以下难点:

(1)管片上浮。饱和软土层中的竖向土压力和浆液浮力的合力一旦大于管片自重、浆液黏滞力以及土体约束力的合力,管片将发生上浮,图 3-16 所示为管片上浮受力示意图。管片上浮会造成盾构隧道的"侵限"以及在管片端面产生剪应力造成管片的错台、开裂、漏水等现象,降低管片结构的抗压强度和抗渗能力;上浮量较大会导致隧道偏离轴线,影响盾构机掘进进度,甚至造成成形隧道管片错台。

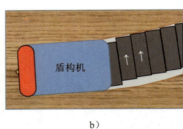
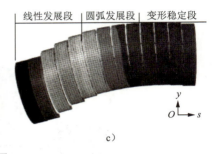

图 3-16 管片上浮受力示意图

(2)富水砂层受扰动易液化,造成过大的地表沉降。盾构在富水砂层中掘进时,由于地下水含量丰富且地层自稳能力较差,施工过程中地层受到微小的影响,就可能导致区间上方地表产生较大的沉降。

(3)穿越区域为淤泥质土,夹杂含泥粗中砂、含粗砂粉质黏土,盾构切口压力值设置过大可能击穿江底,设置过小易造成开挖面塌方。如何设置合理的切口泥水压力是难点。

(4)地层以淤泥质土为主,标准贯入度 2.4mm,呈流塑状态,盾构机重心靠前,十分容易栽头。如何在掘进时控制盾构姿态是难点。

3.3.3 关键施工工艺

1)管片上浮控制

在富水软土地层盾构施工中,管片上浮是难治的通病。如图 3-17 所示,在本区间盾构掘进过程中,24 环出现最大下沉量,约为 -3.8cm;第 30 环区段管片开始出现上浮,后逐渐加剧。在掘进至第 68 环时,发现管片最大上浮量为 10.28cm;掘进到第 80 环之后,通过合理调整同步注浆、二次注浆方案,管片上浮量控制到 2cm 左右。

在注浆方式调整过程中,首先分析了现有管片上浮的规律。如图 3-18 所示,第 68 环和第80环管片自脱离盾尾至达到稳定时管片位移变化规律基本一致。第68环和第80环管片最大上浮量分别为10.28cm和10.37cm。自脱离盾尾到盾尾6环管片上浮速率明显,平均速率为1.4cm/环;盾尾6～12环管片上浮速率减缓,趋于稳定值;到12环管片之后管片上浮量有一定的波动,变化不大。

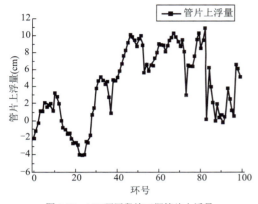 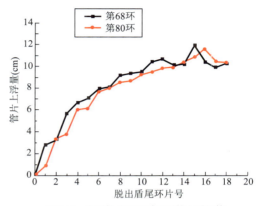

图3-17 100环区段施工期管片上浮量　　　　图3-18 典型管片脱出盾尾后的上浮规律

因此,为了及时有效地控制管片上浮,同时又防止二次注浆影响盾尾刷性能,注浆位置宜选择上浮速率最大的盾尾后3环、4环管片。通过对管片形成双液浆环箍来抑制管片上浮的效果明显优于拱顶位单点注浆效果。

根据盾构开挖直径与管片外径计算,每环理论空隙约为3.6m³,考虑到地层中浆液的扩散及收缩,依据地表的沉降监测数据,将浆液的扩散系数定为1.6,同步注浆总量理论值为5.5m³。为了减小管片的上浮趋势,在80环后又将注浆量调整为5m³。盾尾有4个注浆孔,如图3-19所示。调整注浆点位,上部注浆孔注浆量为下部注浆孔的2倍,利用注浆扩散压力来下压管片。

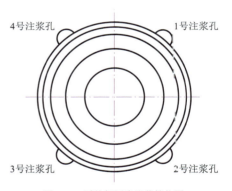

图3-19 盾构机同步注浆管位置

同时调整注浆配合比,通过加快同步注浆的初凝时间,加速隧道管片的稳定来抑制上浮。本工程主要通过提高浆液中水泥掺量,配合比中增加石灰成分,来加速浆液凝结。同时增加外加剂用量,调整其他成分比例,确保新配合比浆液的和易性,避免快速离析。

优化后的同步注浆材料配合比见表3-8。

同步注浆配合比(单位:kg/m³)　　　　表3-8

制浆材料	水泥	膨润土	粉煤灰	石灰	砂子	外加剂	水	凝结时间
原配合比含量	120	60	360	0	450	2	690	12h
新配合比含量	200	85	330	60	960	3	400	3～4h

图3-20所示为0～100环范围内各环的同步注浆量,从图中可以看到,优化后的浆液

配合比所需的注浆量小并且保持稳定,说明通过改变同步注浆的配合比和控制注浆参数达到了控制管片上浮的效果。

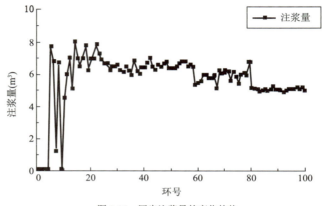

图 3-20　同步注浆量的变化趋势

2）地表沉降控制

（1）掘进参数控制措施

主要控制盾构掘进的总推力、扭矩、掘进速度等,采取的方法是向盾体外侧注入高黏度的纳基膨润土,膨润土需发酵 12h,且黏度不小于 60s 后,再将其通过盾体径向注浆孔注入盾体与地层之间,膨润土的注入量为 $1.5m^3/$ 环,注入膨润土的作用为减少地层沉降和防止因地层沉降将盾体裹住而增加盾构机的总推力。适当提高刀盘转速至 1.5r/min 左右。通过盾体外部注入膨润土和提高刀盘转速后,盾构机的总推力降至 16000kN 左右,扭矩为 1800～2000kN·m,掘进速度达到 30～50mm/min,采取措施后盾构机掘进参数满足此种地层的施工要求。

（2）渣土改良控制措施

液化砂层掘进螺旋机发生"喷涌",需要对渣土改良、材料和配合比进行重新选择和设计。通过现场试验发现,单靠注入膨润土或泡沫剂或膨润土和泡沫剂共同进行渣土改良均无法有效改变渣土的"塑性流动状态"、螺旋机出渣不均匀、掘进速度不稳定、掌子面容易失稳的情况。在采用传统的渣土改良措施不能够满足施工要求的情况下,决定采用向泡沫原液内加入高分子聚合物的方法对渣土进行改良。当高分子聚合物与泡沫原液的比例为 1∶10 时,渣土改良效果得到了大大地提高,渣土流动性较好,出渣均匀,出渣量得到了有效控制,且在施工过程中刀盘舱稳定,地层损失率明显减小,地表沉降得到了有效控制。

（3）同步注浆及二次注浆控制

由于砂土的渗透性较好,实际注浆量应大于理论计算量,以保证注浆质量,注浆量的填充系数选取 150%～200%。同步注浆浆液应选取初凝时间短,能够快速填充管片外壁与地层间的建筑间隙,避免地面沉降超限。施工现场实际使用的浆液配合比是在试验配合比的基础上进行微调,通过改变注浆材料用量或外加剂的方法将浆液初凝时间控制在 4～6h 范围内,浆液稠度控制在 10～12cm 范围内,施工过程中应每班对浆液质量进行检查,并形成记录,保证同步注浆浆液质量。

针对富水砂层地层后期因土体固结造成的地表沉降、同步注浆浆液凝固后的体积收缩而造成的管片渗漏水情况,需对管片进行二次注浆。当管片脱出盾尾5环后对管片吊装孔进行开孔补浆,二次注浆可选择每隔一环注浆一次。二次注浆因无法计算衬背空隙量,现场注浆时通常以注浆压力来控制,超过控制压力即停止注浆。注浆压力不大于0.5MPa,以免造成管片外周围压力过大,对管片造成破坏。

3)盾构切口泥水压力设定

本区间穿越闽江所遇地层主要为流塑状淤泥,泥水平衡盾构施工过程中,盾构切口泥水压力过大可能击穿地层。特别是在砂层或者夹砂的地层中,泥水压力过小会造成掌子面土体一定程度塌落,建筑空隙变大,管片上浮可能性增大。实际施工过程中采取水土合算法计算,其中静止土压为泥水压力上限值,主动土压力为泥水压力下限值,取值的主要目的在于控制刀盘前方土体的稳定性,防止施工过程中地面沉降量变化过大。在地层性能不易改变的条件下,增加泥水重度、提高泥水黏性有利于阻止劈裂进一步伸展。在冲刷槽及地层处,采用高相对密度高黏度的浆液,控制过量泥浆渗入地层。施工过程必须根据实际监测数据和地质水文情况、盾构机埋深姿态情况,综合分析进行调整。

(1)泥水压力上限值

$$P_{上} = P_1 + P_2 + P_3 = \gamma_w h + k_0[(\gamma - \gamma_w)h + \gamma(H-h)] + 20 \tag{3-4}$$

式中:$P_{上}$——泥水压力上限值(kPa);

P_1——地下水压力(kPa);

P_2——静止土压力(kPa);

P_3——变动土压力(kPa),一般取20kPa;

γ_w——水的重度(kN/m³);

h——地下水位以下的隧道埋深(算至隧道中心)(m);

k_0——静止土压力系数;

γ——土的天然重度(kN/m³);

H——隧道埋深(算至隧道中心)(m)。

(2)泥水压力下限值

$$P_{下} = P_1 + P_2' + P_3 = \gamma_w h + k_a[(\gamma - \gamma_w)h + \gamma(H-h)] - 2C_u\sqrt{k_a} + 20 \tag{3-5}$$

式中:$P_{下}$——泥水压力下限值(kPa);

P_2'——主动土压力(kPa);

k_a——主动土压力系数;

C_u——土的黏聚力(kPa)。

复合式泥水平衡盾构机正常掘进要保证掌子面处水土侧压力和设定的泥水压力相平衡。采用水土合算法计算泥水压力时,覆土厚度和水位线位置是决定泥水压力的关键因素。掌子面土层性质也会影响泥水压力值。在地层埋深和水位线一定的情况下,分析掌子面前方土层性质对切口压力值的影响。970～1070环掌子面土层情况如图3-21所示,地层土质参数见表3-9。

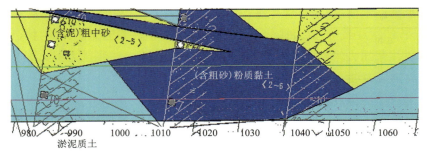

图3-21 盾构隧道地层分布情况

地层土质参数　　　　　　　　　　　　　　　表3-9

地层代号	土质参数	天然重度（kN/m³）	黏聚力（kPa）	内摩擦角（°）	泊松比	静止土压力系数	主动土压力系数
<2-4-2>	淤泥质土	17.10	18.5	10.8	0.39	0.65	0.69
<2-5>	粗中砂	19.0	3	25	0.29	0.40	0.41
<2-6>	粉质黏土	20.23	34.6	16.5	0.28	0.39	0.56

如图3-22所示,假定隧道掌子面为单一土层,土层为淤泥质土、粗中砂或粉质黏土,计算对应的盾构刀盘中心泥水压力在淤泥质土掌子面和粉质黏土掌子面水差值在0.5 bar左右。施工时将上软地层的静止水土压力值设定为切口压力值防止地层击穿,各环的泥水压力设定值和建议值见表3-10。

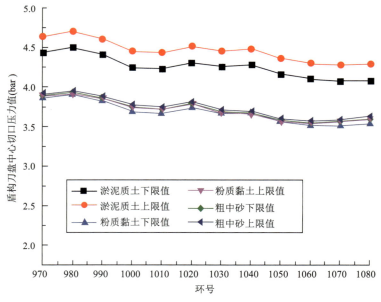

图3-22 掌子面处土性对水土侧压力值的影响

第3章 区间盾构法施工关键技术

切口压力计算及建议值　　　　　表3-10

环 号	掌子面处地层参数			埋深合计	下限值	上限值	建议值
	k_0	k_a	C_u（kPa）	（m）	（bar）	（bar）	（bar）
980	0.40	0.406	3.00	29.78	3.89	3.91	3.91
990	0.40	0.406	3.00	29.73	3.92	3.94	3.94
1000	0.40	0.406	3.00	29.06	3.85	3.87	3.87
1010	0.40	0.406	3.00	28.38	3.74	3.76	3.76
1020	0.39	0.558	34.59	28.36	3.66	3.71	3.71
1030	0.39	0.558	34.59	28.66	3.73	3.78	3.78
1040	0.40	0.406	3.00	28.96	3.68	3.70	3.68
1050	0.40	0.406	3.00	28.45	3.67	3.69	3.67
1060	0.40	0.406	3.00	27.93	3.57	3.59	3.57
1070	0.40	0.406	3.00	27.44	3.54	3.56	3.54
1080	0.65	0.685	18.48	27.45	4.07	4.28	4.07

盾构机刀盘直径6.5m，一环推进1.2m，理论出渣量为39.8m³，970～1070环的单环送排泥流量差值为39.5～42.3m³，验证了泥水压力设定值的合理性。由于地质勘察孔的采样间距为20～40m，造成地层性质和地层范围划定存在着不确定性；因此，掘进施工中需要密切关注出渣土性的变化和盾构机气泡舱液位波动，及时调整泥水压力值。

4）盾构姿态调整

在软土中掘进时盾构机栽头是一种普遍现象。现有盾构掘进施工时通常采用隧道自动导向系统和人工测量辅助进行盾构姿态监测。该系统能够直观、全天候地在盾构机主控室动态显示盾构当前垂直和水平位置与隧道设计轴线的偏差以及变化趋势，据此调整盾构机掘进姿态。

(1) 盾构机区压力调整

用于推进盾构机的盾构液压缸安装在盾构机主体的支承环上。图3-23所示为盾尾液压缸分区示意图，从盾尾看，液压缸的编号从顶部开始按顺时针方向计数。盾构机共装备有32根液压缸，每根液压缸的推力为1300kN，总推力为41600kN。盾构机共有16组千斤顶，分为上下左右四个区。

盾构姿态调整常用手段是改变盾构机各区压力，在上区及下区千斤顶共同作用下，相当于施加一个纠偏力矩M，该力矩是纠正盾构姿态的关键，如图3-24所示。当纠偏力矩M足够抵消盾构体重力力矩、泥水舱重力力矩、上部土压力力矩、下部土压力力矩、机体摩擦力力矩，以及作用于刀盘的应力力矩，则可保持机体沿轨线掘进；当纠偏力矩M大于上述力矩之和，则盾构机头会呈仰角姿态。

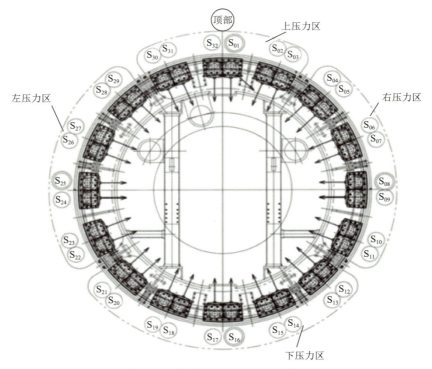

图 3-23　盾构液压缸分区示意图（盾尾视图）

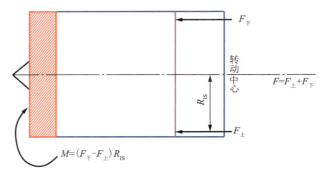

图 3-24　盾构机纠偏力矩简化示意图

纠偏力矩的计算公式为：

$$M = (F_{上} - F_{下})R_{IS} \tag{3-6}$$

式中：M——纠偏力矩（kN·m）；

R_{IS}——千斤顶液压缸到机体轴线的距离（m）（本盾构 R_{IS}=3m）；

$F_{上}$——上部千斤顶的推力（kN）；

$F_{下}$——下部千斤顶的推力（kN）。

本工程在对盾构机区压进行调整时，采取上半部液压缸间隔收回的方法进行卸载调整（图 3-25），从而形成上下推力差（图 3-26），这样便可以形成一个纠偏力矩。

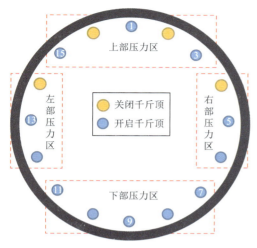

图 3-25 盾构机千斤顶液压缸设置示意图

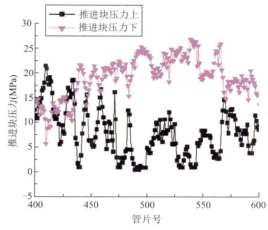

图 3-26 盾构机液压缸推进压力

图 3-27 表明纠偏力矩和盾构机俯仰角加速度有很好的相关性,说明调整盾构机上下压力区的压力可以有效地对盾构进行纠偏。

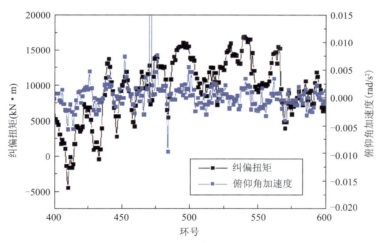

图 3-27 纠偏力矩和盾构机俯仰角加速度

（2）盾尾增加配重

另一种盾构姿态调整的方式是在盾尾位置增加配重,通过杠杆原理,压低盾尾。配重物通常采用钢轨和管片,如图 3-28 所示。通过在盾尾增加配重可以平衡因前盾"栽头"而发生的盾尾、管片上翘等现象。因无法具体测算前盾栽头情况发生后,尾盾应当相应进行多少配重进行中和,故该方法仅为辅助措施。本工程的实践表明,盾构机在淤泥质土中掘进时,配重为 8t 左右。

图 3-28 盾尾增加配重

5）盾构机栽头控制

管片上浮的关键原因在于盾构掘进时液化砂层受到扰动丧失承载力，继而造成盾构机栽头，盾尾上翘，最终导致管片上浮。本工程基于从日本引进的克泥效法，配置了一种兼具流动性、不凝结性（避免固结刀盘，加大对周边易液化砂层扰动）和承载力等诸多特性的新型克泥效浆液，如图3-29所示。在前盾、中盾加注这种新型化学浆液，给盾构机身提供"垫脚石"。

a)

b)

图3-29 新型浆液

本工程中使用的克泥效浆液是由合成钙基黏土矿物、纤维素衍生剂、胶体稳定剂和分散剂构成的一种新型材料。混合后的流动塑性胶化体不易受水稀释，且其黏性也不随时间而变化，辅以优化压力分区设置、同步注浆、二次注浆、逆循环等措施，可以对盾构机前方下部土体进行有效改良；增大盾构机头部的上抬扭矩，如图3-30所示。

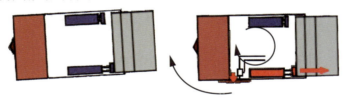

图3-30 克泥效浆液工作原理示意图

该方法实施时是将高浓度的克泥效浆液与塑强调整剂（即水玻璃）两种液体分别以配管压送到盾构机的前盾体下部和后盾体上部，如图3-31所示。

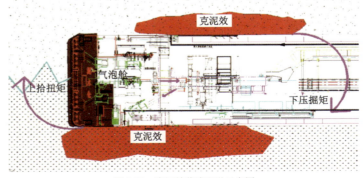

图3-31 克泥效浆液配送示意图

另外，在软弱地层或由于盾构机的长度以及重量不平衡而导致栽头的情况下，若是勉强扬起机头角度的话反而会导致刀盘下沉更大。在通常情况下，盾构机会根据所选定的千斤顶来控制姿势并进行掘削。然而，如若周边土层松软或盾构机自重过大，使得盾构机发生栽头，此时即使操作千斤顶或使用铰接装置，也难以调整盾构机姿态。在这种情况下，可将本工程配制的高黏性克泥效浆液从盾构机下方注入，同时用下半部千斤顶进行掘削，便可以修正盾构机头扬起角度。本工程总结的具体操作步骤包括：首先在前盾体下部注入克泥效浆液，随后采用调整掘进方式和速度的方式逐步调整盾构姿态。具体操作是先采取不转刀盘的闷推模式掘进，直至无法实现闷推；将刀盘转速控制在 0.3r/min，达到推进正常后再切换至闷推，如此循环直至姿态纠偏完成。从图 3-32 中可以看到，最后管片的上浮量非常小，说明注入克泥效新型浆液的方式对控制管片上浮具有显著的效果。

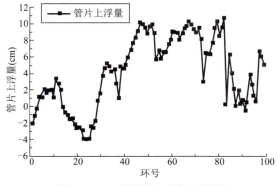

图 3-32　100 环区段施工期管片上浮量

3.3.4　应用成效

盾构机在饱和易液化砂层和淤泥质土层掘进引起的管片上浮控制及研究是盾构施工中的重点和难点。本工程在施工实践中总结出了盾构机在淤泥质土中掘进的合理下压范围，优化了同步注浆浆液的配合比，配制了新型的克泥效浆液。通过对施工工艺的优化和创新，控制了管片的上浮量，保障了管片的成形效果；确保了盾构区间的施工安全、施工质量和施工进度。

3.4　土压平衡盾构穿越硬岩地层施工

3.4.1　工程概况

福州大学站—董屿站区间起点设计里程为 Y(Z)DK15+110.509，左线终点设计里程为ZDK16+896.637，区间长度为1779m；右线终点设计里程为YDK16+896.307，区间长度为1785m。盾构始发线路坡度为−23‰，接收坡度为−2‰。区间左右线为分修的两条单线隧道，线路出福州大学站后沿乌龙江大道呈南北向敷设，最终到达董屿站。区间线路由三段直线和三段圆曲线构成，曲线半径分别为1000m、500m及350m；转弯段长度分别为324m、320m及137m，如图3-33所示。

图3-33 福州地铁2号线三标平面位置图

区间穿越地质情况主要为粉质黏土、淤泥质土、粗中砂（中密）、淤泥夹砂、砾质黏性土、全风化花岗岩、强风化花岗岩、中风化花岗岩、微风化花岗岩。盾构掘进穿越地层物理力学参数性质见表3-11。盾构区间构开挖范围存在淤泥、淤泥质土和淤泥夹砂；拟建区间隧道洞身范围多处位于残积土土层内；左线里程ZCK15+140～ZCK15+251、ZCK15+413～ZCK15+482、ZCK16+040～ZCK16+196，右线里程YCK15+155～YCK15+195、YCK16+007～YCK16+175范围有中～微风化花岗岩侵入隧道范围。

区间地下水主要分为上层滞水、第四系松散岩类孔隙水（包括潜水和承压水）两种类型。

始发及试掘进地层物理力学参数表　　　　　表3-11

岩土分层	岩土名称	天然密度 ρ (g/cm³)	天然含水率 w (%)	孔隙比 e	黏聚力 c (kPa)	内摩擦角 φ (°)	压缩系数 a_{1-2} (MPa⁻¹)	压缩模量 E_{s1-2} (MPa)	渗透系数 k (m/d)	静止侧压力系数 k_0	地基承载力特征值 f_{ak} (kPa)
<1-1>	素填土	1.95			10	8				0.67	
<1-2>	杂填土	1.85			5	10				0.67	
<2-1-1>	粉质黏土	1.79	36.6	1.112	22	12	0.56	3.8	0.006	0.61	120
<2-4-1>	淤泥	1.57	62.1	1.727	10	2	1.27	2.2	0.0006	0.82	60
<2-4-2>	淤泥质土	1.68	47.7	1.317	15	4	0.76	3.1	0.001	0.72	80
<2-4-4>	淤泥夹砂	1.70	45.3	1.298	14	7	0.71	3.0	0.3	0.67	100
<2-5-1>	粉细砂	1.87			4	20		10.0	10	0.39	140
<2-5-2>	粗中砂（稍密）	1.98			4	23		12.0	38	0.35	150

续上表

岩土分层	岩土名称	天然密度 ρ (g/cm³)	天然含水率 w (%)	孔隙比 e	黏聚力 c (kPa)	内摩擦角 φ (°)	压缩系数 a_{1-2} (MPa⁻¹)	压缩模量 E_{s1-2} (MPa)	渗透系数 k (m/d)	静止侧压力系数 k_0	地基承载力特征值 f_{ak} (kPa)
<2-5-2>	粗中砂(中密)	2.02			4	25		15.0	35	0.33	160
<2-6-1>	粉质黏土	1.87	31.6	0.919	25	10	0.38	5.3	0.002	0.47	120
<2-6-2>	黏土	1.84	34.4	1.022	30	8	0.43	5.1	0.002	0.46	125
<3-1-1>	粉质黏土	1.87	30.8	0.928	27	10	0.44	4.7	0.002	0.43	140
<3-3>	中粗砂	2.02			4	28		25.0	35	0.33	200
<3-4>	淤泥质土	1.65	41.3	1.336	16	5	0.73	3.4	0.001	0.64	110
<3-8>	卵石	2.10			5	35		40.0	50	0.30	350
<5-1>	砂质黏性土(可塑)	1.96	40.4	1.167	22	17	0.61	3.5	0.01	0.41	180
<5-2>	砂质黏性土(硬塑)	1.99	36.7	1.114	23	15	0.60	3.6	0.01	0.39	200
<6>	全风化花岗岩	1.78	34.5	1.085	26	16	0.39	5.2	0.01	0.39	300
<7-1>	强风化花岗岩(砂土状)	1.87	31.7		25	30			1	0.33	
<7-2>	强风化花岗岩(碎块状)	2.10			30	35			2	0.28	
<8>	中风化花岗岩	2.49			500	34			0.6		
<9>	微风化花岗岩	2.80			1200	40			0.3		

3.4.2 施工难点

从地质勘察结果可以看到,盾构掘进时需穿越上软下硬的地层,盾构姿态难以控制,如何设置掘进参数控制掘进路线和地面沉降是难点;区间多处需穿越中~微风化花岗岩地层,其中微风化花岗岩强度高达190MPa,如何穿越高强度花岗岩以及处理潜在孤石是难点;盾构接收段为半径仅350m的曲线段,如何在小曲率半径段实现盾构接收是难点。

3.4.3 关键施工工艺

1)不良地质探测

盾构掘进之前,采用微动探测技术对福州大学站—董屿站区间地质情况进行探测。微动探测表明区间在ZDK15+239~ZDK15+272(图3-34),ZDK16+105~ZDK16+133(图3-35)这两处需穿越微风化花岗岩地层,各岩层长度分别约为32.8m和28.3m。该区域微风化花岗岩强度高达190MPa,上部为流塑状淤泥和淤泥质砂土,为典型的上软下硬地层,表3-12统计了基岩凸起详细信息。

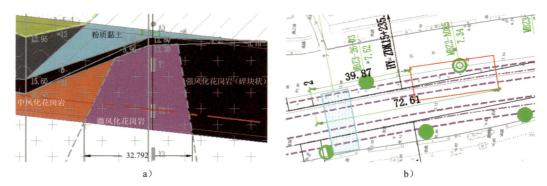

图 3-34　ZDK15+239～ZDK15+272 处盾构穿越微风化花岗岩空间位置示意图（尺寸单位：m）

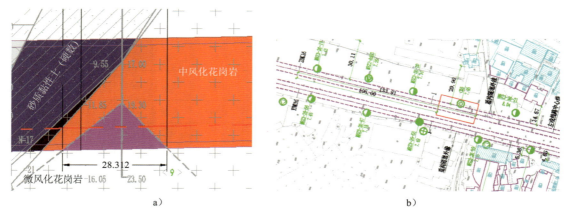

图 3-35　ZDK16+105～ZDK16+133 处盾构穿越微风化花岗岩空间位置示意图（尺寸单位：m）

基岩凸起情况统计表　　　　　　　　　　　　　　　表 3-12

序号	位置		起止里程	岩层特性	长度(m)	力学性能(MPa)
1	区域一	左线	ZDK15+183～ZDK15+240	中风化花岗岩	57	34.5～133.5
			ZDK15+240～ZDK15+272	微风化花岗岩	32	70.3～195.7
		右线	YDK15+216.7～YDK15+248.4	中风化花岗岩	31.7	34.5～133.5
2	区域二	左线	ZDK15+484.4～ZDK15+501.4	中风化花岗岩	20	34.5～133.5

2）盾构机刀具配置

本工程所用盾构机为复合土压平衡盾构机，由于本区间需要穿越高强度微风化花岗岩，因此，盾构刀具的保护及查刀换刀工作需提前做好配置。本区间的刀具配备见表 3-13，图 3-36 所示为刀盘布置图。

刀具配备表　　　　　　　　　　　　　　　　　　表 3-13

编号	刀具名称	数量(把)	编号	刀具名称	数量(把)
1	中心刀	1	6	刮刀（可更换式）	60
2	滚刀	44	7	边缘保护刀	20
3	仿行刀	1	8	注入口保护刀	4
4	先行刀	41	9	切削刀	10
5	刀箱保护刀	16	10	磨损检测刀	4

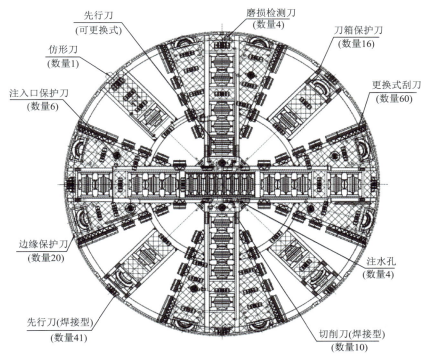

图 3-36 刀盘图

根据福州大学站—董屿站区间地质情况可知盾构需要穿越相当长的岩层段,刀具的磨损不可避免,为确保盾构顺利掘进,检查刀及换刀需合理安排。

查刀和换刀位置初步选定在联络通道加固体及自稳性较好的岩层处,采用常压进舱查刀及换刀。计划在试掘进完成后,进围挡岩层前查刀 1 次;每个联络通道加固区查刀 1 次;岩层根据长度,每 10m 查刀一次;左右线具体查刀位置及安排统计见表 3-14。

左右线查刀位置及安排　　　　表 3-14

线　路	位　　置	里　程	查刀次数(次)
左线	离始发井 130m 处	ZDK15+240.946	1
	岩层段掘进 402m	ZDK15+240.946～ZDK15+630.946	40
	第一个联络通道	ZDK15+708.997	1
	岩层段掘进 127m	ZDK16+095.886～ZDK16+215.886	12
	第二个联络通道	ZDK16+305.647	1
右线	离始发井 90m 处	YDK15+199.957	1
	岩层段掘进 101m	YDK15+199.957～YDK15+326.080	10
	岩层段掘进 203m	YDK15+453.015～YDK15+655.950	20
	第一个联络通道	YDK15+705.034	1
	岩层掘进 32m	YDK15+804.596～YDK15+835.911	3
	岩层掘进 157m	YDK16+048.116～YDK16+204.693	15
	第二个联络通道	YDK16+301.682	1

查刀和换刀过程的关键点包括以下几点：

(1) 通过土体改良尽可能地减缓刀盘磨损量，从而达到减少换刀次数的目的。

(2) 通过模拟计算刀具磨损量，确定查刀换刀里程，位置应选择自稳性较好的地层。

(3) 开舱前应进行超前注浆预处理，稳固前方土体，使土舱前方形成自稳面，保障换刀时的安全。

(4) 开舱前注意舱内的通风，检测无有害气体后方可进舱查刀及换刀，同时盾构司机应锁死刀盘联动，防止意外转动刀盘，并派安全员在舱门外传达舱内外的信息。

(5) 进舱后先检查掌子面前方的加固质量，满足条件后方可进行人员作业。

3）始发端头加固

本区间盾构从福州大学站始发，端头加固采用 $\phi 850mm@600mm$ 三轴搅拌桩对隧道穿越范围内地层进行加固；加固区域外侧设置 2 排 $\phi 800mm@600mm$ 三重管旋喷桩止水，具体端头加固如图 3-37 和图 3-38 所示。

盾构始发前对加固土体进行抽芯检测，要求其无侧限抗压强度大于 0.8MPa，渗透系数 $\leqslant 1 \times 10^{-7} cm/s$。在凿除洞门前 15~20d 对掌子面超前水平探孔，探孔全断面布置且不少于 9 孔，具体布置如图 3-39 所示。对加固效果进行检测时要求探孔每小时汇水总量不得超过 2L，且掌子面不得有明显渗水，若达不到设计要求，应及时采取注浆或复喷等方式补强。

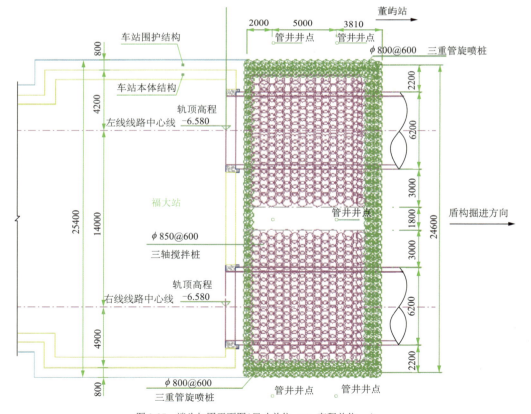

图 3-37 端头加固平面图（尺寸单位：mm，高程单位：m）

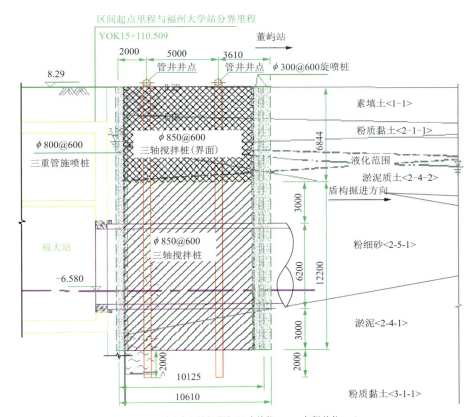

图 3-38 端头加固剖面图(尺寸单位:mm,高程单位:m)

4)盾构掘进

(1)盾构掘进工艺流程

区间正常盾构掘进施工工艺流程如图 3-40 所示。

(2)控制操作程序

盾构需经过上软下硬的地层,一旦不注意控制盾构姿态,很容易造成盾构路线跑偏,引起超挖导致地面沉降或塌陷;因此需要建立严密的掘进参数控制程序,密切注意盾构姿态控制。本区间盾构掘进过程中的控制操作程序如图 3-41 所示。

图 3-39 水平探测孔图(尺寸单位:mm)

(3)盾构掘进方向控制

①采用演算工坊隧道自动导向系统和人工测量辅助进行盾构姿态监测。该系统能够直观地全天候在盾构主控室动态显示盾构当前垂直和水平位置与隧道设计轴线的偏差以及趋势,据此调整控制盾构掘进方向。

②通过分区操作盾构的推进液压缸来控制掘进方向。上坡段掘进时,适当加大盾构下部液压缸的推力和速度,盾构掘进线路要高于设计线路 10～20mm 为宜,下坡地段相反;在左转弯曲线段掘进时,则适当加大右侧液压缸推力和速度,盾构掘进线路要向设计线路左侧

偏离 10～20mm 为宜,右转弯段相反;直线平坡段掘进时,应尽量使所有液压缸的推力和速度保持一致;在均匀的地层掘进时,保持所有液压缸推力与速度一致;在软硬不均的地层中掘进时,则应根据不同地层在断面的具体分布情况,遵循硬地层一侧推进液压缸的推力和速度适当加大、软地层一侧液压缸的推力和速度适当减小的原则来操作。

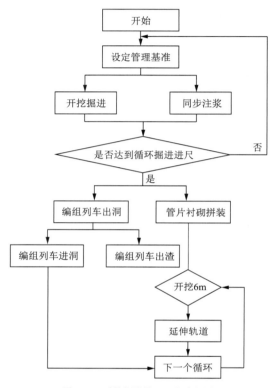

图 3-40　盾构掘进施工工艺流程图

（4）盾构掘进姿态调整及纠偏

①鉴于盾构推进结束后,由于同步注浆浆液需要一段时间才能初凝,管片都会有一定程度的上浮;因此掘进姿态宜控制盾构在设计轴线稍靠下位置,并保持一个大致不变的俯仰角。

②实施纠偏应逐环、小量纠偏,防止过量纠偏而损坏已拼装管片和盾尾密封。曲线段掘进时,应在进入曲线前预留靠曲线内侧的偏移量。

③根据导向系统反映的盾构姿态信息及线路条件,结合隧道地层情况,通过选择盾构的推进液压缸模式来控制掘进方向;同时在曲线段掘进时,按照曲线半径计算铰接角度、调节铰接液压缸伸长量辅助曲线。

（5）方向控制及纠偏注意事项

①推进液压缸的油压调整不宜过快、过大,切换速度过快可能造成管片受力状态突变,而使管片损坏。

②切换刀盘转动方向,必须首先停止掘进、关停刀盘;严禁在推进中随意切换刀盘转动方向。

③根据掌子面地层情况及时调整掘进参数,调整掘进方向时应设置警戒值与限制值,达到警戒值时实行纠偏程序,计算纠偏曲线,纠偏时姿态调整参照纠偏曲线进行。

④必须在确认管片相对盾构机处于良好状态时才可进行纠偏作业,纠偏作业过程中严格控制纠偏力度,同时每完成 30cm 推进,测量一次盾尾间隙,确保不发生卡盾。

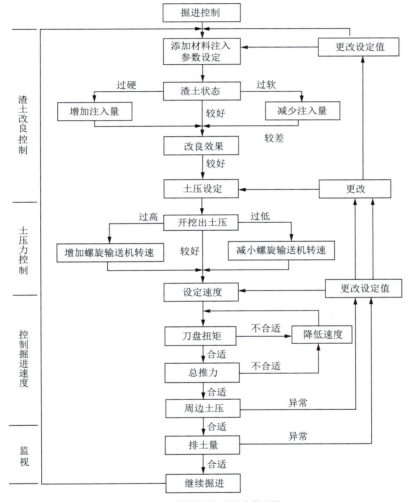

图 3-41 盾构掘进控制操作程序图

(6)掘进参数控制与优化

结合本区间正常掘进时下穿的风险源以及盾构施工中所总结的经验,本工程施工中的主要掘进参数见表 3-15、表 3-16。

正常掘进段参数表　　　　表 3-15

序号	区段(m)	土压力(bar)	扭矩(kN·m)	推进速度(mm/min)	刀盘转速(r/min)	注浆压力(bar)	注浆量(m³/环)	备注
1	120～580	1.8～3.2	2000～3000	30～40	0.8～1.2	1.9～3.3	5.38～5.46	下坡
2	580～1666	1.93～3.2	2000～3000	30～40	0.8～1.2	2.0～3.2	5.38～6.46	上坡

下穿低矮建筑物参数表　　　　　　　　　　　表 3-16

参数模式	扭矩 (kN·m)	刀盘转速 (r/min)	土舱压力 (bar)	推进速度 (mm/min)	注浆压力 (bar)	注浆量 (m³/环)
土压平衡式	2000～2500	0.8～1.2	3.0～3.4	35～45	3.0～3.4	5.38～6.46

5）基岩凸起处理

本区间的微动探测表明显示共存在 2 处基岩凸起，所遇岩层为中～微风化花岗岩，范围大、硬度高，盾构机无法直接推进，需要在穿越前进行预处理。本工程中采用潜孔钻机将基岩钻成粒径小于 30cm 的蜂窝状松散岩体，达到盾构出渣要求。

（1）潜孔钻机处理

基岩凸起采用潜孔钻机将基岩钻成蜂窝状松散岩体，孔距 20cm，梅花形布置，孔径 110mm。

钻孔时要注意孔深的控制，一定要超过孤石底部 0.5～1.0m。避免二次对位钻进；钻孔完成后要进行水泥回填，避免盾构推进过程中掌子面压力过大，把孔内泥浆、杂物等顶到地面上。

（2）围挡施工

本工程基岩凸起处理位置范围正处于乌龙江大道主干道上，因此需要向市政道路主管部门和交警部门办理占道审批手续，审批后对施工范围进行围挡封闭施工。在施工的位置四周往外 1m 设置围挡，围挡高度 2m，采用白色 5cm 双层夹心彩钢板，围挡上贴反光标识，如图 3-42 所示。在围挡南北两侧分别设置导向反光筒，并指派专人引导车辆。

（3）钻孔破碎施工

待围挡封闭后，进场 4 部 XY-100 型潜孔钻机，从地面钻孔至隧道底部高程以下 0.5m，对凸起基岩进行破碎处理。钻孔直径 110mm，孔净距 200mm，梅花形布置，共 13272 孔，详见图 3-43 和表 3-17。

图 3-42　封闭围挡

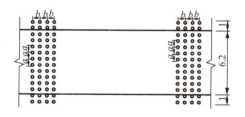

图 3-43　潜孔钻破碎布孔平面布置示意图(尺寸单位：m)

潜孔钻工程数量表　　　　　　　　　　　表 3-17

位　置	孔深(m)	孔数(个)	钻孔及回填总量(m)	回填水泥量(t)
第一处基岩凸起处	18	7731	139158	3701
	19	3909	74271	1975.3
第二处基岩凸起处	23	1632	37536	998.3
合计	—	13272	250965	6674.6

在钻孔取土完成后,采用 PO42.5 水泥制拌成水泥浆液,通过泥浆泵由孔底逐渐向上灌注回填,水泥回填孔径为 110mm,回填孔数量为 13272 孔。

6)盾构接收

福州大学站—董屿站盾构区间的接收段所穿越的土层主要为中粗砂并含有少量的粉质黏土,覆土厚度约 9.4m,且线路处在半径为 350m 的小曲率半径转弯路径上,接收难度较大。

盾构到达接收工艺流程如图 3-44 所示。

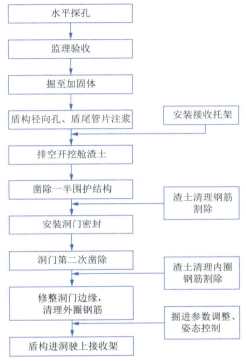

图 3-44 盾构到达接收工艺流程图

盾构接收时,接收井端头加固方法同始发端头加固。表 3-18 为盾构在接收段加固体内的掘进参数;实际施工时,盾构在接近洞门 5m 位置时应减小推力,推力保持在 6000～8000kN 内;减小土舱压力,将掘进速度控制在 10mm/min 以内,并及时饱满的回填注浆。盾构机在进洞前 10 环范围内掘进时要求每环注浆量在 6.0m³ 以上,并要求每一环都要进行二次注浆。

加固体内掘进参数表　　　　　　　表 3-18

参数模式	扭矩 (kN·m)	刀盘转速 (r/min)	土舱压力 (bar)	推进速度 (mm/min)	注浆压力 (bar)	注浆量 (m³)
土压平衡式	1000～2000	0.7～1.2	1.2～1.6	10～15	1.6～1.8	5.38～6.46

在盾构推进至盾构到达前 100 环时,对盾构机的位置进行准确的测量,明确成洞隧道中心轴线与隧道设计中心轴线的关系,同时对接收洞门位置进行复核测量,确定盾构贯通姿态及掘进纠偏计划。在考虑盾构贯通姿态时注意两点:一是盾构机贯通时的中心轴线与隧道设计轴线的偏差,二是接收洞门位置的偏差。综合这些因素在隧道设计中心轴线的基础上

进行适当调整。纠偏要逐步完成,每一环纠偏量不能过大。

盾构进入到达段10m开始,盾构操控手应注意控制好盾构掘进姿态,使盾构机尽量平缓掘进,严禁进行大幅度的纠偏动作,以保证盾构机能够平缓出洞,推进速度控制在5mm/min左右;盾构机出洞推进安装最后两环管片时要将管片的注浆孔也全部打穿,方便后续注浆将洞门间隙密实;掘进至盾尾平环板时要先对最后两环管片进行补充注浆;当管片最后一环管片拼装完成后,通过管片的二次注浆孔,注入双液浆进行封堵。

3.4.4 监测内容及监测方法

1)地表沉降监测布点

始发段地面监测点拟布设如下:始发120m范围内,每隔5m布置一个沉降观测点;每20m布设一个测量断面,每一个断面设7个监测点,监测点以轴线为中心,离轴线3m、5m、7m对称布设;左、右线隧道之间的监测点可共用,监测点具体位置如图3-45所示。

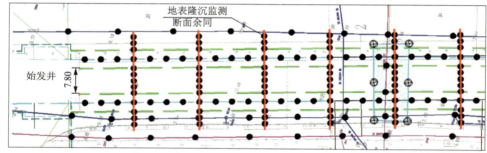

图3-45 盾构始发井端头监测布点位置(尺寸单位:m)

2)隧道内监测点布设

在盾构施工全过程中设立隧道沉降观测标志,直线段每隔10m设一个测量断面,曲线段及特殊地段适当加密测点,设在隧道底部。

3)控制值的确定

根据规范要求、设计院的理论计算及其他相似工程的实际经验,提出以下控制值:

(1)周边管线最大累计沉降量≤10mm,速率≤2～3mm/24h。

(2)周边房屋最大累计沉降量≤20mm,速率≤2～3mm/24h。

(3)地表最大沉降量范围+10mm～-30mm,速率≤3mm/24h。

所有控制值的70%作为警戒值。

4)监测频率

在盾构始发前布设监测点,取得稳定的监测数据;在始发后要加密监测频率,以易于确定施工参数。

(1)一般地面监测:开挖面距测量断面<2D,1～2次/d;开挖面距测量断面<5D,1次/2d;开挖面量测断面前后>5D,1次/周。

(2)隧道内监测:开挖面距测量断面<2D,1～2次/d。开挖面距测量断面<5D,

1次/2d。开挖面量测断面前后＞5D，1次/周。

D 为隧道开挖宽度，必要时根据工程需要进行调整加密监测。

3.4.5 应用成效

盾构隧道在福州大学站—董屿站区间穿越了福建省典型的上软下硬地层，掘进时面临掘进参数难设置、高强度花岗岩孤石难处理、盾构接收段半径小等难题。本工程施工过程中，建立了严密的掘进参数控制程序并对大型孤石进行预处理方法，顺利地实现了盾构的推进和接收，获得了典型上软下硬地层的盾构控制参数和成功的孤石处理工法，为福建轨道交通的建设积累了宝贵的经验数据和施工技术。

3.5 土压平衡盾构下穿既有高速铁路施工

3.5.1 工程概况

福州地铁 2 号线上洋站—鼓山站区间与上洋站—鼓山站出入段区间的左右线分别从南北两侧下穿温杭深铁路福州联络线及福马铁路，如图 3-46 所示。其中，上洋站—鼓山站区间左线下穿路基股道长度约 100m，与福马铁路、福州上行联络线的夹角约为 63°，与福州下行联络线的夹角约为 70°（分开路基），覆土厚度 16.1～19.6m（不含 3.3m 的路基填高）；右线下穿铁路股道长度约 80m，与福马铁路、福州上下行联络线的夹角约为 55°（三线路基），覆土厚度 18.8～19.8m（不含 3.5m 的路基填高）。另一个区间，鼓山出入段左线下穿铁路股道长度约 100m，与福马铁路、福州上行联络线的夹角约为 63°，与福州下行联络线的夹角约为 70°，覆土厚度 10.3～12.1m（不含 3.5m 路基填高）；右线下穿铁路股道长度约 80m，与福马铁路、福州上下行联络线的夹角约为 55°，覆土厚度 10.3～10.8m（不含 3.9m 的路基填高）。盾构穿越区域范围内，铁路路基上部采用 ϕ500mm 搅拌桩，桩长 17m，间距 1.1m，下部采用 ϕ400mm 布袋注浆桩，桩长约 17.5m，间距 1.6m。

根据上洋站—鼓山站区间地质勘察报告，盾构下穿铁路的地层从上到下依次为：杂填土层（层底埋深 1.50～5.20m）、淤泥层（层顶埋深 2.90～6.60m）、黏土层（层顶埋深 11.70～19.5m）、淤泥质土夹薄层砂层（层底埋深 18.70～26.70m）。盾构穿越区域基本位于软弱地层，自稳性较差。水文勘察表明勘察范围内场地地表水主要为区间西端的磨洋河。勘察时测得钻孔中初见水位埋深为 0.50～3.60m，初见水位高程为 3.41～6.76m；混合稳定水位埋深为 0.80～3.70m，稳定水位高程为 3.31～6.56m；勘察时测得承压含水层 <3-3>（泥质）中砂、<3-8> 卵石层的稳定水位埋深为 2.18m，水位高程为 4.65m。图 3-47 和图 3-48 所示分别为右线和入段线与铁路交叉的纵断面图。

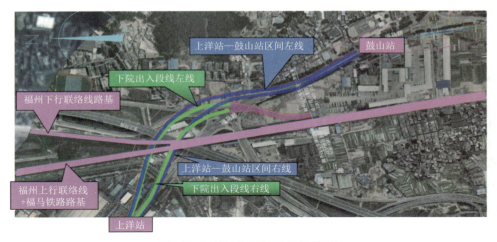

图 3-46　2 号线与既有铁路交叉总平面图

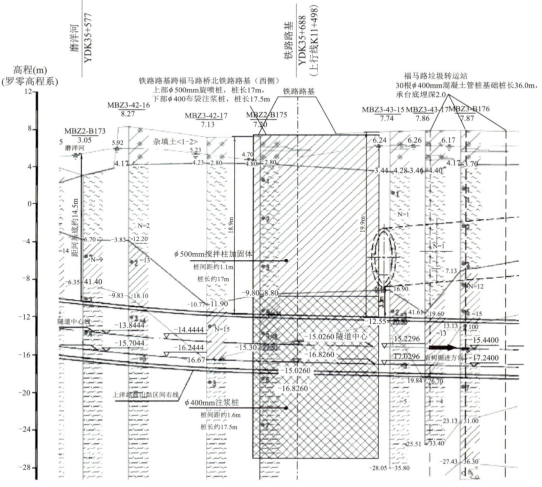

图 3-47　上洋站—鼓山站区间右线与铁路交叉纵断面图

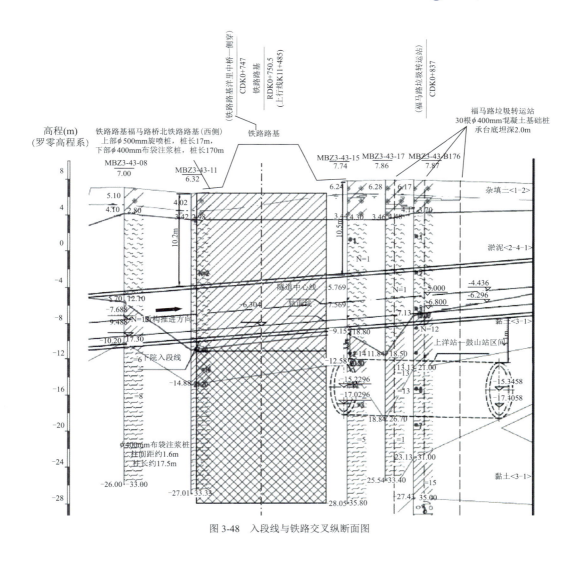

图 3-48 入段线与铁路交叉纵断面图

3.5.2 施工难点

本工程的施工难点皆在于盾构需要下穿既有铁路。在盾构掘进过程中,盾构推进开挖破坏了地层的原始应力状态,使地层单元产生了应力增量,特别是剪应力增量。应力增量的产生将引起地层的移动,而地层移动的结果又将导致不同程度的地面沉降。与普通场地相比,地表的铁路线路对地面沉降及隆起要求非常高。根据国内已有成功穿越既有铁路的地铁工程施工经验以及铁路主管部门的计算,上洋站—鼓山站区间和鼓山出入段下穿福州联络线上下行线及福马铁路的地面沉降控制标准为:①轨面沉降不得超过 8mm;②相邻两股钢轨水平高差不得超过 8mm;③相邻两股钢轨三角坑不得超过 6mm;④前后高低(纵向水平)不得超过 8mm;⑤路基沉降不大于 20mm;隆起量≤10mm;超过上述限值时,需对轨道进行调整。

地面差异沉降的产生会引起轨道不平顺,放大列车通过时的动力响应及环境振动,加速轨道路基的劣化;差异沉降较大时甚至会使铁路路基遭到破坏,威胁铁路行车安全。因此,如何有效控制盾构穿越既有铁路过程中的地面沉降,达到设定的沉降控制标准是本工程的重点和难点。

3.5.3 关键施工工艺

盾构下穿既有铁路可能引起沉降的原因主要来自三方面:一是盾构开挖引起的土体卸荷;二是盾构机故障停机导致的刀盘土压下降;三是盾构姿态调整幅度过大。本工程从这三方面入手,遵循以下思路进行沉降控制。

(1)盾构推进前及时和铁路部门联系,积极配合铁路部门的工作,在穿越过程中与铁路部门相关负责人同时进行全程监控。

(2)在穿越铁路之前,总结并优化施工参数,及时掌握开挖面的地质情况;严格控制每环出渣量,值班技术员对每一环出土量及其液压缸行程进行一次记录,防止超挖而造成地表沉陷。

(3)尽量快速通过,及早为管片背后注浆创造条件,有利于隧道稳定和控制地表沉降;在条件允许的情况下,应尽量提高掘进速度,避免刀盘转动对地层扰动时间过长而造成上部松动液化。

(4)注重渣土改良,掘进前认真做好渣土改良试验,使膨润土浆液与土充分混合,增大泡沫剂的使用量,以增强止水效果,减小土体流失。

(5)在掘进过程中掌握和记录好实际平衡土压力、推进速度、出土量、千斤顶工作油压或各区域千斤顶工作油压等施工参数。采用同步注浆和二次补浆方式及时对盾构脱出形成的盾尾空隙进行注浆,并认真做好注浆位置、注浆量、注浆压力等记录,保证该部分地层损失最小,从而有效地控制地面沉降。

(6)由开挖面的超挖和欠挖引起的地面沉降或隆起控制措施:在推进过程中,盾构机正面土体依靠以土舱内切削下来土体为介质的受力体系平衡。该平衡体系维持得好坏取决于土体流塑性状况和目标土压力的设定是否合理。土体流塑性差,排土不畅,目标土压力设定值过大均会引起开挖面欠挖,造成地面隆起;排土量过多,目标土压力设定值较低会引起开挖面超挖,造成地面沉降。因此,在推进过程中要加强土体流塑性改造,合理设定土舱压力,严格控制出土量,均衡推进,保证开挖面处的土体受到扰动最小是控制地表沉降最有力的措施。

1)自动化监测技术

由于温杭深铁路福州联络线采用高铁管理模式,一般的监测技术无法实现,施工前采用了自动化监测技术。监测点的布置如图 3-49 所示。监测点埋设完成后可实现适时监测,解决了人员无法进入既有线范围的问题。对铁路路基的沉降、隆起实现了全天候监测,对盾构施工起到了重要的指导作用。

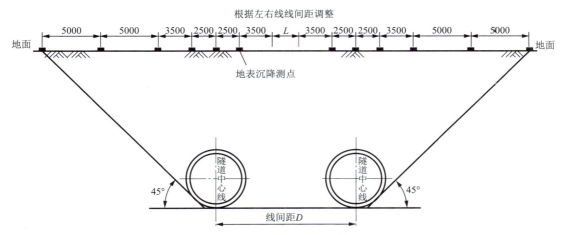

图 3-49　地面监测点布置图(尺寸单位:mm)

2)盾构掘进试验段

选择距离铁路路基 20m 位置作为穿越铁路施工的试验段,此试验段施工将推进的各项技术参数如推力、推进速度、出土量(松散系数)、正面土压力、地面沉降、渣土改良结合起来进行收集、统计、分析;掌握能适应下穿地层的盾构合理推进参数。在试验段掘进施工中认真观测每环出土量与土舱压力的变化,用体积和重量双重指标来控制每环掘进的出土量,以便科学地指导后续施工。

3)路基加固

由于盾构穿越区域基本位于软弱地层,自稳性较差;因此,在盾构下穿铁路前需要对穿越区域路基进行袖阀管注浆加固。加固范围为150m,线路加固平面布置如图 3-50 所示,加固范围剖面图如图 3-51 所示。袖阀管为内径 55mm 的单向注浆管,钻孔直径为 98mm。袖阀管布置的最大间距为 2m,注浆扩散半径为 1m。第一次注浆材料为普通硅酸盐水泥浆,水灰比为 2～1.25,注浆压力为 0.5～0.8MPa,保持注浆压力 0.8MPa 持续 5min;第二次注浆材料为超细水泥浆,水灰比 1:1～2:1,注浆压力为 2.0～2.5MPa,以注浆量作为控制标准(地表累积隆起不超过 5mm)。触变泥浆配合比(质量比)为水泥:黏土:水 = 1:1.5:2;7d 龄期抗压强度为 0.5MPa。

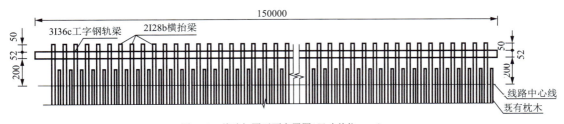

图 3-50　线路加固平面布置图(尺寸单位:mm)

经加固后的铁路路基,主加固区加固体无侧限抗压强度不小于 1.2MPa,次加固区加固体无侧限抗压强度不小于 0.8MPa。

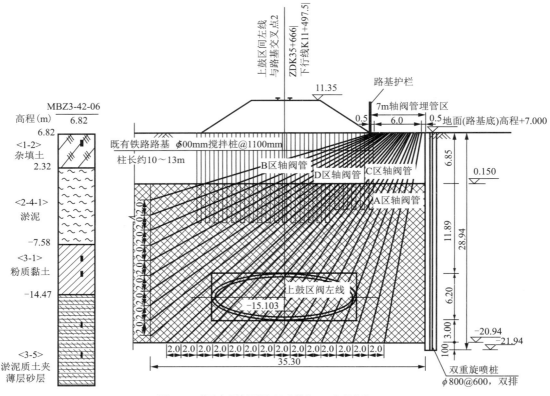

图 3-51　线路加固剖面图（尺寸单位：m；高程单位：m）

4）平衡土压力设定

由于地质条件、地面附加载荷等诸多因素的制约，掘进过程中盾构机刀盘前方土压力有所差异，为此需及时调整土压力值。掘进过程中需同时对地面沉降进行分析，反馈给推进班组。若盾构切口前出现地面沉降，则需调高平衡压力设定值，反之调低。若盾尾后部出现地面沉降，则需增加同步注浆量，反之减少。土压力的计算示意见图 3-52，计算公式为：

$$P = \sum \gamma h k_0 \tag{3-7}$$

式中：P——平衡压力；

　　　γ——每层土体的平均重度；

　　　h——每种土层厚度；

　　　k_0——土的侧向静止平衡压力系数。

施工中根据以上公式计算出各断面的土压力控制值，以上洋站—鼓山站区间右线为例计算各断面的土压力控制值，见表 3-19。

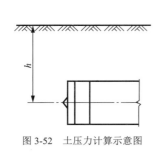

图 3-52　土压力计算示意图

土舱压力控制值 表3-19

序 号	断面位置里程	地层名称	厚度(m)	天然重度(N/cm³)	侧压力系数 k_0	土舱压力(kPa)
1	YDK35+650	杂填土	2.83	18.7	0.49	181.6
		淤泥	14.77	16	0.62	
		黏土	4.3	18.9	0.49	
		小计	21.9	—	—	
2	YDK35+660	杂填土	2.86	18.7	0.49	183.6
		淤泥	14.34	16	0.62	
		黏土	4.86	18.9	0.49	
		小计	22.06	—	—	
3	YDK35+670	杂填土	2.9	18.7	0.49	177.0
		淤泥	12.9	16	0.62	
		黏土	5.32	18.9	0.49	
		小计	21.12	—	—	
4	YDK35+680	杂填土	6.27	18.7	0.49	273.6
		淤泥	13.77	16	0.62	
		黏土	5.03	18.9	0.49	
		淤泥质土	0.1	17.1	0.63	
		小计	25.17	—	—	
5	YDK35+690	杂填土(1-2)	7.75	18.7	0.49	287.4
		淤泥(2-4-1)	13.65	16	0.62	
		黏土(3-1)	4.37	18.9	0.49	
		淤泥质土	0.6	17.1	0.63	
		小计	26.37	—	—	
6	YDK35+700	杂填土(1-2)	8.07	18.7	0.49	288.3
		淤泥(2-4-1)	13.52	16	0.62	
		黏土(3-1)	3.7	18.9	0.49	
		淤泥质土	1.2	17.1	0.63	
		小计	26.49	—	—	
7	YDK35+710	杂填土(1-2)	8.4	18.7	0.49	288.9
		淤泥(2-4-1)	13.4	16	0.62	
		黏土(3-1)	3.04	18.9	0.49	
		淤泥质土	1.67	17.7	0.63	
		小计	26.51	—	—	
8	YDK35+720	杂填土	6.28	18.7	0.49	259.5
		淤泥	13	16	0.62	
		黏土	2.43	18.9	0.49	
		淤泥质土	2.37	17.1	0.63	
		小计	24.08	—	—	
9	YDK35+730	杂填土	5.32	18.7	0.49	245.7
		淤泥	11.96	16	0.62	
		黏土	1.97	18.9	0.49	
		淤泥质土	3.62	17.1	0.63	
		小计	22.87	—	—	

5）出土量控制

盾构机直径 D=6.48m，管片外径 d=6.20m，每环长度 L=1.2m。每环理论出土量（实方）为：$\pi \times D^2 \div 4 \times L = \pi \times 6.48^2 \div 4 \times 1.2 = 39.6 \text{m}^3/$环，盾构推进出土量控制在98%～100%之间，即38.8～39.6m³/环。实际出土量均大于理论数量，虚方控制在41～43m³/环（松散系数按1.05～1.08考虑，根据试验段总结数据）。实际控制因土舱无法准确测量，需要结合门式起重机称重进行严格控制，并且对每环的管理行程、泡沫注入量要一起统计，确保每环出土量理论与实际相符。

6）渣土改良

穿越区域主要为淤泥质土、黏土，土体改良采用泡沫剂进行改良。本工程中选用巴斯夫优质泡沫剂，该泡沫剂发泡率高，泡沫细腻，渣土改良效果明显，有效地降低了刀盘扭矩，减小桩体对刀具的磨损，并且可降低泥饼形成的概率。改良后的渣土出土顺畅、均匀、无喷涌现象，土舱压力波动小；对路基的隆起、沉降控制起到了很好的作用。

7）同步注浆及二次注浆

本工程中同步注浆采用的是惰性浆液（常说的厚浆），该种浆液具有结石率高，收缩率低的优点，有利于控制后期沉降。其配合比（重量比）见表3-20，配置好的浆液实际效果如图3-53所示。

配合比用量表（强度等级 1.0MPa）　　　　　　　　　　　　　　　　表3-20

注浆方式	配合比用料	消石灰	细砂	粉煤灰	膨润土	水	水泥
同步注浆	配合比	0.12	1.62	1	0.09	0.58	0
	材料用量（kg/m³）	70	916	566	50	326	0

a)　　　　　　　　　　　　　　　b)

图3-53　拌和好的同步注浆浆液

注浆率为1.2时同步注浆理论值为：$\pi(D^2-d^2) \div 4 \times L \times 1.2 = \pi \times (6.48^2-6.2^2) \div 4 \times 1.2 \times 1.2 = 4.01 \text{m}^3/$环，注浆方量需要根据不同地层试验确定。本工程的施工表明，4.0m³/环的注浆量对淤泥质土、黏土地层比较适宜。不同位置的同步注浆量要结合出土量进行适当调整，当出土量有增加时，相同位置的注浆量也要相应增加。

同步注浆压力应控制在2.0～3.0bar之间，推进过程中根据盾构机后方的地面沉降监测情况适时增减。

盾构在穿越铁路后需要进行二次注浆,二次注浆浆液选定为单液浆,注浆量根据地面沉降监测数据的情况,及时进行调整。注浆原则遵循少量多次的原则,每环5孔注浆,单孔注浆量为200～300L/次。二次注浆压力控制在0.3MPa左右。

8)区压设置

盾构在穿越铁路施工中,在盾构姿态可控范围内,保持区压平衡;在调整盾构姿态时保证上、下、左、右区压不低于6MPa,这样才能使拼装完成的管片有足够的刚度,减少铰接脱开的概率。盾构姿态的调整遵循少量多次纠偏原则,减少扰动,控制沉降。

3.5.4 应用成效

本工程的实践表明软弱土层中土压平衡盾构下穿既有铁路线路时,通过对路基下部软弱土层进行加固,对盾构施工中土舱压力、出土量、渣土改良、注浆、区压力进行精密控制,可以使盾构上部铁路轨道变形控制在4mm以内,满足铁路轨道变形控制要求。本工程的顺利建设,为类似盾构穿越施工提供了宝贵的施工经验和技术。

3.6 土压平衡盾构下穿既有地铁线路施工

3.6.1 工程概况

福州地铁2号线西洋站—南门兜站区间在YDK28+500附近(左线598～620环,右线585～607环)与福州地铁1号线隧道立体交叉如图3-54所示。2号线的隧道需下穿1号线隧道,隧道之间最小净距1.98m,如图3-55所示。2号线左、右线隧道平面曲线均为半径350m的圆曲线,竖曲线右线为4.16‰下坡;左线为3.988‰下坡。右线隧道顶部覆土深度为16.807m,上部1号线隧道顶部覆土深度为8.64m;左线隧道顶部覆土深度为16.510m,上部1号线隧道顶部覆土深度为8.387m。

图3-54　西洋站—南门兜站区间示意图

地质勘察报告表明,西洋站—南门兜站区间下穿区域中,主要土层为<2-4-1>淤泥、<3-1>粉质黏土,图3-56表明,下穿区域内1号线隧道埋置于淤泥层中,2号线隧道埋置于粉质黏土中。

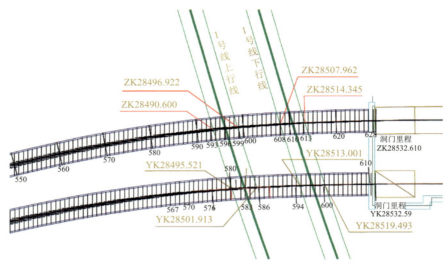

图 3-55 西洋站—南门兜站区间下穿 1 号线平面位置示意图

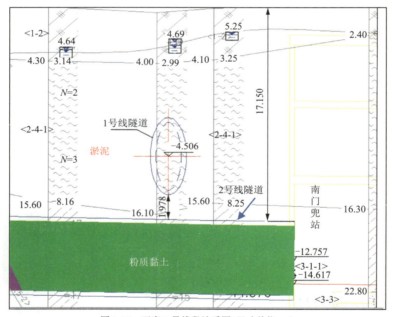

图 3-56 下穿 1 号线段地质图(尺寸单位:m)

3.6.2 施工难点

根据《城市轨道交通结构安全保护技术规范》(CJJ/T 202—2013),既有隧道监测规范允许的隧道竖向位移预警值为 10mm,竖向位移最大值不得超过 20mm。福州地铁 2 号线隧道下穿区域土层主要为淤泥、粉质黏土等软弱土层,具有强度低,自稳性差,易受扰动等特点,如何在下穿时减小地层扰动以及扰动带来的福州地铁 1 号线隧道沉降是难点;下穿区域中,

1号线隧道与2号线隧道之间的最小净距仅为1.98m,因隧道之间垂直间距较小,2号线隧道盾构掘进对1号线隧道造成的影响更直接;如何在近距离下穿过程中减小地层扰动和对既有隧道的影响是难点;福州地铁1号线已开通运营,而2号线隧道下穿过程中盾构开挖和注浆可能造成1号线隧道(拱顶或道床)沉降或隆起超限,影响1号线的正常运营;如何在保证1号线正常运营的前提下,顺利下穿是难点。

3.6.3 关键施工技术

1)穿越前的准备工作

福州地铁2号线西洋站—南门兜站盾构隧道下穿福州地铁1号线隧道之前的准备工作包括以下内容:

(1)在盾构掘进影响范围内,对区间隧道地质进行针对性的补充地质勘探、核实;对1号线隧道表面、渗漏点和裂缝等隧道现状(包括隧道表面情况和维修情况)进行检测和记录。

(2)提前做好盾构机、门式起重机、搅拌站等施工设备的维护保养,在有条件的情况下进行刀具磨损开舱检查,必要时进行刀具更换,保证盾构机及后配套设施以良好的状态投入到施工中;同时按照施工进度提前将掘进所需施工材料、设备配件做好储备工作。

(3)在1号线隧道内建立自动采集数据系统,分别对垂直沉降、道床变位、水平位移、断面尺寸变形、净空收敛等进行详细监测,实现快速采集、及时反馈。

(4)在盾构机刀盘到达前,在1号线隧道下行线边线50m处设置试验段。试验段掘进过程中做好掘进参数、注浆参数、克泥效注入参数、二次注浆参数等沉降控制参数的记录,根据地层沉降监测数据及时修正各项参数,达到地层扰动最小、沉降平稳可控;以此为正式下穿1号线做好技术参数准备。

2)软弱地层加固

福州地铁2号线隧道下穿区域土层主要为淤泥和粉质黏土等软弱土层,具有强度低、自稳性差,易受扰动等特点。为减小盾构掘进过程中的扰动,控制盾构上方1号线隧道的沉降,需要对下穿区域内的软弱土层进行加固。如图3-57所示,加固位置为1号线隧道下半部分180°范围内,外扩1.5m。浆液采用纯水泥浆单液,浆液28d的无侧限抗压强度不小于0.5MPa。

3)盾构掘进参数

(1)土舱压力控制

盾构掘进过程中,土舱压力控制不当会导致地面沉降或者隆起。因此,为保证土压平衡盾构开挖面稳定,土舱压力值P必须分别平衡开挖面处的水压力和土压力。

福州地铁2号线隧道下穿既有1号线时,土压力设定分为5阶段,如图3-58所示。第1阶段下穿1号线前(试验段),根据土压力理论计算以及试验段掘进经验设定;第2阶段下穿1号线上行线阶段,相较下穿前阶段土压降低0.3～0.5 bar(运营时段保压);第3阶段穿越1号线上、下行线中间区域,以理论计算及试验段掘进经验设定;第4阶段下穿1号线下行线阶段,较中间区域土压值降低 0.3～0.5bar;第 5 阶段刀盘穿越下行线后,恢复试验段掘进参数。

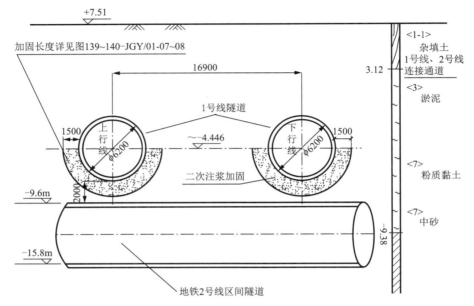

图 3-57　1 号线、2 号线交叉段隧底注浆示意图(尺寸单位:mm;高程单位:m)

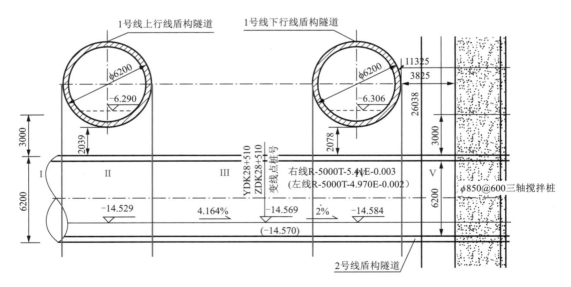

图 3-58　土压设定五阶段划分示意图(尺寸单位:mm;高程单位:m)

（2）盾构掘进姿态控制

下穿区域中,1 号线隧道与 2 号线隧道之间的最小净距仅为 1.69m,2 号线盾构掘进姿态及其调整将直接影响上方已建 1 号线隧道的位移。因此,盾构掘进施工全过程须严格受控,缓和曲线、圆曲线段 X 方向(隧道设计纵轴方向即沿里程方向)和 Y 方向(垂直隧道沿设计轴线方向)的偏差均需控制在 50mm 以内。并且,盾构掘进过程中,坡度不能突变,隧道轴线和折角变化不能超过 0.4%。为减少对地层的扰动,一次纠偏量不超过 4mm/ 环。

具体的盾构掘进姿态控制过程中,本工程采用演算工坊隧道自动导向系统和人工测量辅助进行盾构姿态监测。盾构掘进姿态调整及纠偏通常选择盾构机的推进液压缸模式来进行。推进液压缸有两种模式:主推模式及低压跟随模式。选择向哪一侧掘进,即选择增加这一侧跟随液压缸数量及增加相对一侧主推液压缸数量;下坡段掘进时则适当增加盾构机上部分区压力;在左转弯曲线段掘进时,则适当增加盾构机右侧分区压力,增加左侧跟随液压缸数量;在右转弯曲线掘进时,则适当增加盾构机左侧主推液压缸数量,增加右侧跟随液压缸数量。必须注意的是,推进液压缸油压的调整不宜过快、过大,切换速度过快可能造成管片受力状态突变,而使管片损坏;同时,纠偏作业必须在确保管片相对盾构机处在良好状态时才可进行,纠偏作业过程中需严格监控盾尾间隙,每推进 40cm,测量一次盾尾间隙,确保盾构机不发生卡壳,盾尾刷不损坏。

(3)掘进速度及推力

掘进速度及推力的选定以保持土舱压力为目的,根据施工的实际情况确定并调整掘进速度及推力。为防止由于速度过快造成土舱压力增大,注浆欠饱满,地层扰动过大等一系列问题;本工程 2 号线盾构下穿 1 号线隧道过程中,掘进速度控制在 20mm/min 左右,以匀速状态通过 1 号线隧道,使地层扰动减少到最小。

(4)出渣量的控制

出渣量与土舱压力值一样,也是影响地面沉降的重要因素。在盾构机下穿 1 号线隧道时,将出渣量控制在理论值的 95%～98%,保证盾构切口上方土体能有微量的隆起(不超过 1mm),以便抵消一部分土体的后期沉降量,从而使沉降量控制在允许范围内。

福州地铁 2 号线西洋站—南门兜站曲线右线开挖直径为 6500mm;左线开挖直径为 6470mm;右线每环理论出渣量(实方)为 39.80m³;左线每环理论出渣量(实方)为 39.43m³。实际出渣量控制在 38～39m³,在渣土斗土倒干净的情况下推进 490～530mm 出 1 斗土。

4)注浆控制

(1)同步注浆

本工程中,同步注浆砂浆由地面搅拌站拌制后,泵送至蓄电池机车砂浆搅拌罐,再由电瓶车运送至盾构机。由于下穿区域以淤泥、粉质黏土为主,拟采用水泥浆黏作为同步注浆浆液,浆液配合比见表 3-21,浆液预期性能见表 3-22。

同步注浆材料计划配合比表　　　表 3-21

项　目	水泥	细骨料	水	外加剂	掺　合　料		
	P.O 42.5	细砂	饮用水	减水剂	膨润土	粉煤灰	消石灰
配合比	0.167	1.5	0.667	0.005	0.083	1	0.083
用量(kg/m³)	100	900	400	3	50	600	50

浆液预期性能　　　　　　　　　　　　表3-22

名　称	性能指标	名　称	性能指标
渗透性(cm/s)	$<5\times10^{-5}$	压力失水(mL)	<20（7'30"，3bar）
相对密度	>1.80	泌水率(%)	<5
坍落度(cm)	$12\sim16$	分层度(cm)	<2
坍落度经时变化(cm)	$\geqslant5$（20h）	可使用时间(h)	20
屈服强度(Pa)	>800（20h）	抗压强度(MPa)	$R7>0.15;R28>1.0$

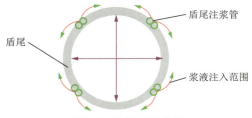

图3-59　同步注浆示意图

同步注浆与盾构掘进同时进行，通过同步注浆系统及盾尾的内置10根注浆管（4用6备），在盾构向前推进盾尾空隙形成的同时进行，采用双泵四管路（4个注入点）对称同时注浆，如图3-59所示。

盾构机在盾尾处设有4个浆液注入点，掘进过程中必须保证4管同时均匀注浆。盾尾同步注浆压力因浆液注入点位置不同而不同，施工中还应根据实际情况进行调整，做到注浆压力和周围土压力维持平衡。注浆压力预控制在0.25～0.35MPa之间，随着埋深的加大，注浆压力应适当加大。

除注浆压力外，还需要对注浆量进行控制以保证填充效果。本工程盾构下穿过程中，右线理论注浆量为3.58m³，试验段右线预注浆量为6.0m³；左线理论注浆量为3.22m³，试验段左线预注浆量为5.5m³；试验预注入量为理论值的170%左右。

注浆速度与推进速度关系：$V=Q/(1200/v)$ m³/min（v为推进速度）；注浆流量与推进行程关系：$q=Q/(1200/s)$ m³/mm（s为推进行程）。盾构机开始掘进时，即同步开始进行壁后注浆，同步注浆的速度与盾构机推进的速度相匹配最终达到设计的注浆量及压力。

（2）二次注浆

二次补强注浆一般在管片与岩壁间的空隙充填密实性差，地表沉降得不到有效控制或管片衬砌出现较严重渗漏的情况下实施。2号线盾构下穿1号线隧道段时，对脱出盾尾的管片进行了隧道内顶部深孔（0.5～1.0m袖阀管）二次补强注浆，对管片后可能存在的注浆不饱满、同步注浆浆液收缩形成的空洞进行填充，以稳固管片，控制后期沉降。同时，对1号线隧道底部被扰动的土体进行稳定、加固。

二次注浆采用双液浆作为注浆材料。双液浆的配合比见表3-23。

双液浆浆液初步配比表（重量比）　　　　表3-23

浆液名称	每方用量(kg/m³)				
	水玻璃	水泥 P·O 42.5	水	减水剂	A、B液混合比例
双液浆	630	350	1.0	0	1:1

5）克泥效工法应用

在2号线下穿1号线的盾构施工过程中，从日本引进了克泥效工法。该工法的原理是将黏土与强塑剂以一定的比例混合后，瞬间形成高黏度、不会硬化的可塑性黏土，用于控制刀盘上方、盾体上方以及急曲线段施工时的沉降,图3-60为克泥效工法控制盾体上方沉降的示意图。

（1）克泥效浆液配置

本工程克泥效工法具体实施时,采用特殊膨润土液（A液）和强塑剂液（B液）相互混合后,盾构机掘进的同时从前盾预留注浆孔注入盾体与围岩之间的间隙。其中膨润土液的配合比为:黏土:水=400:825（质量比）;强塑剂液配合比为:水玻璃:水=1（体积比）;两种

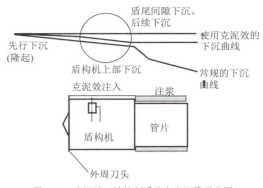

图3-60 克泥效工法控制盾体上方沉降示意图

混合液体积比为:A:B=12.5。混合过程中,膨润土液的注入流量为0.9m³/h。

（2）注入量控制

盾构下穿过程中右线直径为6460mm,左线直径为6440mm。右线每环注入量理论值为0.49m³,左线每环注入量理论值为0.37m³;试验段实际注入量右线为0.7m³,左线为0.37×1.4=0.52m³。右线实际注入量为理论值的143%,左线为141%。

（3）注入速率控制

为保证克泥效浆液注入量,需要根据掘进速度和行程控制克泥效浆液注入速率与注入量。注浆速度与推进速度关系:$V=Q/(1200/v)$ m³/min（v为推进速度）注浆量与推进行程关系:$q=Q/(1200/s)$ m³/mm（s为推进行程）。

（4）克泥效注浆设备

受克泥效工法中,A、B液注入量相差较大,混合液黏度高;为满足注入比例要求精确,注入量控制精度高等要求,选择两台独立变频控制的软管挤压泵并配备搅拌器、混合器、电子流量计等配套设备来实现克泥效注浆,如图3-61所示。

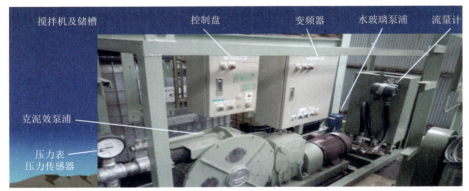

图3-61 克泥效注浆设备

（5）克泥效施工工艺流程

克泥效工法施工工艺流程如图3-62所示,每环开始掘进的同时开始注入A、B液,并且通过混合的检查阀来检查浆液初凝时间和凝结效果。根据自动化监测数据反馈的实时沉降

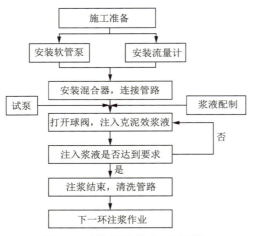

图 3-62 克泥效注浆施工工艺流程图

数据修正变频器的参数,控制注入量。

6)盾构推进中的渣土改良

盾构隧道下穿过程中需要穿越粉质黏土层,施工时易产生刀盘结泥饼等问题。为了防止产生泥饼,增强渣土和易性,掘进过程中注入泡沫等进行渣土改良。渣土改良还可以使渣土具有较好的土压平衡效果,利于稳定开挖面,控制地表沉降。改良后的渣土具有较好的止水性,可以控制地下水流失;其流塑性的提高也防止渣土在土舱内沉积。

渣土改良的方法是通过盾构机上的泡沫系统注入泡沫。泡沫溶液的组成为泡沫添加剂3%,水 97%。最终形成的泡沫由 90%~95% 压缩空气与 5%~10% 泡沫溶液混合而成。泡沫的注入率为 20%,并根据施工情况加以调整。

在黏性土层中掘进时,渣土改良的主要目的是稳定开挖面,防止刀盘产生泥饼,并降低刀盘扭矩。因此,在施工时分别向刀盘面和土舱内中通过注入成比例的泡沫和水的方法进行渣土改良;必要时向螺旋输送机内注入泡沫,确保匀速出渣。

本工程施工时,为确保平稳安全穿越 1 号线,在试验段,每 2 环进行 1 次渣样检测,分析确定渣土改良参数;在穿越时,每 1 环进行 1 次渣样检测,分析确定渣土改良参数,以确保出渣顺利。

3.6.4 应用成效

本工程在设计时面临软弱土层易扰动、下穿隧道与已建隧道距离过近和已运营隧道位移控制严苛的三个难题。通过充足的穿越前准备、可靠的加固方案、严谨周密的盾构掘进控制以及克泥效工法的引入,解决了施工面对的三个难点,顺利完成了福州地铁 2 号线近距离下穿地铁 1 号线隧道的工程。同时,为今后的隧道下穿工程提供了方案参考和参数依据。

3.7 土压平衡盾构下穿老旧密集建筑群

3.7.1 工程概况

福州地铁 2 号线宁化站—西洋站区间出宁化站后沿工业路向东行进再转沿荷塘路向北

第 3 章 区间盾构法施工关键技术

行进至西洋站,区间隧道两侧主要为交通规划设计院职工宿舍、汽车运输有限公司职工住宅楼、上海新村、省医科大学教工宿舍、西洋新村、福州三十六中学等老旧建筑,如图 3-63 所示。

如图 3-64 所示,宁化站—西洋站区间盾构掘进范围内主要进入 <2-4-3> 淤泥中细砂交互层,部分进入 <2-4-4> 淤泥夹砂、<2-4-5>(含泥)粉细砂、<2-5>(含泥)中砂。区间场地内地表水主要为白马河,地下水埋藏较深,对本工程影响较小。

图 3-63 宁西站—西洋站区间示意图

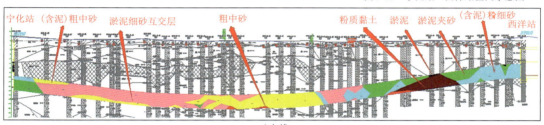

a)左线

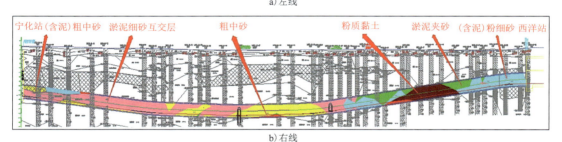

b)右线

图 3-64 宁化站—西洋站区间左、右线地质剖面图

3.7.2 施工难点

宁化站—西洋站区间需下穿中心城区大量老旧建筑群,隧道穿越(含侧穿)建筑物过程中易扰动建筑物基础受力地层,改变原建构筑物承重的基础受力模式,造成建筑物沉降、倾斜、开裂、甚至倾覆倒塌;并且该中心城区地下管线很多,给工程的施工带来很大的不便。因此,如何使盾构在穿越中心城区的同时,保护好地下管线,控制好地面沉降是难点。

3.7.3 关键施工技术

1)盾构机的选型

针对下穿中心城区老旧建筑物的特殊工况,本工程选用中交天和机械设备制造有限公司（以下简称"中交天和"）生产的复合式土压平衡盾构机和江苏凯宫机械股份有限公司（以下简称：江苏凯富）生产的海瑞克盾构机进行推进。这两款盾构机是针对下穿危险建筑物、长距离施工等恶劣条件进行设计和制造，具有较高的适应性，可以满足福州地铁2号线的土压平衡盾构掘进。

盾构机刀盘直径为6480mm，总推力41600kN，中交天和生产的盾构机刀盘开口率为32%，江苏凯富生产的海瑞克盾构机刀盘开口率为38%，额定扭矩达到5631kN·m。

图3-65和图3-66所示为两种盾构机的刀盘布置图。中交天和盾构机刀盘的采用的辐条面板式设计，刀盘正面布置40把正面先行刀，中心8连单刃先行刀1套，刮刀68把、导向刀10把，超挖刀1把。刀盘装置由切削机构、超挖机构及刀盘驱动装置构成。利用安装在刀盘背部中心的旋转接头，将刀盘内的超挖机构、磨损检测和注水管与盾构机内部相连。海瑞克盾构机刀盘采用辐条面板式设计，刀盘正面布置32把正面先行刀，4把可更换正面先行刀、56把刮刀，8套弧形刮刀，超挖刀1把。刀盘装置由切削机构、超挖机构及刀盘驱动装置构成。利用安装在刀盘背部中心的旋转接头，将刀盘内的超挖机构、磨损检测和注水管与盾构机内部相连。

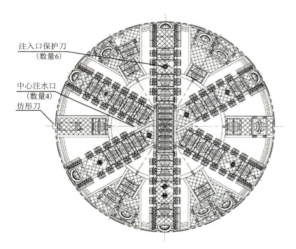

图3-65 中交天和盾构机刀具布置图

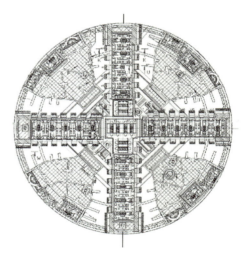

图3-66 海瑞克盾构机刀具布置图

2）施工调查

由于盾构需要下穿中心城区老旧建筑群，因此，盾构施工前需要对沿线地质情况进行补堪，确定隧道开挖范围内的地层岩性、强度、断面分布情况，合理制订工期计划，并制订渣土改良、刀具更换等辅助施工措施。同时，对邻近建筑物和地下管线现状进行调查、拍摄登记，明确其具体里程位置、盾构施工技术措施和地面监测、防护措施。

3）盾构掘进参数控制

实际施工中严格控制盾构姿态，确保盾构平稳推进，盾构推进误差控制在50mm以内，地层损失率≤0.5%。

正式推进过程中，将施工测量结果不间断地与计算得到的三维坐标相校核，及时调整缓和曲线,圆曲线段 X(隧道设计纵轴方向即沿里程方向)、Y(垂直隧道沿设计轴线方向)偏差控制在 50mm 以内,施工后地表最大变形量控制在 $-30 \sim 10$mm 之内。盾构掘进过程中,坡度不能突变,隧道轴线和折角变化不能超过 0.4%;对初始出现的小偏差要及时纠正,尽量避免盾构机走"蛇"形,盾构机一次纠偏量不超过 4mm/环,以减少对地层的扰动。下穿时,还需降低盾构掘进速度并增加刀盘转速,控制盾构机的推进速度保持在 2cm/min 以内以减小盾构推进过程中对侧边土体的剪切挤压作用。

4)壁后注浆

盾构施工引起的地层损失和盾构隧道周围受扰动或受剪切破坏的扰动土再固结以及地下水的渗透,是导致地表、建筑物以及管线沉降的重要原因。为了减少和防止沉降,在盾构掘进过程中,要尽快在脱出盾尾的衬砌管片背后同步注入足量的浆液材料充填盾尾环形建筑空隙。

壁后注浆分为同步注浆、二次补强注浆,注浆原材料的选用应按地质条件及环保要求并经试验合理选定。

(1)注浆施工工艺流程

注浆工艺是实现注浆目的,保证地面建筑、地下管线、盾尾密封及衬砌管片安全的重要一环,因此必须严格控制,并依据地层特点及监控量测结果及时调整各种参数,确保注浆质量和安全。注浆施工工艺流程如图 3-67 所示。

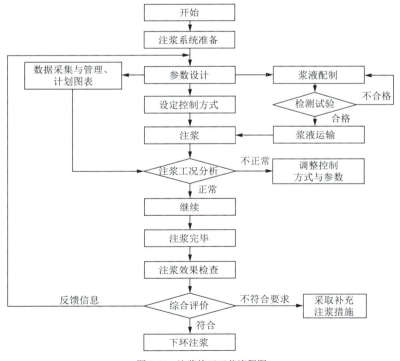

图 3-67 注浆施工工艺流程图

(2)注浆目的

①及时填充盾尾建筑空隙,支撑管片周围岩体,有效控制地表沉降。

②凝结的浆液将作为盾构施工隧道的第一道防水屏障,增强隧道的防水能力。

③为管片提供早期的稳定并使管片与周围岩体一体化,有利于盾构掘进方向的控制,并能确保盾构隧道的最终稳定。

(3)同步注浆

采用水泥、粉煤灰、砂子等按一定比例配成的可硬性浆液作为同步注浆材料,其配合比用量见表3-24,在施工中,根据地层条件、地下水情况及周边条件等,通过现场试验优化确定。

同步注浆材料初步配合比　　　　　　　　表3-24

名称	水泥	粉煤灰	砂	水	外加剂
用量(kg/m³)	120～260	381～241	779	460～470	按需要根据试验加入

同步注浆浆液的主要物理力学性能应满足下列指标:胶凝时间范围为3～10h;固结体强度1d不小于0.2MPa(饱和土层无侧限抗压强度),28d不小于2.5MPa;浆液结石率大于95%;浆液稠度范围为8～12cm。浆液倾析率(静置沉淀后上浮水体积与总体积之比)小于5%。

(4)同步注浆方法

同步注浆与盾构掘进同时进行,通过同步注浆系统及盾尾的内置10根注浆管(4用6备),在盾构向前推进盾尾空隙形成的同时进行,采用双泵四管路对称同时注浆。为防止注浆使管片受力不均产生偏压导致管片错位造成错台及破损,同步注浆时对称均匀的注入十分重要。

(5)二次补强注浆

二次补强注浆一般在因管片与岩壁间的空隙充填密实性差而导致地表沉降得不到有效控制或管片衬砌出现较严重渗漏的情况下实施。施工时根据地表沉降监测反馈信息,结合洞内采用超声波或其他手段探测管片衬砌背后有无空洞的方法,综合判断是否需要进行二次注浆。

(6)注浆控制措施

同步注浆时要求在地层中的浆液压力大于该点的静止水压及土压力之和,做到尽量填补同时又不产生劈裂。注浆压力过大,管片周围土层将会被浆液扰动而造成后期地层沉降及隧道本身的沉降,并易造成跑浆;而注浆压力过小,浆液填充速度过慢,填充不充足,会使地表变形增大。通常注浆压力一般稍大于注浆出口压力,注浆出口压力大于静止土压力0.1～0.2MPa。

同步注浆量理论上是充填盾尾建筑空隙,但同时要考虑盾构推进过程中的纠偏、浆液渗透(与地质情况有关)及注浆材料固结收缩等因素。根据本工程的地质及线路情况,注浆量一般控制在理论注浆量的1.3～1.8倍,并应通过地面变形观测来调节。

(7)注浆结束标准

同步注浆采用注浆压力和注浆量双指标控制标准,即当注浆压力达到设定值时,注浆量达到设计值的85%以上时,即可认为达到了质量要求。补强注浆一般情况下则以压力控制,达到设计注浆压力则结束注浆,视注浆效果可再次进行注浆。

3.7.4 盾构区间施工监测

本工程盾构下穿中心城区老旧建筑群时,根据沉降的允许值制定了各类建筑物地面变形的警戒值。警戒值如下:

(1)砌体承重结构基础的整体倾斜≤1‰(倾斜指基础倾斜方向两端点的沉降差与其距离的比值)。

(2)多层与高层建筑的整体倾斜≤2‰(即基础倾斜方向两端点的沉降差与其距离的比值)。

(3)工业与民用建筑相邻柱基的沉降差≤1‰L(L为相邻柱基的中心距离)。

可见,盾构下穿中心城区老旧建筑群时地表沉降控制非常严格,因此,更需要时刻对下穿断面土体变形,地面沉降等进行监测,及时进行信息反馈。

1)地表沉降监测

地表沉降是地下结构监测施工最基本监测项目,它最直接地反映土体变化情况。地表沉降监测采用几何水准测量方法,按照国家二等水准测量规范要求进行测量,监测点按闭合水准路线后、前、前、后进行观测。

监测点按照与盾构轴线正交的监测断面形式布置,以盾构区间两条轴线为中心,向左右两侧展开布置监测点。左右线之间存在沉降区的叠加,叠加区域点位布置在同一点上,右线监测完毕后继续在左线穿越时进行监测,如图3-68所示。其中横向监测点以盾构区间轴线为中心线,横向断面每3m、6m、6m布置一个测点,横向一个断面在现场空间距离允许下布设11个测点。纵向监测点自盾构始发段90m内,每6m布置一个监测点,每30m设一个横向监测断面;90m外每6m布置一个监测点,每60m设一个横向监测断面。

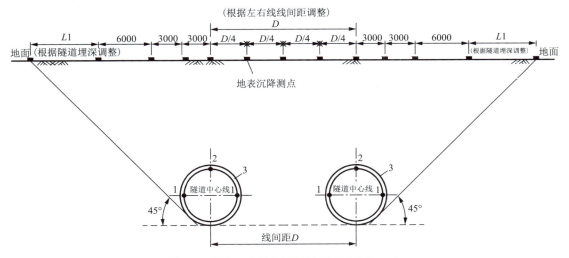

图3-68 区间正线监测点布置示意图(尺寸单位:mm)

1- 净空水平收敛观测点;2- 拱顶下沉观测点;3- 隧道结构

地表沉降点在受隧道掘进影响前进行监测点的埋设工作,埋设时用水钻打孔,确保打透硬化地面。将长度不小于 50cm、直径不小于 18mm 的钢筋打进钻孔里,并使钢筋的顶端低于地面 3cm,孔内空间用砂子填满。沉降布置及实际效果如图 3-69、图 3-70 所示。

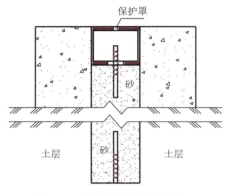

图 3-69　地表沉降点布置形式图　　　　图 3-70　水钻成孔的地表沉降

2）隧道结构竖向位移监测

隧道结构竖向位移监测主要是监测管片结构竖向坐标和设计坐标的差值,监测原理和方法与地表沉降监测相同。

管片结构竖向位移测点可布置于管片上或下方。当布置在拱顶时,在隧道管片拱顶上固定的位置,用冲击钻在拱顶钻孔,然后放入长 200～300mm、直径 20～30mm 的圆头弯钩钢筋,四周用水泥砂浆填实(或直接打入膨胀螺栓挂钩)。沉降监测原理如图 3-71 所示。由于在轨道面上量测的工作环境较好,干扰因素较少,本工程管片沉降监测点大部分布置在轨道面上,如图 3-72 所示。

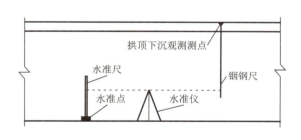

图 3-71　沉降监测原理示意图　　　　图 3-72　隧道沉降监测点布置

3）隧道净空收敛监测

隧道净空收敛监测是为了掌握岩体变形的发展情况,以判定岩体的稳定状况,为选择合理的支护时机和判断支护效果提供依据;同时也可为修订设计方案、调整支护参数、指导施工及时地提供有关信息。

在隧道洞内按间距 10 环布置一个监测断面,每个监测断面在拱顶布置沉降观测点,两侧拱腰处布设管片结构净空收敛监测点。采用全站仪和收敛计进行测量。监测点布置方案如图 3-73 所示,实际安装效果如图 3-74 所示。

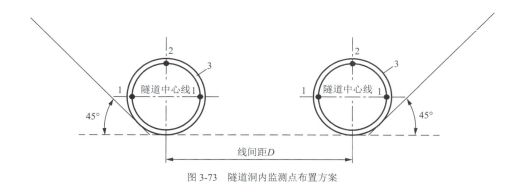

图 3-73 隧道洞内监测点布置方案
1- 净空水平收敛观测点；2- 拱顶下沉观测点；3- 隧道结构

a)　　　　　　　　　　　　　　　b)

图 3-74 隧道洞内收敛监测安装

4）建筑物沉降和倾斜

地下结构的施工会引起周围地表的下沉，从而导致地面建筑物的不均匀沉降，造成地面建筑物的倾斜，甚至开裂破坏，应进行严格控制。

建筑物沉降采用几何水准测量方法，按照国家二等水准测量规范要求用精密水准仪进行监测。历次沉降变形监测是通过高程基准点间联测一条闭合或附合水准线路，由线路的工作基点来测量各监测点的高程。

建筑物倾斜监测采用差异沉降法进行监测，通过计算建筑物差异沉降值与建筑物宽度的比值即可得到建筑物的倾斜角度。建筑物差异沉降值通过同一建筑物上不同监测点的沉降值、监测点的水平距离、建筑物宽度的关系求得。

（1）测点埋设

建筑物沉降监测点在基坑施工前埋设，埋设时采用冲击钻在建筑物的基础或墙上钻孔。监测点间距为15m，然后置入 L 形沉降标（长 200mm，直径 20mm 的半圆头 L 形弯曲钢筋），固定稳定后四周用水泥砂浆填实，如图 3-75、图 3-76 所示。本工程按照上述布置原则和设计要求，并结合现场实际条件，对影响范围内的建筑物按照 10～20m 间距布置沉降测点，测点均布置在结构柱或承重墙上。

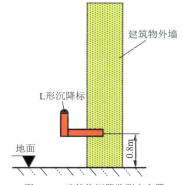

图 3-75 建筑物沉降监测点布置

a)   b)

图 3-76 处于日常和测量状态的建筑物监测点

（2）数据采集及分析

利用水准仪进行各个监测点的高程值采集，仪器设置有自动存储功能，对数据进行存储。

根据图 3-77，建筑物沉降量按公式（3-8）进行计算。

$$\Delta H = H_n - H_0 \tag{3-8}$$

式中：ΔH——监测点沉降量（mm）；

   H_0——监测点初始高程（mm）；

   H_n——实测高程（mm）。

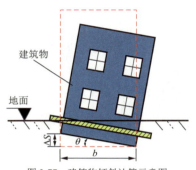

图 3-77 建筑物倾斜计算示意图

通过监测点各期高程值计算各期阶段沉降量、阶段变形速率、累计沉降量等数据。建筑物倾斜采用差异沉降法监测，按式（3-9）计算。

$$\theta = \arctan\left(\frac{\Delta S}{b}\right) \tag{3-9}$$

式中：θ——建筑物倾斜角（°）；

   ΔS——建筑物差异沉降值（mm）；

   b——建筑物宽度（mm）。

5）周边管线变形

地下结构开挖时伴随着土方的大量卸载，周边水土压力重新分布，势必对相邻地下管线造成一定影响，甚至使管线产生位移。对相邻地下管线变形进行监测，及时采取有效措施保证管线安全，不仅关系到施工的顺利进行，更关系到周边居民的正常生活。

地下管线沉降采用几何水准测量方法，使用水准仪进行观测。采用相对高程系，建立水准测量监测网，参照国家二等水准测量规范要求用水准仪引测。历次沉降变形监测是通过高程基准点间联测一条闭合或附合水准线路，由线路的工作点来测量各监测点的高程。

地下管线监测点的布置应符合下列要求：

①应根据管线年份、类型、材料、尺寸及现状等情况，确定监测点设置。

②监测点宜布置在管线的节点、转角点和变形曲率较大的部位，监测点平面间距宜为 10m，并宜延伸至 $2H$（H 为拱顶点至地面的埋深）深度影响范围内的管线。

③水、煤气、暖气等压力管线宜设置直接监测点。直接监测点应设置在管线上,也可以利用阀门开关、抽气孔及检查井等管线设备作为监测点。

图 3-78 为管线监测点布置示意图。本工程按设计要求和实地调查情况,按照 10m 等间距布置间接测点观测管线沉降。间接布点时用水钻在路面上开孔,穿透路面硬化层后在孔内土体打入直径不小于 18mm 的螺纹钢,螺纹钢入土深度不小于 50cm,以此作为管线变形的监测点。间接法监测虽然没有直接法直观、准确,但也能确切反映管线的位移变形。因为沉降是大面积的,而不是某点的位移变形,当地面发生位移变形时管线也随土体一起发生位移变形。

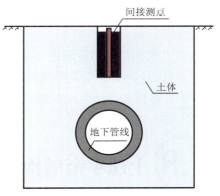

图 3-78　周边管线监测点布置示意图

6) 监测统计

本区间各监测项目工作量统计见表 3-25,监测频率见表 3-26。

各监测项目工作量　　表 3-25

序　号	监测项目	数　量	单　位
1	净空收敛	176	对
2	地表沉降	630	点
3	建筑物沉降	377	点

宁化站—西洋站区间监测频率　　表 3-26

监测部位	监测对象	开挖面至监测点或监测断面的距离	监测频率
开挖面到监测断面前后方	必测项目	$8D < L$	1 次 /7d
		$3D < L \leqslant 8D$	1 次 /2d
		$L \leqslant 3D$	1 次 /1d

注:1. D 为盾构法隧道开挖直径;L 为开挖面至监测点或监测断面的水平距离。
　　2. 管片结构位移、净空收敛宜在衬砌环脱出盾尾且能通视时进行监测。
　　3. 监测数据趋于稳定后,监测频率宜为 1 次 /(15～30d)。

当出现下列情况之一时,根据由各参建单位组建的"应急监测指挥部"指定频率进行监测。

①监测数据达到警戒值;
②监测数据变化较大或者速率加快;
③存在勘察未发现的不良地质;
④超深、超长开挖或未及时加撑等未按设计工况施工;
⑤区间盾构隧道结构出现开裂;
⑥周边地面突发较大沉降或出现严重开裂;
⑦邻近建筑突发较大沉降、不均匀沉降或出现严重开裂;
⑧工程发生事故后重新组织施工;
⑨出现其他影响区间盾构隧道及周边环境安全的异常情况。

3.7.5 应用成效

宁化站—西洋站区间需下穿中心城区大量老旧建筑群,本工程通过采取严格控制盾构推进参数、合理设置注浆参数,以及进行全断面的变形监测等多方面措施,有效控制了盾构下穿中心城区的地下管线和地表建筑变形沉降,实现了盾构隧道的顺利下穿。

3.8 土压平衡盾构穿越桥梁桩基二次托换施工

3.8.1 工程概况

福州地铁 2 号线紫阳站—五里亭站区间沿公路主干道福马路布设,区间需穿越五里亭立交桥,如图 3-79 所示。为避让五里亭立交隧道,该区间隧道的左右线被迫分开。右线以半径 350m 曲线下穿五里亭立交一处桥墩,后经半径 450m 曲线接至五里亭站,全长 874.24m;在里程 YCK31+784.5 附近五里亭立交 D 匝道桥 141 号、E 匝道 112 号、113 号桥墩桩基侵入隧道,需进行桩基托换。需托换的桥墩所在上部结构为 315.75m 的钢筋混凝土连续箱梁,下部结构为薄壁墩配承台预制方桩基础,预制方桩的截面尺寸为 40cm×40cm,桩长 32m。该段盾构隧道埋深约 14m,穿越地质主要为淤泥质粉细砂、淤泥夹砂。

图 3-79 福州地铁 2 号线紫阳站—五里亭站区间桩基托换工程示意图

3.8.2 施工难点

(1)二次托换处桩基承台紧挨直径 5.7m 的污水沉井,连接 DN1800、DN2200 污水干管,且国防、电力、燃气、电信等管线数量较大,如何在施工时保护好管线是难点。

(2)施工区域位于五里亭立交桥下,施工场地狭小,施工交通影响大,如何开展施工快速通过是难点。

(3)五里亭立交桥处存在桥梁限高,如何解决小净空大型钢结构吊装、小净空拔桩、小净空绳锯切割以及同步顶升对既有桥梁的影响是难点。

3.8.3 施工过程

1)二次托换法简介

二次托换法是通过在区间隧道外新建桩基及承台,利用搭设于新建承台上的型钢贝雷梁临时支撑顶升梁体;拆除原有桥梁下部结构拔除障碍桩基,再原状恢复下部结构(含承台后浇段、墩身);最后拆除临时支撑系统,完成整个托换施工,具体施工工艺流程如图 3-80 所示。该方法的优点在于可减少桩基托换施工时的基坑深度,同时可提前处理障碍桩基,有效地规避地下施工风险,极大地节约工程投资;其对既有桥梁结构影响处于可控范围,除顶升过程外可实现在开放交通条件下作业。

二次托换法适用于各类桥梁桩基托换施工,在地下管线等障碍物较多、桥梁受干扰敏感性高、桥梁净空小等情况下效果突出,尤其在软土地区的地铁桩基托换工程中风险控制和成本控制优势明显。

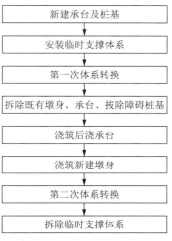

图 3-80 二次结构体系转换法桥梁桩基托换施工工艺流程图

2)操作要点

(1)施工准备

工程实施前,需要对既有桥梁结构质量通病与缺陷进行检查,熟悉桥梁状态和周边环境。

(2)新建桩基及承台

在区间隧道外新建钻孔灌注桩采用常规回转钻机成孔灌注施工,完成后在钻孔桩的顶部浇筑两个单桩承台,作为临时支撑系统支架的基础和永久托换梁的一部分。

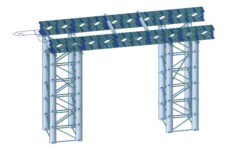

图 3-81 临时支撑体系模拟图

(3)安装临时支撑体系

新建承台完成后,便可在新建承台上搭设临时支撑系统。临时支撑系统主要由大直径灌注桩、钢管柱和贝雷梁组成。临时支撑结构系统施工之前需要采用有限元软件进行核算。图 3-81 所示为采用 MIDAS 软件建模的临时支撑体系结构,基于该有限元模型模拟验算了结构变形量(图 3-82)、钢管竖向受力(图 3-83)的安全性能。

临时支撑系统施工过程中,通过预埋件使钢管柱与灌注桩刚接,以此增加临时支撑体系的水平抗剪能力。钢管柱、贝雷梁等构件外侧需要增设限位防撞装置及警示装置,覆带式起重机需要增设回转、起吊角度限位装置。这些装置要由专人负责保护。

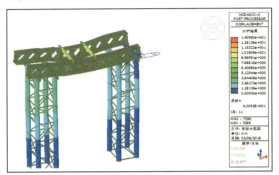

图 3-82　模型变形计算图

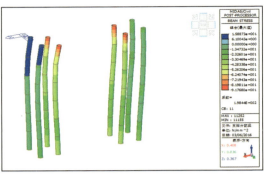

图 3-83　支撑钢管计算图

（4）第一次体系转换

图 3-84　同步顶升系统图

第一次体系转换中主要设备控制系统为PLC同步顶升控制系统，如图 3-84 所示。该系统由液压系统、位移数显传感器、力传感器、供油管路、千斤顶等几个部分组成。基于该系统可以实现力和位移控制、操作闭锁、过程显示，通过对液压缸进行特殊处理，配合千斤顶独特的支撑设计可承受液压缸承载能力 10% 的侧向负载。转换过程中相对位移限值为 10mm。千斤顶采用 YZL150-100 型自锁式千斤顶，行程 10cm，最大顶升力 150t。桥墩托换梁采用 4 个千斤顶顶升，千斤顶支撑于桥梁斜腹板处（图 3-85），该处与箱梁间设置橡胶垫。托换梁节点布置如图 3-86 所示。

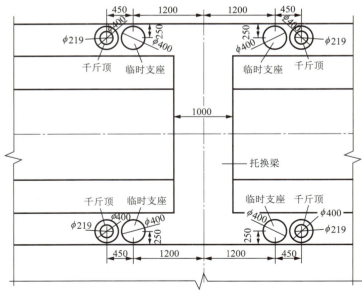

图 3-85　托换梁与临时支座节点布置示意图（尺寸单位：mm）

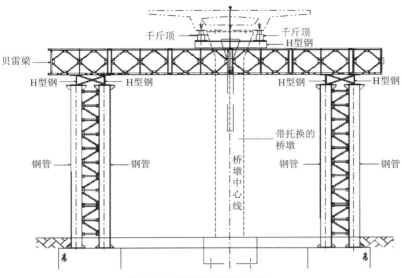

图 3-86　托换梁节点布置示意图

体系转过程中的关键控制措施介绍如下：

①顶升装置检验合格后进行试顶加载。千斤顶按设计的行程同步顶升，起梁速度控制约为 0.3mm/min，同时观测梁体起顶高度和千斤顶的起顶力，实施双控。

②称重预顶。预顶过程实施压力和位移双向控制，并以压力控制为主，分三个阶段进行。每次预顶后，对支撑系统的沉降、变形进行检查和记录，对各个千斤顶的位置、支撑架、传力设施的固定情况进行逐项检查，如有问题立刻调整；然后再重复上一步操作，直到支座不再受力。整个上部结构处于悬浮状态时，停止抬升，根据压力值（可通过显示器度数或根据油压值计算确定），得出梁体实际重量，再根据梁体实际重量确定顶升力。

③顶升。根据称重的结果，确定准确的顶升力，重新确定千斤顶的个数和顶升力。完成顶升前的作业后，启动油泵，通过控制器和换向阀，调整双作用千斤顶，使千斤顶缓慢上升。

④分级施加预顶荷载，通过分析同步监测数据，动态化指导预顶力的荷载施加。托换桩支架千斤顶同步分级加载，每级加载持荷 10min，预顶力达到设计值后稳压 30min，监测托换体系构件的变形及梁体裂缝发展。施工完成且监测数据反映托换体系稳定后，方可抽出原有支座，并落梁至临时支座。

顶升完毕后，关闭千斤顶锁定阀门，安装 GYZ550×110 橡胶支座。通过临时支座支撑箱梁，使既有桥墩不在受力后，采用绳锯切割方式拆除旧桥墩，之后采用破碎机凿除既有承台，最后采用全回转拔出障碍桩基础。随后凿除新建承台内的预留连接钢筋，采用后浇的方式，将临时支撑体系下的两个新建单桩承台，连接成一个整体。在承台形成一个整体后，在原旧桥墩位置上恢复新建桥墩。

（5）第二次体系转换

新的桥墩强度达到 95% 以上后，安装永久支座。永久支座安装时需考虑支座的弹性压缩，安装前再次顶升 1～2mm（累计抬升量在限值内），放入永久支座，再同步回落。随后打开千斤顶锁定阀门,同步缓慢回落梁板至安装好的支座,详细检查垫石及支座,确认压紧密贴、位置正确后,撤除顶升系统。在各部工序中,应派专人对起顶梁体等有关构件进行观察,发现任何异常,均应立即停止操作,找出原因并解决问题后方可继续操作。

顺利完成第二次结构体系转换后,观察桥梁无异常后开放桥面交通,拆除临时支撑体系。

3)施工监测监控

同步顶升施工前需要对桥梁的上部和下部结构进行全面的检测,了解桥梁结构的现状,最小化顶升施工风险。在施工后还需要再次进行全面的检测,将测试结果与顶升施工前进行比较,以判定施工的相关影响。

二次托换过程中,桥梁的同步顶升需要逐级完成,并对桥梁顶升过程中的整体轨迹、整体姿态和结构应力进行实时监测。主要监测内容包括:

(1)主梁在顶起点的竖向及水平位移,主膜端部的应力,横隔板的顶部应力,桥底及桥面的应力。

(2)梁肋垂直裂缝及梁端斜裂缝的发展。

(3)顶进过程中,对既有桩基、托换桩、高架桥的沉降、托换梁形变、裂缝的发展进行监测。

(4)为了监测新建桩基与承台周围的土体稳定,确定新建承台与桩基的倾斜和沉降对荷载转移至临时支撑架后的箱梁内力变化,在每个承台顶面及临时支撑体系安装倾斜和沉降观测点。

主要监测测点布设如图 3-87～图 3-91 所示。

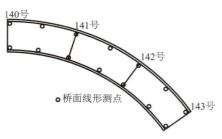

图 3-87 桥面线形测点平面位置示意图

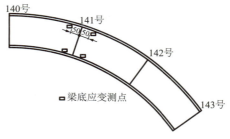

图 3-88 梁底应变测点平面位置示意图(尺寸单位:mm)

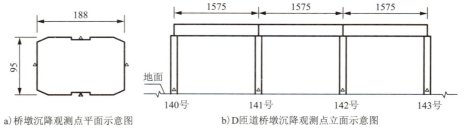

a)桥墩沉降观测点平面示意图　　b)D匝道桥墩沉降观测点立面示意图

△ 沉降观测点

图 3-89 墩底沉降测点布设示意图(尺寸单位:mm)

a) 测点立面示意图   b) 测点平面示意图

ф 电子位移计

图 3-90　托换体系相对位移观测点布设示意图

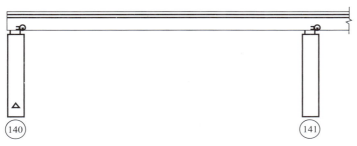

图 3-91　邻近桥墩静力水准仪观测点布设示意图

正常情况下监测的频率为 2 次/d；在顶升过程中的增加为 4 次/d；特殊条件下的进行连续监测。

3.8.4　应用成效

福州地铁 2 号线紫阳站—五里亭站区间盾构在穿越五里亭立交桥时采用二次托换法置换了整个桥梁下部结构，清除障碍桩，实现了盾构顺利穿越。相较于常规托换法，该区间采用的二次托换法保护了周边复杂的管线，规避了盾构带压开舱、破桩的风险，缩短了工期及费用。本工程对上部结构高质量控制的桩基础托换作业具有很好的参考借鉴作用。

3.9　中心城区急曲线盾构分体始发

3.9.1　工程概况

西洋站—宁化站区间为全地下盾构区间，其中始发段的最小曲线半径仅为 300m，如图 3-92 所示。该区间在西洋站南侧始发，始发端头井基坑维护结构采用 1000mm 厚地下连续墙，五道支撑；主体结构为地下两层结构，顶板覆土厚度约 4m。始发井中板、顶板均设置 11.5m×7.5m 的盾构机下井口用于盾构机和后配套台车的吊装下井组装；设置 7.5m×5m 的出土口,用于初始掘进阶段的渣土吊运。区间始发段100m段内,盾构线路沿4‰纵坡下坡,平面经半径20m左右的缓和曲线后进入半径为300m的圆曲线线路。

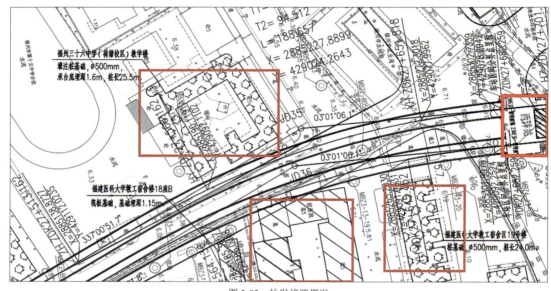

图3-92 始发线路概况

图3-93地质断面图表明,始发段100m主要穿越淤泥夹砂<2-4-4>、含泥粉细砂<2-4-5>地层。

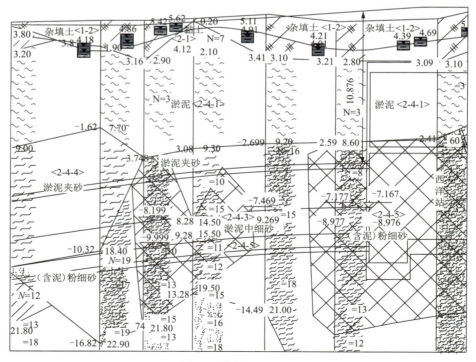

图3-93 始发段地质断面图

3.9.2 施工难点

（1）本区间始发段西洋站南侧施工段仅 60m，受始发场地局限，盾构机始发不能按照正常始发方案进行。考虑到盾构机整体长度以及盾构出土的影响，只能采用分体始发的方式进行始发，如何组织分体始发的施工顺序是难点。

（2）始发期间，双线隧道轴线均处于 300m 圆曲线上，纵向坡度为 -2‰，掘进时如何保持轴线是难点。

（3）始发段地层主要为淤泥夹砂层和含泥粉细砂层，压缩性高，力学性质很差，在地下水作用下易产生涌水、涌砂和塌方，如何在始发段顺利掘进并控制地表沉降是难点。

3.9.3 关键施工技术

1）分体方式

如 3.7 节所述，西洋站—宁化站区间需下穿老旧建筑群，因此，本区间选用的是适用下穿危险建筑物、长距离施工等恶劣条件的盾构机。分别是中交天和生产的复合式土压平衡盾构机和江苏凯宫生产的海瑞克盾构机。实际施工过程中，两种机型由于设计的差异以及受施工工期的影响，采用了不同的分体方式：中交天和盾构机采用从后配套 1 号台车后断开的方式；海瑞克盾构机采用从后配套 3 号台车后断开的方式。

如图 3-94 所示，中交天和盾构机分体始发时，将 1 号台车放入始发井中，其他台车放置在地面，台车中间用延伸管路进行连接。为了能使盾构弃土顺利进行，在盾构机设计阶段已在 1 号台车上预留出土口，可直接安装皮带输送机出土，待盾构机二次组装时恢复即可。

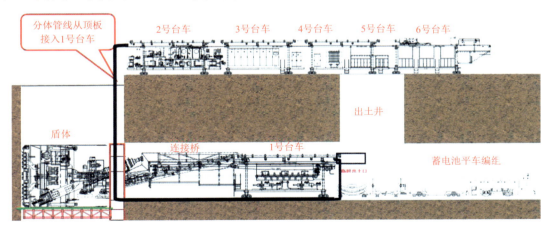

图 3-94　中交天和盾构机分体示意图

海瑞克盾构机主驱动部分位于 2 号台车、控制电路主要位于 1、3 号台车。考虑到工期影响以及车站长度、管线成本，分体始发时从 3 号台车后断开，4、5 号台车放置在地面，如图 3-95 所示。其中 1、2 号台车之间由于受出土口影响需要临时断开延伸管线来满足出土需要,3、4号台车之间通过延伸管线来满足水气的循环。与中交天和生产的盾构机相似,为了能使盾构机弃土能顺利进行,在1号台车上改装出土口来满足出土的需要,待盾构机二次组装时恢复即可。

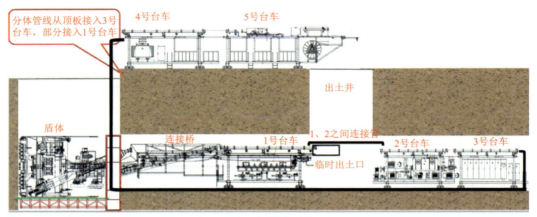

图 3-95　海瑞克盾构机分体示意图

2)始发线形及参数

盾构在左线、右线均为半径 300m 的圆曲线缓和段上始发,始发井纵向坡度为 -2‰。为确保盾构掘进轴线误差在规范允许范围内,经过综合考虑和精确计算决定采用割线始发方式。根据前期测量结果及模拟曲线复核,盾构机刀盘进入洞门时,平面中心线与设计隧道中心线重合,尾部与设计隧道中心线相比偏右 227mm(图 3-96),始发架的中心平面线与平面中心线重合。为了防止盾构栽头,始发架轴线高程高于隧道中心高程约 10mm。由于盾构割线始发,在盾构始发过程中,始发架受力较大,因此在始发架位置固定后,应用 I20 型钢每隔 1m 进行加固。其中一侧使用外径 609mm 钢管进行支撑,另外一侧,上部、下部均由车站主体支撑。

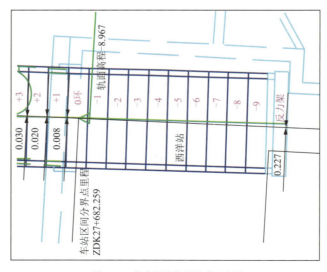

图 3-96　始发轴线位置关系示意图

在凿除地下连续墙后,盾构前移进洞门,盾构前移过程中拼装负环。负环全部为标准环,共计10环,洞门处0环管片700mm进入洞门,500mm在洞门外;同时根据端头井长度,确定反力架位置。为了保证0环位置及方便洞门密封装置的安装,在-9环与反力架之间安装外径400mm的厚壁钢管传递受力,图3-97所示为盾构始发反力架及负环管片位置关系示意图。

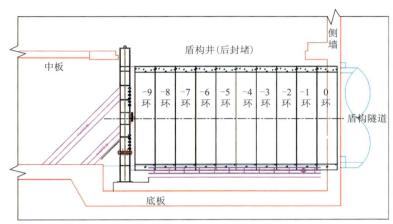

图3-97 盾构始发反力架及负环管片位置关系示意图

盾构始发前应对始发段隧道范围内的所有地下管线、地面建构筑物进行核查。并提交地下管线调查报告、地面建筑物调查报告、地质补堪报告。盾构始发前一个月完成始发段前300m布监测点的布置并取监测点初始值。

3)始发端头冷冻加固

由于始发段地层主要为淤泥夹砂层和含泥粉细砂层,土层压缩性高,力学性质很差,掘进时易产生涌水、涌砂和塌方;为了最大限度地保证盾构出洞安全,盾构始发端头采用水平冷冻对土体进行加固。水平冻结的主要目的是防止土体发生失稳坍塌、渗水或涌水;确保安全凿除洞门,保证盾构在有效冻土范围内安全推进。

水平冷冻加固在始发端头形成两个杯状体,冻结壁厚度为3.0m,圆筒厚度为1.6m,圆筒长度为12m。冻结壁设计平均温度≤-10℃,预计冻结40d冻土单轴抗压强度可达3.6MPa,抗折强度可达1.8MPa,抗剪强度可达1.5MPa;冻结壁布置剖面如图3-98所示。

单个盾构出洞共布置56个水平冻结孔,如图3-99所示。内圈布置9个冻结孔,N1～N8进入土层深度3m,N9进入土层深度2.70m,圈径2.7m,孔间距1.081m;中圈布置15个冻结孔,Z1～Z15进入土层深度3.5m,圈径5.20m,孔间距1.081m;外圈布置32个冻结孔,W1～W32进入土层深度12m,圈径8.0m,孔间距0.784m。

4)管线的延伸

分体始发过程中最重要的辅助环节就是管线的延伸,由于本区间两台盾构机采用不同的分体方式致使两台盾构机存在不同的管线延伸方式。总的管线延伸原则是确保管线在无损的情况下延伸管线以配合盾构的正常掘进,尽量地使用延伸装置避免大量的使用人力延伸管线。

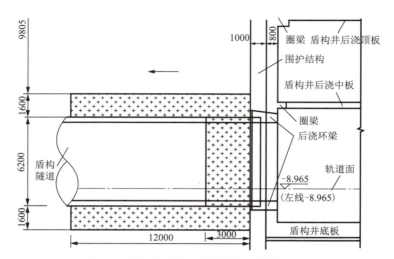

图 3-98 西洋站冻结壁布置剖面图（尺寸单位：mm）

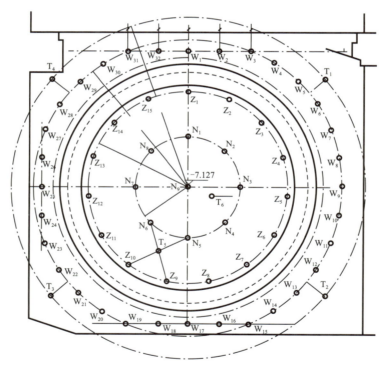

图 3-99 冻结孔开孔位置示意图

中交天和盾构机由于采用的是 1 号台车在井下其余台车在地面的分体方式，管线数量较多。盾构始发时管线分离成捆，管线从地面至洞下时采取地面支架固定，地面固定模板如图 3-100 所示。

洞下管线沿管片内侧布置，尽量避免管片、轨道与管线直接接触，在管线成捆的前提下采用平移滑轨方式进行管线紧跟盾构前移，具体样式如图 3-101 所示。

在推进过程中,后续管线只需少数人力即可实现管线的前移,很大程度上节省了人力并可实现盾构推进过程的连续。

图 3-100 盾构机管线地面布线固定模板

图 3-101 洞内管线布置图

海瑞克盾构机采用的分体是在 1 号台车与 2 号台车之间断开,2 号台车与 3 号台车连接在洞下,3 号台车与 4 号台车实现地面与地下连接。1 号台车与 2 号台车之间需要断开 40m 左右的管路,3 号台车与 4 号台车之间有 100m 的水气管路,施工中采用钢管延伸替代水路,剩下的气路和电缆较少,简单沿管片布置即可。1 号台车与 2 号台车之间的油路与水、气路由于位于车站标准段中且长度较短,可直接铺设在地面,不用固定;但盾构掘过 40m 左右后,1 号台车与 2 号台车需临时连接 40m 管线;由于掘进的需要无法马上恢复原有的连接,要对管线进行临时固定。

5)始发过程中姿态控制

由于本区间左右线都在半径 300m 圆曲线上始发,因此在始发时采用割线始发,盾构始发过程中姿态的控制尤为重要。

根据盾构设备参数,天和盾体盾体长度 9.175m,刀盘厚 0.78m。海瑞克盾体总长 8m,刀盘厚 0.75m。端头冷冻加固范围沿隧道方向 12m,地下连续墙厚度为 1m,内衬厚度为 0.8m。盾构机在加固区中不宜做过多转向动作,计划在刀盘完全出冷冻土体后约 0.5m 的位置进行小范围盾构姿态的调整,必要时,适当打开少量超挖刀行程,配合纠偏工作,同时做好管片的选型,使得隧道线形与盾构机姿态相近。根据本工程的模拟纠偏量计算,约在 +20 环位置盾构机轴线姿态与设计隧道轴线平行,+21 环开始逐渐接近设计隧道轴线。

6)加固区内的掘进

本区间始发端头采用水平冷冻形式加固,因此盾构机在加固区内推进速度必须缓慢,要控制刀盘扭矩及推力,以保证刀盘对正面加固土体的充分切削。推进速度控制在 10mm/min 以内,土舱压力波动控制在 0.2bar 以内为宜,防止因推进速度过快、土压波动较大造成冷冻体被破坏。盾构机穿越冻结壁过程中保持盾构机持续运转,必须停机时也应使盾构机刀盘间歇运转,并可适当向刀盘加入盐水,以防刀盘被冻住。从冻结管拔除到盾构机出洞,总时间应控制在 3d 以内。

在初始掘进段内,对盾构的推进速度、土舱压力、注浆压力作相应的调整,通过初始推进,选定以下六个施工管理指标:①土舱压力;②推进速度;③总推力;④排土量;⑤刀盘转速和扭矩；⑥注浆压力和注浆量。其中土舱压力是主要的管理指标。在加固土体内推进时盾构总推力应控制在 8000kN 以下，防止反力架及负环管片的变形，掘进过程中应当密切注意后靠钢管撑、混凝土管片的受力状况；可能发生的情况有管片碎裂、钢管撑变形、管片发生位移等。

7）出加固区的掘进

盾构出加固区后，为防止正面土质变化而造成盾构突然栽头，需将平衡压力值设定略高于理论值，推进速度控制在 20mm/min 以内；穿越建筑物和沉降要求高的地下管线时推进速度控制在 10mm/min 以内。

3.9.4　应用成效

西洋站—宁化站区间受始发场地限制，采用分体始发方式进行盾构始发，与普通盾构始发相比，分体始发节省了大量工期；同时，割线始发综合偏差量较小，有效地减少了纠偏动作，保证了成形隧道质量。本区间中心城区急曲线上分体始发的成功，为以后盾构始发工程在类似情况下的规划建设提供了可靠的决策依据和技术指标。

3.10　盾构液氮冷冻始发

3.10.1　工程概况

厚庭站—桔园洲站区间盾构机在厚庭站东端头始发掘进，下穿乌龙江后在桔园洲西端头井接收，区间总长约 2669m。

如图 3-102 所示，始发端头地层从上到下依次为杂填土、素填土、粗中砂、淤泥质土、粉质黏土及卵石层，地下水位（潜水）埋深在 3.4～5.66m。可以发现盾构始发段施工地层为全断面强透水的 <2-5-2> 粗中砂（中密）层。由于地下水位较高，在端头设置 12m 长的加固区域以保证盾构进出洞安全。始发井长 14.3～16.9m、宽 26m、深 20m，始发井结构侧墙厚度为 900mm，外侧采用钢筋混凝土地下连续墙围护结构。端头井外侧建造隔水帷幕，内侧采用搅拌桩加固，同时辅以降水井来降低加固区内地下水位。

厚庭站端头加固区周边主要布置盾构施工搅拌站及砂石料堆场，周边管线主要有雨水管、电力管线、通信管线和给水管线，其中 DN1000 的雨水管线位于车站北侧，紧靠端头加固体外侧，埋深约 3m。车站南侧有一条电力管线，北侧围挡位置有一条通信管线和一条给水管线，距离基坑相对较远。端头井周边场地布置如图 3-103 所示。

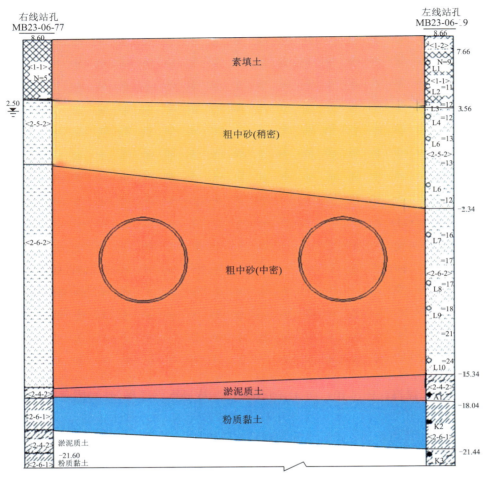

图 3-102　厚庭站盾构始发端土层剖面图

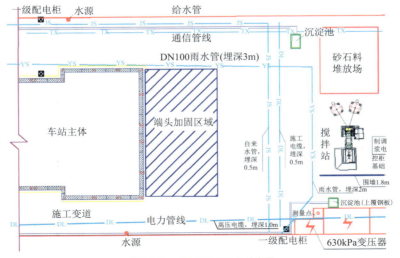

图 3-103　厚庭站东端头场地布置

3.10.2 施工难点

按照普通工艺对始发端头进行加固后,探孔检测时发现 9 个探孔中依然有 3 个探孔出现涌水、涌砂现象;在加固区域的地下连续墙外侧进行了压浆补强加固后,依然无法缓解。随后又在始发井区域增设了 12 口降水进行降水,仍无法将地下水位降至区间隧道以下。在该情况下,如何确保洞门安全破除及确保盾构顺利始发是难点。

3.10.3 关键施工工艺

针对厚庭站始发段面临的难题,经专家论证,在原有加固的基础上,决定采用液氮冷冻法进行再加固,确保盾构顺利始发。

1) 液氮冻结原理

液氮冻结是一种低温液化方法。从工厂将低温液化气(液氮 -193℃)直接运达工地,再输入到预先埋设在地层中的冷冻管内,液氮在冻结管中气化而使冷冻管周围地层的土壤冻结,气化后的氮气自行进入大气中。液氮冻结温度极低,冻结速度快,时间短。一般适用于暂时性的小规模工程施工,常用在一些地下的危急工程。

2) 初始加固情况

厚庭站始发端头加固采用外围 $\phi800mm@600mm$ 的三重管高压旋喷桩加内部 $\phi850mm@600mm$ 三轴搅拌桩。图 3-104、图 3-105 所示为加固断面示意图,在加固范围内布置 6 口 $\phi600mm$ 降水井(其中 2 口为水位观测井),进行辅助降水;经过抽水试验,发现加固区降水困难,遂在止水帷幕内新增 6 口降水井加强降水效果,止水帷幕内共计 12 口降水井,并在洞门位置附近钻孔作为水位观测孔。外围 $\phi800mm@600mm$ 的三重管高压旋喷桩深度位于盾构隧道底部 7.87m,进入砂层下部的隔水层 2m,降水井底部位于盾构隧道底部下 6m,靠基坑侧三重管高压旋喷桩位于盾构隧道底部下 3m。

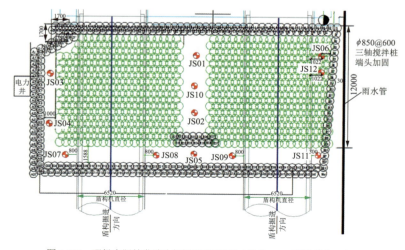

图 3-104　现场实际始发端头加固平面图(尺寸单位:mm;高程单位:m)

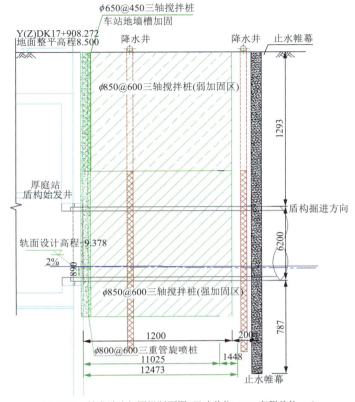

图 3-105 始发端头加固纵断面图(尺寸单位:mm;高程单位:m)

盾构始发前需要提前降水,保证加固区内地下水位降至隧道底部 1m 以下。如图 3-106 所示,降水井深度 25m,隧道洞门位于原地面以下约 19m,地下水位需降至原地面以下 20m 位置才能确保安全。始发端头区域地下水位埋深约 4.5m,经抽水 1h 后水位能降至原地面以下约 15.6m,但之后水位降深曲线较为平缓,加固区内水位变化较小,周边水位观测孔中水位变化不大。

加固区 12 口降水井未能将水位降至安全值,继续长时间降水可能会导致周边建筑物及管线发生较大沉降。为保证盾构始发期间安全,同时为保证区间盾构施工工期要求,本工程决定采用冻结加固方式加固洞门前方土体。通过冻结使冻土墙具有较高的强度和密封性,保证盾构始发的安全。

3)冻结孔设计

(1)冻结壁荷载计算

盾构出洞洞口采取板状冻结方式加固。冻结加固体在盾构进洞凿壁时起到抵御水土压力,防止土层塌落

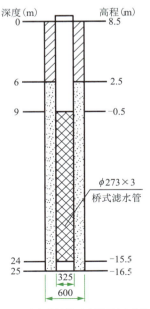

图 3-106 降水井结构示意图(尺寸单位:mm)

和泥水涌入工作井的作用。

出洞口冻结加固体承受的荷载计算模型如图3-107所示。出洞口地面埋深为8.5m，洞口中心埋深-7.53m，在开洞直径为6.70m处，该洞口的底缘深度为19.38m。如取计算深度为洞口底缘深度，即19.38m。应用重液理论计算水土压力，其出洞口的水土压力为：

$$P = 0.013H \tag{3-10}$$

式中：P——计算点的水土压力（MPa）；

H——计算点深度（m）。

计算得到水土压力为0.26MPa，如此工况计算满足设计要求，则其他工况均应满足。

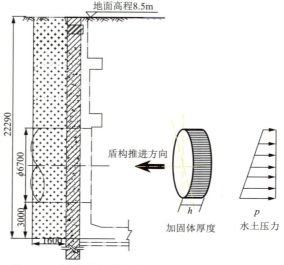

图3-107 冻土加固体受荷计算模型示意图（尺寸单位：mm）

（2）加固体厚度计算

假定加固体为整体板块来承受水土压力，运用日本计算理论计算加固体的厚度。

$$h = \left(\frac{k\beta PD^2}{4\sigma}\right)^{\frac{1}{2}} \tag{3-11}$$

式中参数含义及计算结果见表3-27。

运用日本计算理论的数据及结果　　　表3-27

冻土平均温度（℃）	冻土弯拉强度 $\sigma_{-10℃}$（MPa）	水土压力 P（MPa）	加固体开挖内直径 D（m）	系数 β	安全系数 k	计算加固体厚度 h（m）
-10	2.1	0.26	6.7	1.2	2	1.81

剪切验算加固体厚度时，沿工作井开洞口周边验算加固体剪切应力。

$$\tau_{max} = \frac{PD}{4h} \tag{3-12}$$

式中参数含义及计算结果见表3-28。

第3章 区间盾构法施工关键技术

剪切应力验算数据及结果　　　　　　　　　　　　　　　表3-28

水土压力 P(MPa)	加固体开挖内直径 D(m)	冻土抗剪强度 $\tau_{-10℃}$(MPa)	加固体厚度 h(m)	剪切应力 τ(MPa)	安全系数 k
0.26	6.7	1.81	2.0	0.24	17.1

运用我国建筑结构静力计算理论公式进行验算，圆板中心所受最大弯曲应力计算公式为：

$$\sigma_{max} = \frac{P\left(\frac{D}{2}\right)^2 (3+\mu)}{16} \cdot \frac{6}{h^2} \tag{3-13}$$

式中参数含义及计算结果见表3-29。

运用我国建筑结构静力计算理论计算数据及结果　　　　　表3-29

水土压力 P(MPa)	加固体开挖内直径 D(m)	冻土泊松比 μ	计算加固体厚度 h(m)	计算得加固体最大弯拉应力 σ_{max}(MPa)	冻土弯拉强度 $\sigma_{-10℃}$(MPa)	安全系数 k
0.26	6.7	0.35	1.81	0.95	2.1	2.64

经过验算，冻结壁厚度取 1.8～2m 时，满足设计要求。

(3) 冻结加固帷幕设计

本工程为盾构始发冻结加固，属于既要求承载，又要求止水的类型。盾构始发端头12m范围内已经使用搅拌桩进行了土体加固（冻结区域也进行了加固），水泥土加固土体强度提供必要的承载力，冻结土体起到止水的作用。

液氮冻结施工设计指标为：

①冻结壁厚度≥2m，宽度12.2m，深22.29m；

②冻土平均温度≤-20℃；

③洞门周边水平探孔温度≤-5℃；

④液氮进口温度：-150～-170℃；出口温度：-50～-70℃。

4) 垂直冻结孔布置

采用垂直冻结方案，冻结孔共29个布置2排，如图3-108所示。第一排孔数15个(A1～A15)，距槽壁0.4m，孔间距0.8m；第二排孔数14个(B1～B14)，孔间距均为0.8m；第一排孔与第二排排距1.0m，两排孔深度均为22.29m，冻结孔总长度646.4m，测温孔设置4个。主要冻结参数见表3-30。

冻结管选用 ϕ108mm×5mm 不锈钢管，供液管采用 ϕ32mm×3mm 不锈钢管。

5) 冻结孔施工

(1) 打钻设备选型

打钻选用 XY-2 型钻机 3 台，电机功率 22.0kW，钻孔使用灯光测斜，选用 BW-250/50 型泥浆泵 3 台，电机功率 14.5kW。

(2) 钻孔施工方法

首先按冻结孔设计位置固定钻机，用取芯钻开孔，正常钻进时用三翼钻头钻进。为了保证钻孔精度,钻进前 5m 钻孔时,要反复校核钻杆垂直度、调整钻机位置,并采用减压钻进。

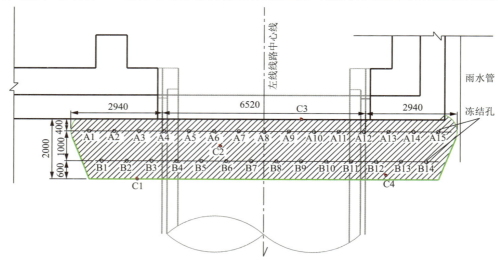

图 3-108　左、右冻结孔布置平面图(尺寸单位:mm)

液氮冻结施工参数一览表(左线)　　　　　　　　　表 3-30

序号	参数名称	单位	进洞	备注
1	冻结孔深度	m	22.29	垂直孔
2	冻土墙平均温度	℃	-20	预计可达 -20℃以下
3	积极冻结时间	d	10	从开冻至可以破洞门
4	冻结孔(总)数	个	29	
5	冻结孔(总)长度	m	646.4	
6	冻结孔开孔间距	m	0.8	
7	冻结孔与槽壁间距	m	0.4	
8	冻结孔偏斜率	%	≤1	
9	液氮进口温度	℃	-150～-170	
10	液氮出口温度	℃	-50～-70	
11	测温孔总数	个	4	ϕ48mm 焊管

钻进时,应按深度及地层情况的需要,及时增减钻铤,要求做到均匀、匀速钻进。合理掌握转速、压力及冲洗量,加尺或更换钻头时,钻具应下到距孔底 0.3～0.5m 处扫孔,不准将钻具停在同一个深度长期冲洗。停电时,应将钻具提至安全深度,停电超过 2h,应将钻具全部提出,对所有钻具应经常详细检查,弯钻杆和磨损过大的钻杆禁止使用,终孔时应复核钻具全长,并冲孔将岩粉排净,再下放冻结管。

每钻完一个孔后要进行下放管工作:先将第一根管的底部焊接密封,然后将之与其他钢管焊接下放。下放完毕后用木塞等封堵管口,以免异物掉进冻结管,然后进行下一个冻结孔的钻孔和下放管施工。

冻结孔检漏:将成孔管进行冻结管检漏试验,试验压力为 0.8MPa,经试压 30min 压力下降不超过 0.05MPa,再延续 15min 压力不变为合格。

6)冻结过程中的注意事项

(1)液氮输送至冻结管的过程中,管路用不锈钢软管连接,用低温液氮阀门控制,所有暴露的冻结管路用保温泡沫板或棉花保温,如图 3-109 所示。同时,采用容积不小于 20000L 的液氮容器,作为冻结期间液氮的缓冲和储备,以防液氮供应出现中断。

图 3-109 液氮冻结施工

(2)液氮冻结的关键环节为温度控制,液氮储罐出口的温度控制在 −150 ~ −170℃,出口压力控制在 0.1 ~ 0.15MPa 为宜,冻结管出口温度控制在 −50 ~ −70℃,出口压力控制在 0.05 ~ 0.1MPa 为宜,压力调节可使用液氮储罐上的散热板,温度调节使用每组回路中截止阀。

(3)具体施工时的注意事项:

①冻结系统管路首次充入液氮时,要使液氮以气体形式进入冻结系统管路,维持 3 ~ 4h 的预冷时间,以避免各道焊缝因急冷造成脆裂渗漏,如果渗漏严重要及时进行停氮补焊处理,防止施工场地液氮浓度过高,造成人身伤害。

②液氮冻结需要检查各回路温度,调节阀门使各回路温度相近,保证各个液氮孔冻结发展速度均匀,厚度和强度均匀。

③液氮正常冻结后每天对测温孔温度进行监测,判断冻结帷幕发展速度。

④液氮车出口压力控制由液氮车司机控制,液氮出口压力保持在 0.3 ~ 0.5MPa。

⑤为保证液氮供液冻结不间断进行,要及时通知下一液氮车提前到达现场。

⑥一旦液氮冻结开始后,要避免出现液氮中断及停冻现象产生(换车情况除外)。

⑦所有装置(包括连接件、管道和各阀门)不得沾有油脂类可燃性物质。

图 3-110 所示为测温孔温度变化曲线,本段于 7 月 25 日开始冻结,地表温度 38℃。冻结第 1 天测温孔温度达到 15 ~ 25℃,冻结第 2 天测温孔温度达 5 ~ 15℃,冻结第 3 天测温孔温度达 5 ~ −5℃,冻结第 4 天测温孔温度达 −3 ~ −15℃,冻结第 5 天测温孔温度达 −20 ~ −30℃,以后测温孔温度一直保持在 −20 ~ −30℃,极快的温度下降梯度和极低的液氮温度,可提高冻土的发展速度和冻土的强度。

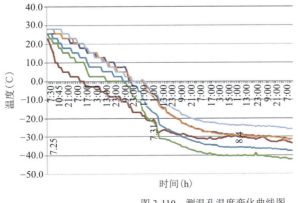

图 3-110 测温孔温度变化曲线图

根据南京地铁张府园盾构出洞和上海漕宝路盾构出洞经验,取冻土的发展速度为8cm/d。冻结孔孔间距为800mm,加上1%的偏斜,最大孔间距为1022.9mm。据此推算冻土交圈时间为:$T=1022.9/2/80=6.39d$,取7d;即冻土达到设计厚度所需时间为7d,冻结完成后的效果如图3-111所示。

图3-111 液氮冻结效果

7)破壁保证措施

液氮冻结6d后可进行探孔打设,探孔布置如图3-112所示。在探孔打设过程中,如发现有渗水、涌砂现象,要及时进行封堵,以防水土流失,影响冻土墙交圈。探孔进入冻土内深度控制在10～15cm。采用高精度的温度计或测温仪进行量测,如探孔温度均达到-5℃,可进行破壁。

破壁时不能一次完成,分两层剥离破除,其中第二层槽壁的厚度不小于200mm,并保留钢筋,以保护冻土墙。第二层破壁时间不宜超过2d,以防冻土墙融化,影响其强度。在部分破壁过程中,如发现有渗水点,要及时进行封堵,以防水土流失,影响冻土墙交圈。图3-113所示为本工程冻结完成,洞门凿除后的效果。

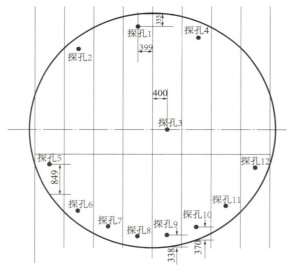

图3-112 探孔布置示意图

图3-113 洞门混凝土凿除后效果

8)拔管措施

在洞门混凝土凿除完成以后,盾构机向前推进至冻土表面20cm处停止,开始进行拔管。利用热盐水在冻结器里循环,使冻结管周围的冻土融化达到50～80mm深时,开始拔管。具体方法如下:

(1)盐水加热。用一只1m³左右的盐水箱储存盐水,用4组15kW的电热丝进行加热盐水。

(2)盐水循环。利用流量为50m³/h以上盐水泵循环盐水,先用40～50℃的盐水循环10min左右,即可进行边循环边试拔。

（3）用两台 10t 的千斤顶进行试拔，拔起 0.5m 左右时，便可停止循环热盐水，用压风将管内盐水排出，然后用 25T 起重机快速拔出冻结管；如拔不动时，要继续循环热盐水解冻，直至拔起冻结管。

热盐水循环系统如图 3-114 所示。

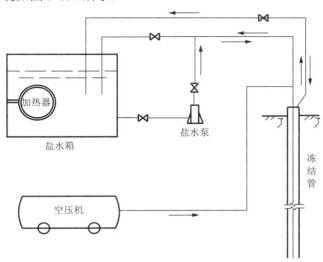

图 3-114 热盐水循环系统图

待所有冻结管全部拔至隧道上部 1m 处，再将所有冻结管进行焊接并二次循环后，盾构机方可继续推进。盾构在穿越冻结区时，不宜停留，在拼装管片及故障时，每隔 10～15min 将刀盘转动 3～5min，以防刀盘被冻死。

9）冻胀与融沉措施

（1）冻胀

土层冻胀主要是地层中孔隙水结冰膨胀引起的，多数土层结冰时均要产生冻胀。冻胀量的大小与土层力学特性，约束条件，冻结速度，土层含水率及水分迁移的多少有关。水变冰的体积膨胀量约为 9%，而土体膨胀量一般约为 3%～4%，依据南京施工经验，在浅土层进行冻结时易产生较大的冻胀量。

冻土产生的冻胀力与冻土的平均冻胀率及周围土性的弹性模量、泊松比有关。由于冻结区域是开放式的，槽壁为 C30 钢筋混凝土；根据大连路盾构出洞、复兴东路盾构出洞及上中路越江隧道盾构出洞冻结加固工程监测结果，现场实测的冻胀力不大于 0.59MPa，不会对槽壁产生较大影响，故本工程中不需要采取缓释冻胀力的措施。

（2）融沉

融沉主要是冻土融化时排水固结引起的，冻土融化时的沉降量与融层厚度、融层土的特性有关。根据施工经验和土工试验，冻土融化后，其高程可能略低于原始地层的高程。解冻后，可在隧道内进行适当的跟踪注浆，减小冻结对周围环境的影响。确保孔内充填密实，在冻结管拔出的同时在孔内灌注黄砂。

3.10.4 应用成效

本工程将液氮冻结加固法在厚庭站—桔园洲站区间泥水平衡盾构始发段中成功应用,有效地解决了因搅拌桩、注浆等方法加固效果不佳导致的土体塌方、涌水、涌砂等险情。本工程的施工表明,液氮冻结交圈速度快,6～8d 即可破除洞门,胶圈后冷冻体强度高,能够确保洞门破除时的安全;相较于传统加固方式,液氮冻结加固法更加高效、廉价,更加适用于富水地层区间的泥水平衡盾构施工。

3.11 盾构盐水冷冻接收

3.11.1 工程概况

福州地铁 2 号线祥坂站—宁化站区间出祥坂站后沿工业路中向东行进至红星美凯龙北面的宁化站,区间隧道两侧主要为福州苏宁广场、工业路高架桥桥墩、宝龙城市广场、红星美凯龙等,区间总长度约 587.617m。区间隧道采用盾构法施工,盾构自祥坂站东端头始发,宁化站西端头接收。洞门圈直径 6.7m,车站起点分界里程为 YDK26+284.632,盾构中心高程 −12.703m(左线)、−12.709m(右线),盾构中心埋深约为 19.5m。

宁化站西端头盾构接收井位于宝龙万象人防工程负三层底板以下,负三层底板距左右线隧道顶部仅 1.8m。宝龙人防负一层和负二层为商场,负三层为地下停车场。宝龙万象人防上方为工业路和宝龙城市广场,如图 3-115 所示。

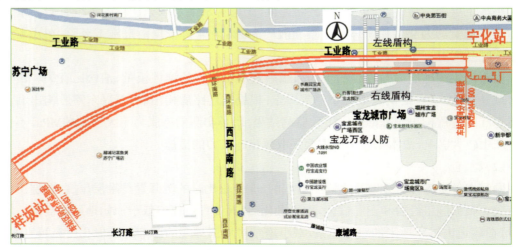

图 3-115 宁化站左右线西端头地面位置示意图

宁化站西端头在宝龙万象人防建造期间已进行搅拌桩加固,但在人防工程和宁化站施工期间,宁化站右线西端头曾出现过突水涌砂。目前,通过对宁化站西端头左右线洞门钻水平探孔进行实探,在钻透地下连续墙之后,所有探孔均有泥砂喷出(图3-116、图3-117),经取样实测,地层中喷出的泥砂中含水率约为50%。

图3-116 右线探孔突水涌砂情况

图3-117 左线探孔突水涌砂情况

根据地质资料,盾构接收地层位于:<2-4-4>淤泥夹砂、<2-4-5>(含泥)中砂层中。区间隧道影响范围内各层土物理力学指标见表3-31。

区间隧道影响范围内各层土物理力学指标　　　　　　表3-31

层号	岩土名称	天然重度 γ (kN/m³)	压缩模量 E_{s1-2} (MPa)	直接快剪		固结快剪		三轴压缩试验(UU/CU)		渗透系数 K (m/d)	承载力特征值 f_{ak} (kPa)
				黏聚力 c (kPa)	内摩擦角 φ (°)	黏聚力 c (kPa)	内摩擦角 φ (°)	黏聚力 c (kPa)	内摩擦角 φ (°)		
<1-2>	杂填土	18.5	—	5.0	15.0	6.0	18.0	—	—	8.64	0
<2-1>	黏土	18.1	4.75	21.0	6.1	28.0	12.0	—/39.0	—/15.4	0.00050	120
<2-4-1>	淤泥	15.8	2.32	9.8	2.9	15.5	8.4	10.5/32.0	0.2/10.6	0.00511	55
<2-4-3>	淤泥中细砂交互层	16.3	3.40	10.0	8.0	12.0	10.0	20.0/25.0	0.8/9.0	4.00	100
<2-4-4>	淤泥夹砂	16.3	2.40	12.3	3.9	16.6	9.3	16.0/28.5	0.5/12.3	1.00	90
<2-4-5>	(含泥)中砂	18.8	—	4.0	18.0	—	—	—	—	12.00	170
<3-3>	(含泥)粗中砂	19.0	—	3.0	22.0	—	—	—	—	30.00	220
<3-8>	卵石	18.0	—	5.0	35.0	—	—	—	—	40.00	450

接收段地下水按埋藏条件包括上层滞水和承压水两种类型。第四系表层的人工填土中地下水主要为上层滞水,其水位和水量季节变化较大,雨季上层滞水水量较丰富,枯季水量变小。承压水按赋存介质可分为松散岩类孔隙承压水和基岩孔隙-裂隙承压水两种;本场地的主要相对隔水层包括<2-1>黏土、<2-4-1>淤泥和<2-4-4>淤泥夹砂,其富水性差,微透水~弱透水;勘探资料表明本场地只存在孔隙承压水,且主要赋存于<2-4-3>淤泥中细砂交互层、<2-4-5>(含泥)中砂、<3-3>(含泥)粗中砂和<3-8>卵石中,这三层地下水存在直接的水力联系,其承压水位高程为1.96~2.06m;其含水性能与砂的形状、大小、颗粒级配及黏粒含量等有密切关系,<2-4-3>淤泥中细砂交互层、<2-4-5>(含泥)中砂、<3-3>(含泥)粗中砂和<3-8>卵石属中等~强透水层。

宁化站西端头井为宝龙负三层人防工程，宝龙人防负三层底板距左右线隧道顶部仅1.8m；其中右线隧道接收端上部为宝龙人防工程的风机室、配电室和值班室，左线隧道接收端上部为宝龙人防工程下楼梯处和人行通道，如图3-118所示。宝龙人防工程上方为工业路和宝龙广场。宁化站西端头右线隧道宝龙人防工程上方有一条改迁后的煤气管线（PE管）和给水管线（铸铁管），埋深为0.8～1.2m。

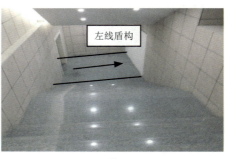

a)　　　　　　　　　　　　　　　　b)

图3-118　左、右线隧道接收端头上方人防工程建筑示意图

3.11.2　施工难点

（1）宁化站西端头盾构接收井地层加固区域上方为城区主要干道，管线较多，如何控制钻孔施工和冻结施工时的地面沉降是难点。

（2）盾构井上方的宝龙万象人防工程负三层底板距左右线隧道顶部仅1.8m，如何在狭小的井出洞口上方顺利施工并控制人防底板沉降是难点。

（3）盾构出洞区域底部为（含泥）中砂承压水层，钻孔施工及盾构出洞过程中如何控制涌砂冒泥是难点。

3.11.3　关键施工技术

1）加固方案

宁化站西端头井已完成三重管高压旋喷桩和三轴搅拌桩加固，根据洞门圈以内地下连续墙探孔情况，有含泥沙的水持续流出，且水带有压力。为确保盾构能顺利接收，必须事先对洞口一定范围土体进行再加固。由于传统混凝土加固效果不够，本工程采用冻结加固法施工。

设计时采用注浆改良地层，水平冻结孔冻结加固地层，形成杯状冻结帷幕进行端头洞门封水。其中，注浆改良地层的目的是防止地下水流速过大，影响冻结壁交圈。地层含水率过高，冻结过程中水分迁移会造成冻胀过大，对宝龙万象人防工程底板造成影响；因此，冻结施工前，须对冻结范围以内的地层进行注浆改良，减小地层渗透系数，降低地层含水率，阻断地下水迁移通道。加固后的地层需具备良好的均匀性和自立性。在地下连续墙凿除完成，洞门内的水平冻结管拔除后,盾构将在钢套筒中完成接收。

(1)基本工艺流程

施工基本工艺流程为:冻结孔和机房安装施工→安装冻结器→开机积极冻结→冻结达到设计条件(钢套筒施工)→分层凿除洞门范围内地下连续墙,剩余30cm→洞门范围内冻结管拔出→凿除剩余地下连续墙→钢套筒内建立水土压力→盾构机通过冻结壁→进入钢套筒内→完成进洞→地层融沉补偿注浆→封孔。

(2)技术要点

为控制冻结孔钻进、地层冻胀和融沉等对端头井及人防工程底板的影响,根据国内外最新研究成果和施工经验,提出以下冻结方案设计技术要点。

①在水平钻孔前,每个钻孔都设孔口管,并安装孔口密封装置,以防钻进时大量泥水涌出。

②在进行水平钻孔期间,利用冻结孔、测温孔和常温盐水循环孔向地层中注水琉璃双液浆或膨润土、水泥、水琉璃和早强减水剂组成的膨润土固化液浆改良地层。

③冻土帷幕的厚度及强度应满足盾构接收的要求,尤其保证盾构接收纵向盾构机外侧冻结帷幕的厚度,同时确保冻结帷幕与地下连续墙完全胶结。做好冻结和破洞门的配合工作,在破洞门的过程中保证冻结的持续进行。

④为减小冻胀对地下连续墙和人防工程底板的影响,采用小开孔距、较低盐水温度、较大盐水流量等措施,以加快冻结速度。

⑤为了减小冻胀对人防工程底板的影响,在冻结期间,在人防底板与冻结壁之间注入循环流动的常温盐水,并加强人防工程底板沉降监测;在人防工程底板沉降达报警值时,及时在人防工程底板与冻结壁之间取土泄压,以控制沉降量。

⑥通过测温孔,监测冻土帷幕的形成过程和形成状况。重点监测冻土帷幕与地下连续墙的胶结情况。

⑦通过对冻结地层温度场监测、人防工程底板沉降的监测、地下连续墙变形的监测,以保证冻结施工的安全、快速进行。

⑧为减小冻融的不利影响,实施按需注浆的方案,以控制人防工程底板的不均匀沉降。

2)冻结帷幕设计

冻结帷幕设计如图3-119和图3-120所示。

冻结施工时,冻结帷幕需满足以下要求:

(1)冻结帷幕内冻土(-10℃)的强度指标需达到单轴抗压强度4.1MPa,抗折强度2.2MPa,抗剪强度1.6MPa。

(2)冻结壁沿盾构接收方向盾壳外侧厚度为1.6m(冻结壁杯壁厚度),纵向长度为3.5m(冻结壁杯壁长度),连续墙处冻结壁厚度为2.5m(冻结壁杯底厚度);冻结壁的平均温度不高于-10℃。

(3)本工程设计盐水积极冻结时间为35d,要求冻结孔单孔流量不小于$5m^3/h$;积极冻结7d后,盐水温度降至-20℃以下;积极冻结15d后,盐水温度降至-25℃以下;冷冻液来路和

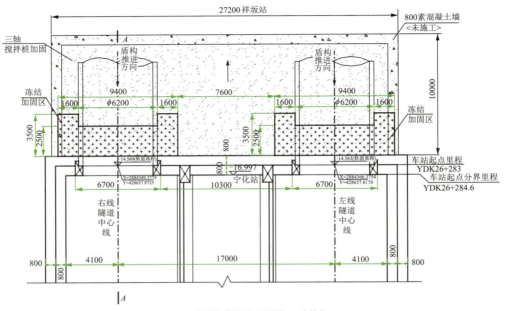

图3-119 冻结帷幕设计平面图（尺寸单位：mm）

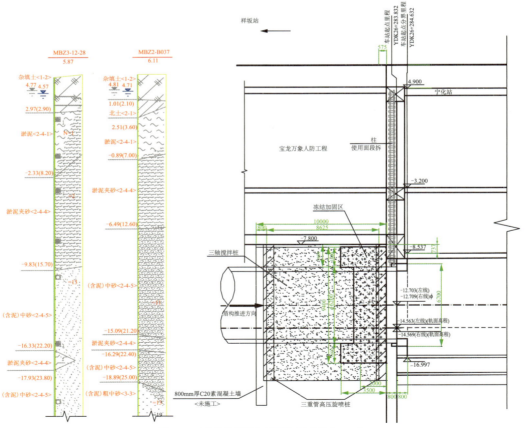

图3-120 冻结帷幕设计剖面图（尺寸单位：mm）

第 3 章 区间盾构法施工关键技术

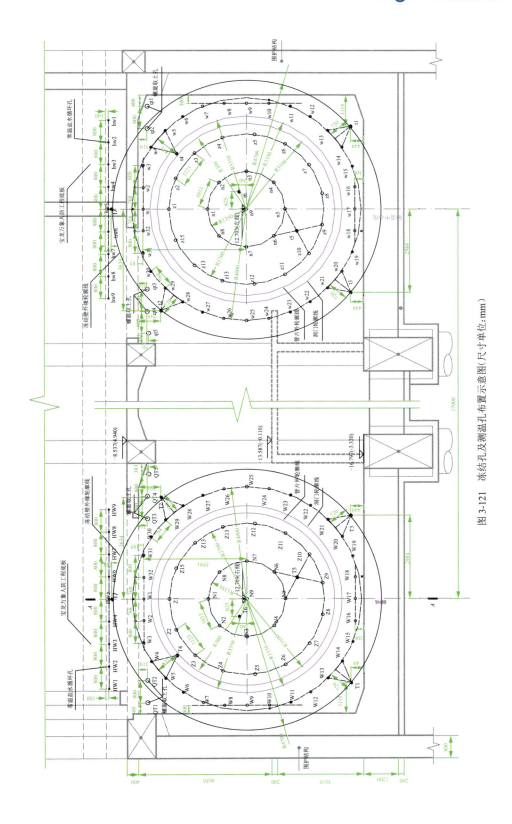

图 3-121 冻结孔及测温孔布置示意图（尺寸单位：mm）

回路中的盐水温差不大于2℃,凿洞门时需确保盐水温度降至-28℃以下。如盐水温度和盐水流量达不到设计要求,应延长积极冻结时间。

(4)每米冻结管的设计散热量不应小于100kcal/h,在冻结帷幕附近的连续墙上敷设保温层,敷设范围至设计冻结壁边界处。保温层采用阻燃(或难燃)的软质塑料泡沫保温材料,厚度50mm。导热系数不大于0.04W/mk;塑料软板与连续墙之间用万能胶粘贴密实。

(5)积极冻结时,在冻结区附近200m范围内不得采取降水措施,在冻结区内土层中不得有集中水流。

3)钻孔布置

(1)冻结孔与测温孔

本工程共设计冻结孔数56个,其中洞圈外侧布置32个,洞圈中部布置15个,洞圈内侧布置9个。具体冻结孔的布置如图3-121～图3-123所示;特征见表3-27～表3-30。

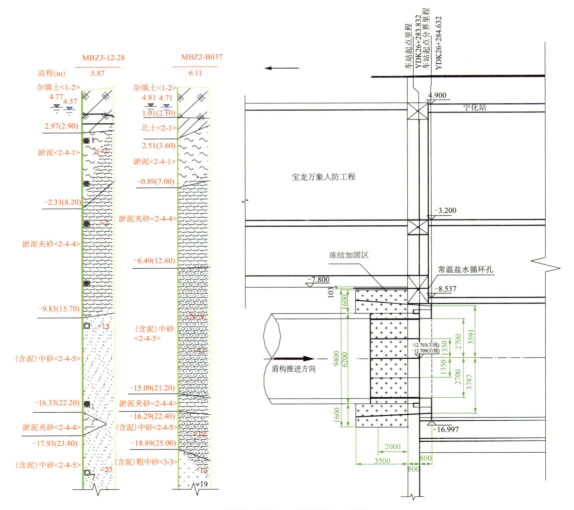

图3-122 冻结孔布置 A-A 剖面图(尺寸单位:mm)

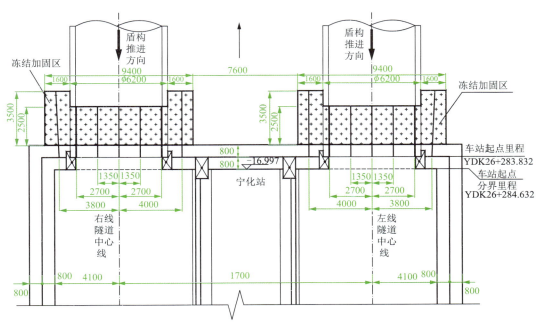

图 3-123　冻结孔布 B-B 剖面图（尺寸单位：mm）

每个洞门还需设置测温孔 7 个，其中有 4 个布置在冻结圈径的外测，深度为 4.7m，其余均布置在冻结圈径之内，深度为 2.m。测温孔的布置如图 3-122 所示；特征见表 3-32～表 3-35。

右线水平冻结孔特征一览表　　　　　　　　　　表 3-32

冻结孔排号	冻结孔编号	数量（个）	水平倾角（°）	垂直倾角（°）	单孔冻结孔深度（m）	冻结总深度（m）	冻结管规格（mm）	备注
W 排	W1	1	0	5	5.1	5.1	$\phi 89 \times 8$	
	W2	1	0	4	5.1	5.1	$\phi 89 \times 8$	
	W3	1	0	1	5.1	5.1	$\phi 89 \times 8$	
	W4～W7	4	0	0	5.1	20.4	$\phi 89 \times 8$	
	W8	1	2	0	5.1	5.1	$\phi 89 \times 8$	
	W9	1	3	0	5.1	5.1	$\phi 89 \times 8$	
	W10	1	2	0	5.1	5.1	$\phi 89 \times 8$	
	W11～W15	5	0	0	5.1	25.5	$\phi 89 \times 8$	
	W16	1	0	-2	5.1	5.1	$\phi 89 \times 8$	
	W17	1	0	-3	5.1	5.1	$\phi 89 \times 8$	
	W18	1	0	-2	5.1	5.1	$\phi 89 \times 8$	
	W19～W30	12	0	0	5.1	61.2	$\phi 89 \times 8$	
	W31	1	0	1	5.1	5.1	$\phi 89 \times 8$	
	W32	1	0	4	5.1	5.1	$\phi 89 \times 8$	
Z 排	Z1～Z15	15	0	0	3.3	49.5	$\phi 89 \times 8$	
N 排	N1～N9	9	0	0	3.3	29.7	$\phi 89 \times 8$	
合计		56				242.4		

左线水平冻结孔特征一览表 表 3-33

冻结孔排号	冻结孔编号	数量（个）	水平倾角（°）	垂直倾角（°）	单孔冻结孔深度（m）	冻结总深度（m）	冻结管规格（mm）	备注
w 排	w1	1	0	5	5.1	5.1	φ89×8	
	w2	1	0	4	5.1	5.1	φ89×8	
	w3	1	0	1	5.1	5.1	φ89×8	
	w4～w7	4	0	0	5.1	20.4	φ89×8	
	w8	1	-2	0	5.1	5.1	φ89×8	
	w9	1	-3	0	5.1	5.1	φ89×8	
	w10	1	-2	0	5.1	5.1	φ89×8	
	w11～w15	5	0	0	5.1	25.5	φ89×8	
	w16	1	0	-2	5.1	5.1	φ89×8	
	w17	1	0	-3	5.1	5.1	φ89×8	
	w18	1	0	-2	5.1	5.1	φ89×8	
	w19～w30	12	0	0	5.1	61.2	φ89×8	
	w31	1	0	1	5.1	5.1	φ89×8	
	w32	1	0	4	5.1	5.1	φ89×8	
z 排	z1～z15	15	0	0	3.3	49.5	φ89×8	
n 排	n1～n9	9	0	0	3.3	29.7	φ89×8	
合计		56				242.4		

右线（左线）测温孔特征一览表 表 3-34

序号	测温孔编号	数量（个）	测温孔深度（m）	水平倾角（°）	垂直倾角（°）	测温管规格（mm）	备注
1	T1（t1）	1	4.7	0	0	φ89×8	20号低碳钢
2	T2（t2）	1	4.7	0	0	φ89×8	20号低碳钢
3	T3（t3）	1	4.7	0	0	φ89×8	20号低碳钢
4	T4（t4）	1	2.5	0	0	φ32×3	20号低碳钢
5	T5（t5）	1	2.5	0	0	φ32×3	20号低碳钢
6	T6（t6）	1	2.5	0	0	φ32×3	20号低碳钢
7	T7（t7）	1	4.7	0	0	φ89×8	20号低碳钢
合计		7	26.3				

右线（左线）其他孔特征一览表 表 3-35

孔编号	数量（个）	孔深度（m）	水平倾角（°）	垂直倾角（°）	管规格（mm）	备注
HW1～HW9（hw1～hw9）	9	5.0	0	0	φ89×8	20号低碳钢，常温盐水循环孔
合计	9	45.0	—	—	—	—

冻结孔施工的具体要求如下：

①冻结孔开孔或预埋位置误差不大于 50mm。

②外圈冻结孔成孔轨迹与设计轨迹之间的最大允许距离不大于 150mm，且不得向内偏斜；内圈冻结孔成孔轨迹与设计轨迹之间的最大允许距离不大于 100mm。

③冻结孔有效深度，即地下连续墙表面以下冻结管循环盐水段长度不小于冻结孔设计深度，不大于设计冻结深度 0.5m；不能循环盐水的管头长度不得大于 300mm。

④冻结管采用的φ89mm×8mm无缝钢管,材质 20 钢(或 Q235B);冻结管耐压不低于 0.8MPa,并且不低于冻结工作面盐水压力的 1.5 倍。

⑤冻结管接头抗压强度不低于母管的 75%。

⑥施工冻结孔时的土体流失量不得大于冻结孔体积,否则应及时进行注浆控制地层沉降。

测温孔同样采用钻孔埋设,其要求与冻结孔相同。

(2)常温盐水循环孔和螺旋取土孔

在每个洞门上方,宝龙万象人防工程底板以下 100mm 处设置一排φ89mm 常温盐水循环孔,每个洞门设 9 个孔,当测温孔 T7 测温低于土层结冰温度时,开启常温盐水循环孔循环常温盐水,控制顶部冻结壁的发展。

同时在每个洞门上方设置φ300mm 螺旋取土孔,深度不少于外圈冻结孔深度,每个洞门设 3 个孔。在宝龙万象人防工程底板设置监测点,检测到底板有鼓起变形较大时,应立即采用取土钻取土泄压,并调节盐水温度及流量,控制冻结,以免冻胀对上部结构造成破坏。

常温盐水循环孔和螺旋取土孔的布置详情见图 3-121,常温盐水循环孔和螺旋取土孔特征见表 3-33、表 3-34。

(3)注浆孔

在进行水平钻孔期间,利用冻结孔、测温孔和常温盐水循环孔的单向阀和孔口管的旁通阀向地层中注水琉璃双液浆或膨润土、水泥、水琉璃和早强减水剂组成的膨润土固化液浆改良地层。浆液配合比根据实际施工过程中,浆液在地层中的固结时间和扩散范围,现场进行配合比调整。

本工程冻结主要设计参数统计于表 3-36。

冻结主要技术参数统计表　　　　表 3-36

序　号	项　　目	单　位	参　数	备　注
1	冻结壁厚度	m	1.6/2.5	杯壁/杯底,杯壁长 3.5m
2	冻结壁平均温度	℃	≤-10	
3	冻结孔数/深度	个/m	32/24(5.1/3.3)	
4	开孔间距	m	0.78~1.12	
5	允许偏斜	mm	≤150	
6	冻结管规格	mm	φ89×8	无缝钢管(20 钢)
7	测温孔数/深度	m	4/3(4.7/2.5)	1 个洞门
8	允许偏斜	mm	≤150	
9	测温管规格	mm	φ89×8	无缝钢管(20 钢),内置φ32×3
10	冻结孔总长度	m	242.4	1 个洞门
11	常温盐水循环孔	个/m	9/5	1 个洞门
12	测温孔总长度	m	26.3	1 个洞门
13	设计最低盐水温度	℃	-28~-30	冻结 7d 盐水降至-20℃以下
14	单孔盐水流量	m³/h	≤5	

续上表

序 号	项 目	单 位	参 数	备 注
15	工况需冷量	kcal×10⁴	2.55	1个洞门
16	最大用电负荷	kVA	300	1个洞门
17	总工期	d	70	1个洞门
18	进场	d	3	
19	打钻	d	20	
20	冻结器安装、管路连接	d	2	含保温
21	积极冻结	d	35	
22	维持冻结	d	7	含凿洞门、拔管和盾构接收
23	封孔、撤场	d	3	
24	冻结总工期	d	37	

4）制冷系统设计

右线隧道盾构接收时间较左线隧道提前20d左右，计划先对右线端头进行冻结施工，在右线端头冻结20d左右开机对左线端头进行冻结施工。为了保证左右线端头冻结施工不相互影响，将采用两套独立的冻结系统，对左右线端头分别进行冻结施工。

冻结需冷量的计算：

$$Q = 1.3\pi dHK \tag{3-14}$$

式中：H——冻结管总长度；

d——冻结管直径；

K——冻结管散热系数。

经计算，单个端头$Q=25500$kcal/h。根据计算选用JYSLGF300型螺杆机组3台分别对两个端头进行冻结施工，其中1台备用。冻结系统辅助设备低温盐水泵选用IS200-150-315型3台，给冻结孔提供盐水，流量303m³/h，电机功率30kW，其中1台备用。常温盐水泵选用IS150-125-250型2台，用于循环常温盐水，流量240m³/h，电机功率15kW，其中1台备用。冷却水循环选用IS150-125-250型清水泵2台，流量240m³/h，电机功率15kW，其中1台备用。冷却塔选用NBL-100型2台。冻结管和常温盐水循环孔选用ϕ89mm×8mm无缝钢管，螺纹连接。测温管长孔采用ϕ89mm×8mm无缝钢管，短孔采用ϕ32mm×3mm无缝钢管，材质均为20钢；供液管选用ϕ45mm×4.5mm无缝钢管，材质20钢；盐水干管和配集液管选用ϕ165mm×5.5mm电焊钢管。

5）冻结施工

（1）冻结站布置与设备安装

冻结站占地面积约160m²，站内设备主要包括冷冻机、盐水箱、盐水泵以及箱式变电站、清水泵和冷却塔。由于地面空间有限，冷冻站放在车站负一层上。设备安装按设备使用说明书的要求进行。

（2）管路连接、保温与测试仪表

管路用法兰连接，通往洞口的管路和配集液图用管架敷设在连续墙内衬上，以免影响其他作业。在盐水管路和冷却水循环管路上要设置伸缩接头、阀门和测温仪、压力表、流量计等测试元件。盐水管路经试漏、清洗后用橡塑材料保温，保温厚度为50mm，保温层的外面用塑料薄膜包扎。集配液管与冻结管的连接用高压胶管，每组冻结管的进出口各装1个阀门，以便控制流量。洞圈四周冻结管每2根串联成一组，其他冻结管每5根或6根串联成一组，分别接入集配液管。

在冻结壁附近敷设保温层，敷设范围至设计冻结壁边界外。保温层采用橡塑保温材料，保温层厚度为50mm，导热系数不大于0.04W/mk，保温层应密贴管片不留空隙。为了减少冷量的损失，所有暴露于空气中的管路，包括软连接、阀门、法兰等都要进行保温处理，保温时先采用50mm厚的聚苯乙烯保温材料保温，然后用薄膜密封。

（3）溶解氯化钙和机组充氟加油

盐水（氯化钙溶液）相对密度为1.26，将系统管道内充满清水，盐水箱充至一半清水，在盐水箱内（加过滤装置）溶解氯化钙，开启盐水泵，边循环边化盐直至盐水浓度达到设计要求。机组充氟和冷冻机加油按照设备使用说明书的要求进行。首先进行制冷系统的检漏和氮气冲洗，在确保系统无渗漏后，再抽真空，加油充氟。

（4）降温过程

盐水降温按预计降温曲线进行，严禁直接把盐水降到低温进行循环。设计积极冻结时间为35d，冻结孔单孔流量5～6m³/h。积极冻结7d后，盐水温度需降至-18℃以下；积极冻结15d后，盐水温度降至-25℃以下；凿洞门时盐水温度需确保降至-28℃以下。预计盐水降温曲线如图3-124所示。

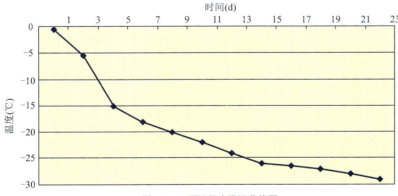

图3-124　预计盐水降温曲线图

积极冻结的同时，当测温孔T7测温低于土层结冰温度时，开启常温盐水循环孔循环常温盐水，控制顶部冻结壁的发展，防止冻胀和低温对宝龙人防工程底板结构造成影响。并且加强对人防工程底板沉降的监测，若其变形达到警戒值，则通过施工螺旋取土孔进行取土作业，防止因冻胀力造成人防工程底板变形过大，导致人防工程底板结构破坏。

在积极冻结过程中，可根据实测温度数据判断冻土帷幕是否形成、冻结壁是否达到设计厚度和强度。根据测得的温度场数据判断冻土帷幕已形成并达到设计厚度和强度后,打探孔,确认冻土帷幕内土层基本无压力后方可凿地下连续墙。

6）开凿洞门和盾构接收

（1）开凿洞门

在开凿洞门之前,首先需确保洞门加固并达到以下条件。

①在积极冻结期间,冻结系统不得超过连续 24h 以上的间断。

②根据测温孔温度进行推算,确保所有冻结孔之间已全部交圈。

③冻结壁厚度、强度和平均温度均符合设计要求。

④在冻结薄弱区打探孔进行温度检测,实际验证冻结壁的厚度和强度已达到设计要求。

⑤在确认冻结壁的厚度和强度达到设计要求后,在洞门内部不同方位打探孔,进一步确认洞门轴线方向有无流动水。若有流动水,则需要对洞门轴线方向注浆封堵动水;若探孔无流动水,且冻土与地下连续墙界面温度在 -5℃以下,方可进行洞门开凿施工。

⑥在洞门开凿前,应在洞圈上安装好密封装置,盾构机应到达冻结壁边缘,但盾构头部距冻土墙不小于 3m,以防影响拔管。

只要有一个探孔的实际冻结效果不能满足开凿洞门条件,都不可贸然开凿。只有找出不能满足开凿条件的原因,确认对开凿无影响时,方可进行洞门开凿。

在冻结壁的厚度和强度达到设计要求,且钢套筒安装完毕并经检测其密封性达到相关要求后,方可开凿洞门。洞门开凿的过程中,预留的连续墙厚度不小于 300mm,且保留外排钢筋。

在洞门凿除的过程中需做好保温工作:当凿除上面洞门时,下部仍要做好保温;当凿除下部洞门时,上部也要做好保温。

为了尽量减少盐水漏失和低温盐水漏失对人造成冻伤,在凿除某一区域洞门时,应提前关闭该区域冻结孔盐水循环一小段时间,待移至另一区域时再打开该区域冻结孔盐水的循环。施工过程中,应尽量避免打破冻结管;一旦打破冻结管,应及时焊接堵漏。

（2）强制解冻和拔管施工

洞门凿至连续墙最后一道钢筋时,对洞门范围内的冻结管进行强制解冻和拔管施工。为了保证盾构安全顺利接收,应尽可能缩短冻结管拔除时间。强制解冻过程是利用流量为 $10m^3/h$ 的盐水泵循环热盐水,每 5~6 个冻结孔为一组,先用 30~40℃的热盐水循环 5min 左右,然后用 50~70℃的盐水循环达 30min 左右,当回路盐水温度上升到 25~30℃时,即可进行边循环边试拔。拔管时,首先用两个 5t 千斤顶试松动强制解冻后的每根冻结管,当每根冻结管拔起 0.5m 左右时,便可停止循环热盐水;冻结管松动后用卷扬机起拔冻结管;如拔不动时,要继续循环热盐水解冻,直至拔出冻结管。

拔管顺序为先拔除洞门范围内的内圈冻结管,然后再间隔拔除中圈冻结管。拔除冻结管时,需间隔交替拔出,未拔除的冻结管继续处在积极冻结状态,拔除后出现的孔洞应用湿黏土充填密实。

（3）盾构接收

盾构机范围内的水平冻结管全部拔出后,凿除剩余的连续墙。割除连续墙最后一道钢筋时,注意观察钢筋后面冻结壁变形情况。确认在割除钢筋后,冻结壁没有出现较大的变形,才能继续施工。从第一根水平冻结管拔除到盾构接收,总时间应控制在 4d 以内。

在盾构接收通过冻土区过程中,盾构端部刀盘应保持转动状态。既是必须停止时,也应每间隔 15min 左右转动刀盘一次,以防止刀盘被冻住。盾构机推进进入接收工作井过程中,应及时做好盾构机与洞门、管片与洞门之间的固定及封水装置。

7)封堵冻结孔和融沉注浆施工

(1)封堵冻结孔施工

盾构顺利接收后,停止所有冻结孔的冻结,回收供液管,放出盐水。割去露出二次衬砌结构的孔口管和冻结管,剩余的孔口管或冻结管深度要求进入内衬层不得小于 60mm。割除孔口管或冻结管后留下的孔口立即用速凝堵漏剂封堵,并预埋注浆管进行注浆堵漏。

(2)融沉注浆施工

冻结孔封孔完成后,根据冻结区域冻土融化情况进行融沉注浆,控制地面沉降。融沉注浆是将盾构隧道管片上的预留注浆孔和设计预埋注浆孔作为地层融沉注浆孔。注浆顺序为:隧道底板→隧道两侧→隧道顶板。

融沉补偿注浆材料以水泥和水玻璃双液浆为主,单液水泥浆为辅。水泥与水玻璃的溶液体积比为 1∶1,水泥浆水灰比为 1∶1;水玻璃溶液采用 B35～B40 水玻璃加 1～2 倍体积的水稀释。注浆时注浆压力不大于 0.5MPa,注浆范围为整个冻结区。

当隧道沉降大于 0.5mm/d,或累计隧道沉降大于 1.0mm 时,应进行融沉补偿注浆;当隧道隆起达到 2.0mm 时应暂停融沉补偿注浆。后续的,当冻结壁已全部融化,且未注浆的情况下实测地层沉降持续半个月每天不大于 0.1mm,即可停止融沉补偿注浆。

8)冻结系统的监测

(1)监测目的

冻结系统的监测目的是通过现场监测及时提供冻结过程中的各种数据和资料,掌握冻结情况和冻结系统运行情况,检验设计和施工的正确性。并且监测是判断冻结壁是否达到要求的唯一依据,同时也可根据监测情况及时调整施工参数,提高冻结效率。因此,为了对整个冻结过程进行有效控制,需要对整个冻结系统进行监测。

(2)监测内容

冻结系统的检测内容包括:冻结孔施工监测、冻结制冷系统运转指标监测、冻结器工作状况监测、冻结壁温度场监测、地面沉降监测。

(3)监测方案设计

①冻结孔施工监测

冻结孔施工监测是为了监测冻结孔深度、偏斜和冻结器试压试漏情况,确保冻结孔深度、偏斜率、最大孔间距、冻结器试压试漏结果符合设计要求。检测时需要对每个冻结孔钻孔深度、偏斜、相邻两冻结孔孔间距进行监测,对每个冻结器试压试漏。

冻结孔偏斜监测分为指导钻进偏斜监测和成孔偏斜监测,指导钻进偏斜监测每 3m 测斜一次,成孔偏斜每孔必测。相邻两孔施工完后,根据测斜成果绘出偏斜图,再找出最大孔间距。对于以上监测内容发现超过规定值者应纠偏。冻结管耐压试验压力为 0.8MPa,试压时间 30min,按规范要求试压。

②冻结制冷系统运转指标监测

冻结制冷系统监测是为了监测氟系统、盐水系统、清水系统的温度、压力、电流等运转参数,分析冻结制冷系统运转情况,确保其安全、高效运行。

监测时需要在管路适当位置安装测温元件、压力计等,对盐水、蒸发、冷凝、盐水去回路、清水去回路等的温度和压力进行监测,并对设备的运转电流、吸排气温度与压力、油压、油温及盐水水位等进行监测。绘制盐水降温曲线。

③冻结器工作状况监测

冻结器工作状况监测是为了确保冻结器工作正常。监测时,在每个冻结器回路头部处布置 1 个测温点,自开机至停机每天巡回检测一次,获取正常的温度差。

④冻结壁温度场监测

冻结壁温度场监测的硬件由计算机、调制解调器、光电隔离器、数据采集器、温度传感器(热电偶)、打印机等集成,如图 3-125 所示。每台上位计算机可控制 15 台数据采集器,每台数据采集器可带 6 个通道扩展模块,每一通道扩展模块可接 36 个测点,整个系统最多可接 3240 个测点。

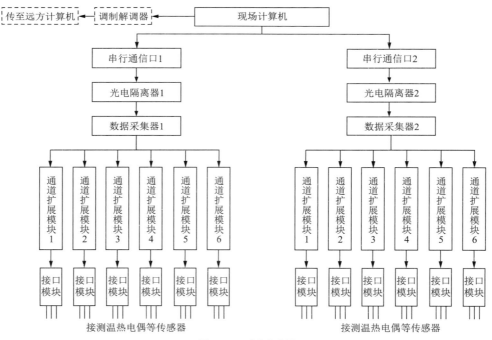

图 3-125 系统集成图

监测时在冻结帷幕内外共布置 7 个测温孔,每孔内隔 1～3m 布置 1 个测温点,且每个测温孔内的测点布置数量均不少于 5 个,经标定校核后,接入数据采集器,最后集中接入计算机管理系统。测温孔内布置一串铜—康铜热电偶串进行测温,掌握温度场在竖向和径向上的变化规律。

冻结站开机后,每24h检测一次,直至停机。通过冻结壁温度监测可判断冻土扩展速度;冻结壁交圈及其均匀与否,预测冻结壁的厚度和平均温度。

⑤沉降监测

为了防止冻胀和融沉对结构体的破坏,在冻结区域方圆30m范围内布设监测点。通过对监测数据和相关资料的分析,为端头水平冻结施工提供有效数据来预防冻结施工对宝龙人防负三层底板造成的破坏。

根据《福州地铁2号线工程祥坂站—宁化站区间宁化站西端头加固设计图》中沉降布置图和现场实际情况,针对冻结施工过程中的冻胀和融沉可能对周边结构体造成的影响,加强对宝龙万象人防负三层底板进行监测。监测点布置如图3-126、图3-127所示。

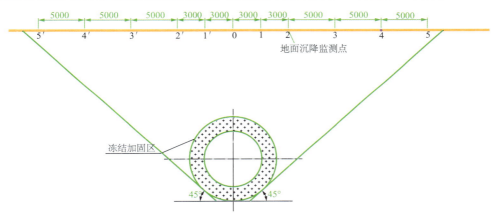

图3-126　监测点布设横断面图(尺寸单位:mm)

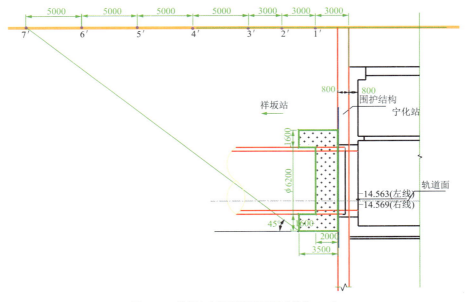

图3-127　监测点布设纵断面图(尺寸单位:mm)

宝龙万象人防工程上方有一条改迁后的煤气管线（PE管）和给水管线（铸铁管），埋深在0.8～1.2m。管线监测点按冻结施工影响范围30m进行监测，监测点埋设间距为10～15m，管线监测点埋设位置如图3-128所示。

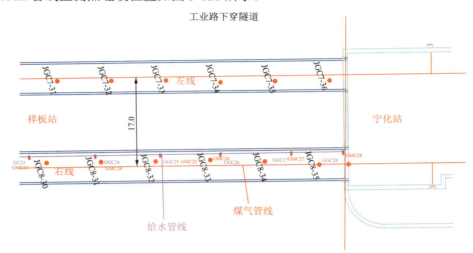

图3-128　地面煤气管线、给水管线监测布置图（尺寸单位：m）

沉降的监测工作在冻结孔施工前，建立监测原始基准数据，冻结孔施工时，开始第一天监测，直至冻结帷幕融化后。监测点采用测钉布设在宝龙万象人防工程负三层底板上。地表沉降观测采用几何水准测量方法，使用水准仪进行观测，记录外业观测数据文件。人防工程底板高程基准点采用相对高程基准。

现场监测项目和频率统计见表3-37。

现场监控量测项目及频率统计表　　　表3-37

序号	量测项目	方法及工具	量测频率				累计报警值（mm）	日变量报警值（mm）
			1～35d	36～45d	45～76d	76～166d		
			冻结期间	进出洞期间	解冻期间	解冻结束—稳定期间		
1	地表沉降	水准仪、水准尺、钢尺	1次/3d	1次/d	1次/3d	1次/5d	+10,−30	±3
2	管线沉降	水准仪、水准尺、钢尺	1次/3d	1次/d	1次/3d	1次/5d	±10	±3
3	周边建筑沉降	水准仪、水准尺、钢尺					±10	±3

（4）监测预警

监测预警是建筑地下工程实施监测的目的之一，是预防地下工程事故发生、确保基坑、隧道及周边环境安全的重要措施。监测控制值是监测工作的实施前提，是监测期间对施工安全、异常和危险三种状态进行判断的重要依据，因此地下工程监测必须确定监测控制值。监测控制值应满足基坑设计、地下主体结构设计以及周边环境中被保护对象的控制要求。本工程中宝龙万象人防负三层底板沉降设计控制值为20mm，变形裂缝控制值为0.3mm。

①现场巡视预警

当出现下列情况之一时,必须立即进行危险报警,并对冷冻施工和宝龙万象人防工程采取应急措施。

a. 宝龙万象人防工程底板出现较严重的突发裂缝或危害结构的变形裂缝;

b. 周边管线变形突然明显增长或出现裂缝、泄漏等;

c. 根据当地工程经验判断,出现其他必须进行危险报警的情况。

②仪器监测预警

根据相关的规范及工程经验将仪器监测预警状态分为:黄色预警、橙色预警、红色预警,详见表 3-38、表 3-39。

监测预警分类表 表 3-38

预警级别	预警状态描述
黄色预警	变形监测的绝对值和速率值双控指标均达到控制值的 70%;或双控指标之一达到控制值的 85%
橙色预警	变形监测的绝对值和速率值双控指标均达到控制值的 85%;或双控指标之一达到控制值
红色预警	变形监测的绝对值和速率值双控指标均达到控制值,或者"双控"实测值之一超过控制指标过大时

宝龙人防负三层底板各状态预警值 表 3-39

预警级别	双控绝对值和速率	单控绝对值	单控速率	监测频率	措施
黄色预警	≥14mm,≥2.1mm/d	≥17mm	≥2.55mm/d	2 次/d	通过取土和泄压
橙色预警	≥17mm,≥2.55mm/d	20mm	3mm/d	4 次/d	常温盐水循环孔开始循环热盐水、增大取土量和泄压时间
红色预警	20mm,3mm/d	≥20mm	≥3mm/d	1 次/h	常温盐水循环孔开始循环热盐水、增大取土量和泄压时间,停止上部冻结孔冻结施工

3.11.4 应用成效

本工程在宁化站西端头盾构接收井采用盐水冷冻法加固地层,解决了由于传统混凝土加固效果不够,接收井周围涌砂冒泥的施工难点,实现了该区间盾构的顺利接收。相较于传统加固方式,盐水冻结加固法成本低,效果好,受施工环境限制小,适用于富水地层区间的泥水平衡盾构施工。

3.12 盾构钢套筒接收

3.12.1 工程概况

福州地铁 2 号线紫阳站—五里亭站区间左线盾构及水部站—紫阳站区间盾构均使用钢

套筒接收。图3-129表明,五里亭站接收端头加固范围内地层为杂填土<1-2>、淤泥<2-4-1>、淤泥夹砂<2-4-4>、淤泥质粉细砂<2-4-5>。隧道洞身范围内地层为淤泥质粉细砂<2-4-5>。水部站接收端头加固范围内地层为杂填土<1-2>、淤泥<2-4-1>、淤泥夹砂<2-4-4>、淤泥质粉细砂<2-4-5>、粉质黏土<3-1-1>,隧道洞身范围内地层为淤泥质粉细砂<2-4-5>。

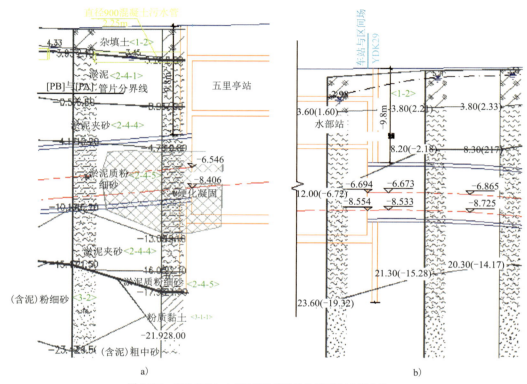

图3-129 五里亭站与水部站接收端头地质剖面图(高程单位:m)

紫阳站—五里亭站区间及水部站—紫阳站区间的地下水类型包括上层滞水和承压水两种类型。第四系表层的人工填土中地下水主要为上层滞水。承压水分为松散岩类孔隙承压水和基岩孔隙—裂隙承压水两种。其中,松散岩类孔隙承压水对工程建设的影响较大,特别是对盾构和盾构井施工有较大影响。

接收端头均为三轴搅拌桩加高压旋喷桩加固,图3-130和图3-131所示为五里亭站和水部站接收端的加固示意图。五里亭站左线和水部站接收端加固区域长度均为4m,隧道上、下、左、右线外边界各3m为强加固区(加固二区),隧道上方3m以外为弱加固区(加固一区)。由于水部站右线端头受围挡影响,无法进行三轴搅拌桩施工,准备改用高压旋喷桩进行加固。

3.12.2 施工难点

在进行城市轨道交通、管廊、公路等隧道施工时,不可避免地会遇到地下水丰富、地层加固困难或改良质量难以保障的情况,对于这些特殊区段,国内地铁施工普遍采用钢套筒的辅助措施进行盾构到达施工。然而,对于福州地铁,钢套筒接收技术还未曾使用过,因此,如何正确实施钢套筒施工关键技术,并在福州地铁2号线成功运用,做到经济合理同时又保障隧道结构和施工安全是个难点。

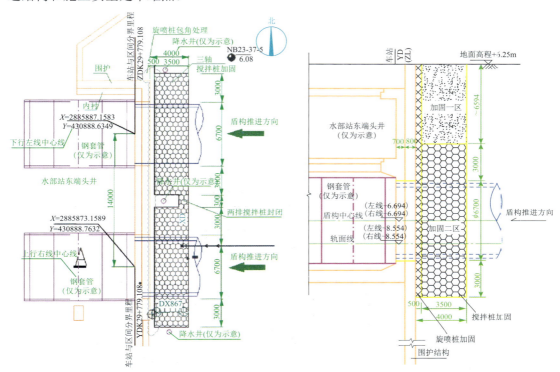

图3-130　五里亭站接收端头加固平面图(尺寸单位:mm)　　图3-131　水部站接收端头加固剖面图(尺寸单位:mm)

3.12.3　关键施工工艺

1)工艺原理及优点

(1)工艺原理

盾构钢套筒接收法是利用钢套筒和盾构壳体形成的密闭空间,通过塑性材料的回填,使盾构在到达的全过程实现有效的土压平衡或泥水平衡,从而保证地层的稳定,降低管涌突涌风险,保护地面建筑、地下管网的安全。接收时,由钢套筒、前端盖、洞门钢环、盾壳及盾尾刷、管片形成密闭空间;钢套筒底部构件组成盾构接收台架。

(2)工艺优点

①保障了管片受力的均匀性,减少到达减压造成的隧道洞门口管片错台、松弛、破损的概率。②第二,大大减少了到达区地层加固的数量,回填料采用隧道掘进废料、始发和掘进通用可周转的设备。③将地表大量作业转入地下,减少管线迁改、建筑物拆迁等、对城市地

面、路面的占用少、交通影响极小,能满足城市地下施工的高环保要求。④施工时可以利用套筒上的监控量测仪器数据指导盾构司机设定掘进参数,将数据处理和信息反馈技术应用于施工,克服了人工计算造成的失误。

2)钢套筒设计

(1)筒体

在福州地铁2号线紫阳站—五里亭站区间及水部站—紫阳站区间的钢套筒接收施工中,所用钢套筒的筒体部分长10500mm,直径(内径)6700mm,分四段,每段又分为上、下两块如图3-132所示。筒体材料用厚16mm的Q235A钢板,每段筒体的外周焊接纵、环向筋板形成网状以保证筒体刚度,筋板厚20mm,高150mm,间隔约550mm×600mm;每段筒体的端头和上、下两段圆弧接合面均焊接连接法兰,法兰用24mm厚的Q235A钢制成;上、下两段连接处以及两段筒体之间均采用M30×90螺栓(8.8级)连接,中间加3mm厚橡胶垫,以保证密封效果。

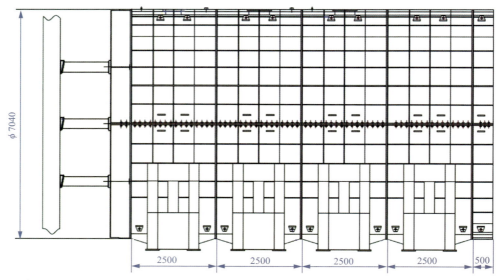

图3-132 接收钢套筒筒体(尺寸单位:mm)

筒体底部框架分四块制作,承力板、筋板、底板均采用厚20mm的Q235A钢板,如图3-133所示。

托架与下部筒体焊接连成一体,焊接时托架板先与筒体焊接,再焊接横向筋板,焊接底板和工字钢。托架组装完后,工字钢底边与车站底板预埋件焊接,托架须用型钢与车站侧墙顶紧,钢套筒上部采用槽钢与中板梁顶紧。

(2)后端盖

后端盖为平面盖,材料为厚30mm的Q235A钢板,平面环板加焊4道厚30mm、高500mm的钢板筋板,以井字形焊接在后端盖上。后盖边缘法兰与钢套筒端头法兰采用螺栓连接,后端盖结构如图3-134所示。

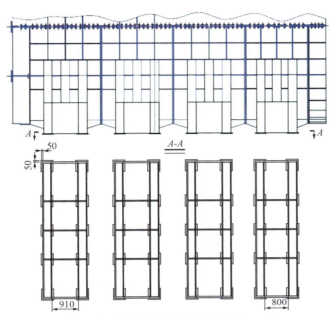

图 3-133 接收钢套筒底部框架(尺寸单位:mm)

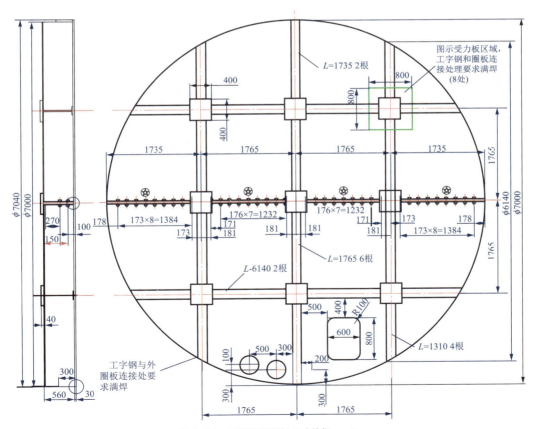

图 3-134 钢套筒后端盖(尺寸单位:mm)

(3)反力架

钢套筒反力架紧靠在端头井负一层环框梁和底横梁上。反力架用 I20 工字钢作斜撑,下部顶紧车站底板,上部顶在中板上。反力架定好位置后,先用 400t 千斤顶顶住平面盖和反力架,消除洞门到后盖板的安装间隙后,反力架上下均布 4 道 I20 工字钢与后端盖平面板顶紧,承力工字钢管两端用楔形块垫实并焊接。

(4)筒体与洞门的连接

在原洞门环板预埋板的基础上,钢套筒与洞门环板之间设一过渡连接板(厚度为 20mm),过渡连板的长度可以根据盾构接收井的长度进行调整,洞门环板与过渡连接板采用焊接,钢套筒的法兰端与过渡连接板采用螺栓连接(图 3-135)。

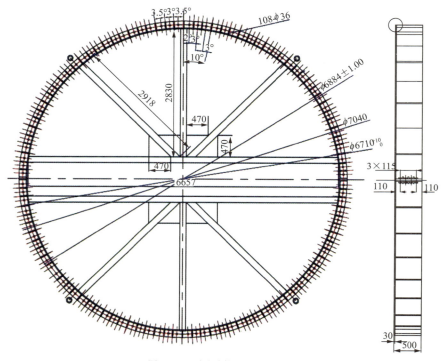

图 3-135 过渡连接板(尺寸单位:mm)

在过渡连板 2、4、8、10 点(钟表点位)位置有 4 个观测孔(带球阀),用来检查洞门密封质量。

(5)进料口

为了满足五里亭站和水部站两个站的盾构接收需求,钢套筒上预留两个进料口。两个进料口均位于第二块过渡连接板上,第一个进料口位于靠近第二块、第三块过渡连接板连接部位的正上方,第二个进料口在靠近留在第二块、第三块过渡连接板连接部位 12 点(钟表点位)顺时针旋转 34°位置(面向洞门)。

(6)泄料闸及排浆孔

在后端盖平面板设置 1 个泄料闸门,1 个带球阀注排浆管。盾构接收完成后最后残留的回填料需要从泄料闸运出。

(7) 压力表

在后端盖平面板设置 1 个压力表,钢套筒正式投入施工使用前必须对钢套筒进行检查。检查内容如下:

①钢套筒圆度

使用前对整体钢套筒的圆度进行检查,必要时由制造厂家进行检查,确保其圆度,避免盾构机进入钢套筒时与钢套筒间距不均,导致盾体与钢套筒碰撞使钢套筒发生位移变形等意外。

②钢套筒的密封性

钢套筒分多块组成,各组成块之间均须加垫橡胶垫,因此,必须对橡胶垫进行严格检查,防止损坏或有漏洞,避免出现漏浆泄压。另外,钢套筒各部件之间连接均采用螺栓连接,对螺栓连接面也应进行检查,对连接面出现变形或破坏的部位进行修复,避免出现漏洞。连接螺栓是保证各部分连接紧密的重要构件,使用前应确保连接螺栓质量和数量,保证各部分连接的强度。

钢套筒组装完成后,在筒体内加气检查其密封性。检查时时保持气压为 0.2MPa,若在 12h 内,气压保持在 0.18MPa 以上,则可认为套筒满足钢套筒接收要求;如果气压小于 0.18MPa,应找出泄气原因,检查并修复,保证其密封质量,然后再次进行试压,直至满足试压要求。

③钢套筒焊缝

钢套筒由钢板焊接而成,使用前必须全面检查钢套筒各个部位的焊缝,对有损伤的焊缝进行补焊,确保焊缝质量,保证整个钢套筒的整体性。

为了了解洞门里面土体稳定及渗漏情况,在洞门范围内钻 12 个水平孔,具体布置如图 3-136 所示,孔径 50mm,钻孔深度为 1.8~2.4m。如发现大量透水,则通过观测孔注入双液浆进行处理。

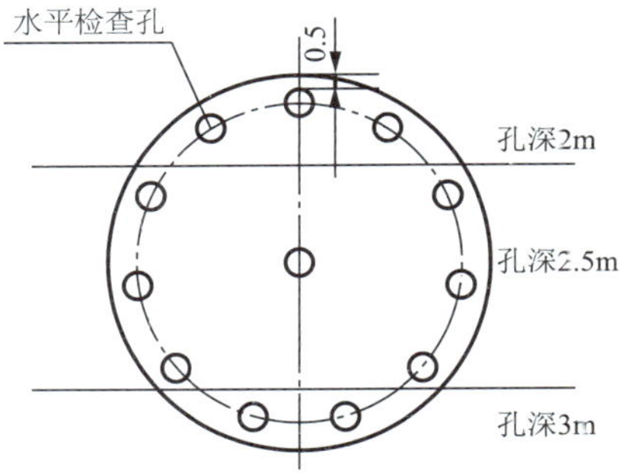

图 3-136 水平检查孔布置图(尺寸单位:m)

3) 钢套筒安装

(1) 凿除混凝土

五里亭站和水部站两个站的盾构接收共有 4 个接收洞门,只有紫阳站—五里亭站区间右线洞门需要破除钢筋和混凝土,其余 3 个洞门均为玻璃纤维筋,只需破除表层混凝土及预埋钢板。洞门围护结构的形式为地下连续墙,洞门采用人工风镐的方法凿除。

(2) 钢套筒定位

钢套筒定位时,要求钢套筒架中心线与线路中心线重合,误差不大于 1cm。在开始安装钢套筒之前,首先在基坑里确定线路中心线;水部站右线和五里亭站左线钢套筒安装时,在地面组装好钢套筒的下半部分,直接下放到端头井内,使钢套筒的中心线与事先确定好的线路中心线重合。钢套筒安装完成后,经过测量组对中心线复测,确认无误后,将洞门环板与过渡连接板进行焊接。

钢套筒安装完成后,对筒体位置进行复测,检查与盾构机到达的中心线是否重合。

(3)连接步骤

①在开始安装钢套筒之前,首先在基坑里确定井口盾体中心线,也就是钢套筒的安装位置,使从地面上吊运下来的钢套筒力求一次性放到位。

②在地面组装好钢套筒的传力架(1),并把过渡连接板与传力架(1)连接后整体下放到端头井内,使钢套筒的中心与事先确定好的线路中心线重合,向前移动过渡连接板与传力架(1)并与洞门钢环焊接。

③在地面组装好钢套筒的传力架(2),下放到端头井内,使钢套筒的中心与事先确定好的线路中心线重合,向后移动传力架(2)并与传力架(1)连接。

④在地面组装好钢套筒的传力架(3),下放到端头井内,使钢套筒的中心与事先确定好的线路中心线重合,向前移动传力架(3)并与传力架(2)连接。

⑤在地面组装好钢套筒的传力架(4),下放到端头井内,使钢套筒的中心与事先确定好的线路中心线重合,向前移动传力架(4)并与传力架(3)连接。

以上每两段传力架之间加橡胶垫密封后,再拧紧连接螺栓;连接部位密封均采用8mm厚的橡胶垫密封,如图3-137所示。

后盖板与筒体之间也采用8mm厚的橡胶垫密封,再用M30螺栓(8.8级)固定在钢套筒后法兰上。

(4)钢套筒平移

五里亭站左线和水部站右线接收时,将已经连接好的钢套筒向洞门位置平移。利用2个60t液压千斤顶一端顶在基坑底板横梁上,另一端顶在后端盖板的平面位置,将已经连接好的钢套筒沿隧道中心线向洞门方向平移,直至过渡连接板与洞门环板相接。

水部站左线接收时,在地面组装好钢套筒的下半部分,下放到水部站右线的接收井内,然后向水部站左线接收井方向平移。利用2个60t液压千斤顶一端顶在基坑侧墙上,另一端顶在底部框架上,平移至水部站左线接收井。到达后再沿线路方向向洞门位置平移。

(5)支撑安装

钢套筒与洞门环板焊接完成并通过检查后,即进行安装筒体上部支撑。如图3-138所示,钢套筒每边共设置4道横向支撑,顶在中板梁上。

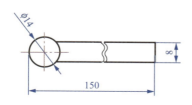

图3-137 筒体连接面密封详图(尺寸单位:mm)

图3-138 钢套筒上部支撑安装位置示意图

钢套筒反力架紧靠在端头井负一层环框梁和底横梁上。反力架用I20工字钢作斜撑,底部与车站底板顶紧。反力架定好位置后,先用400t千斤顶顶平面盖和反力架,消除洞门到后盖板的安装间隙后,反力架上下均布9道300mm×300mm支撑柱与后端盖平面板顶紧,如图3-139所示;支撑柱与反力架之间用支撑楔块垫实并焊接,如图3-140所示;支撑斜撑与底板预埋件焊接要牢固,焊缝位置要检查,确保无夹渣、虚焊等隐患。在此过程中注意检查反力架各支撑是否松动,各段法兰连接螺栓是否松动。

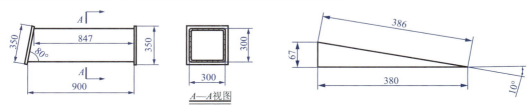

图3-139 支撑柱结构示意图(尺寸单位:mm)　　　　图3-140 支撑柱楔块示意图(尺寸单位:mm)

支撑安装完成后,对托架左右、反力架的支撑进行牢固性的检查。

(6)钢套筒与主体结构的连接及固定

反力架加固完成后,施加预应力,使钢套筒各个部分被挤密,再将钢套筒底部框架与底板上预埋钢板焊接。水部站车站底板上预埋钢板,钢套筒如图3-141所示。

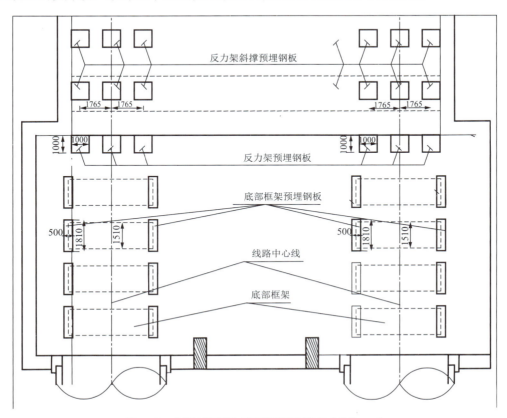

图3-141 水部站钢套筒与底板连接示意图(尺寸单位:mm)

（7）砂浆基座

在钢套筒底部 60°范围内填充 15cm 后的 M20 砂浆基座，如图 3-142 所示。

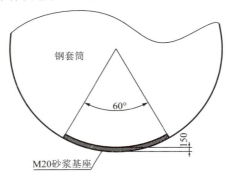

图 3-142　钢套筒底部砂浆基座（尺寸单位：mm）

（8）填料

钢套筒检查完毕后，向钢套筒内填料，主要是填盾构掘进出来的土，必要时对土体进行改良，增强土体的流动性。

水部站右线与五里亭站左线接收时，采用第二块正上方的进料口进料，水部站左线接收时，采用在靠近留在第二块、第三块连接部位 12 点（钟表点位）顺时针旋转 34°位置（面向洞门）的进料口填料。

为了将填料输送至钢套筒内，需要从地面引一条输送管道至钢套筒上，采用一条直径 609mm 的管路连接，地面设置一个漏斗，将填料直接从漏斗输送至钢套筒内。填料过程中如果出现填料输送不够顺畅时，可以采用冲水方式，将填料冲下去。

（9）接收段施工

通常将盾构机接收前 100 环作为接收段掘进施工段，该段的施工重点在于沉降控制和套筒接收工艺施工。

接收段施工包括以下内容：

①在盾构机出洞前 100 环时，对控制点各进行一次复核测量，确保控制点精确无误，同时对出洞端洞门中线进行测量复核，确定洞门中心精确位置。根据测量结果，调整盾构机自动测量系统，在最后 50 环推进过程中，对隧道轴线进行多次复核，确保轴线准确，保证盾构机安全进入洞门圈。

②盾构机在推进最后 50 环过程中，根据定向测量和连续测量成果，有计划地进行纠偏工作，推进纠偏严格按照小量多次的原则进行，使盾构姿态控制在水平方向 ±15mm 以内，垂直方向在 +20 ～ +30mm，以保证隧道的顺直度。

③在盾构机推进最后 50 环的过程中，超量压注盾尾油脂，避免盾尾渗漏，压注量控制在 60 ～ 80kg/ 环。

④盾构出洞段的推进施工。

其中，盾构出洞段的推进施工分两个阶段，第一阶段为接收加固区掘进，第二阶段为进钢套筒掘进。阶段划分区域如图 3-143 所示。

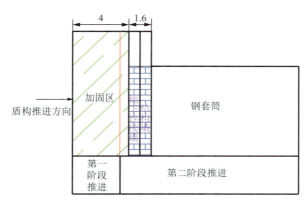

图 3-143　盾构机出洞阶段划分区示意图(尺寸单位:m)

第一阶段施工中,当刀盘中心刀进入接收加固区后,推进过程需严格控制推进速度和总推力,避免进刀量过大导致刀盘被卡,本工程的施工表明推进速度控制在 1～2cm/min 为宜。在刀盘转动过程中土舱内及刀盘前加注膨润土和泡沫进行润滑和改良土体。刀盘中心刀距离车站内衬墙内皮 1.6m 时,盾构停机检查,在刚拖出盾尾的两环管片注入聚氨酯,切断前后的水力联系,同时要求盾构机处于最佳状态,准备进入第二阶段的推进。

在第一阶段的推进过程中需要注意的事项:一是需要严格控制盾构姿态,特别是盾构切口的姿态,控制目标为水平 ±15mm,垂直 10～20mm 之间;二是需要控制盾尾间隙,保证盾尾间隙的均匀;三是需要严格控制切口的土压力,适当将压力降低,上部土压控制在 0.5bar 为宜;四是在推进过程中需加强盾尾油脂的压注,防止盾尾漏浆。

当盾构刀盘推出地下连续墙后,盾构开始进行第二阶段推进。当盾尾脱离洞门钢环时,停止同步注浆,及时在后 5 环管片壁后进行二次注浆;同时选择在倒数第二、三环两环管片注入聚氨酯,封闭地下水。

在第二阶段的推进过程中,需要注意的事项:一是推进速度须小于 10mm/min,总推力须小于 10000kN,在钢套筒内以管片拼装模式掘进,一旦发现变形量超量或有渗漏时,必须立即停止掘进,及时采取补救措施;二是推进过程中要时刻关注钢套筒顶部安装的压力表读数,避免推进压力过大,钢套筒密封处一旦出现渗漏状况要立即打开钢套筒后板盖上的排浆口进行卸压;三是必须以实际测量的钢套筒安装中心线为准控制盾构姿态,要求中心线偏差控制在 ±2cm 之内;四是盾构机筒体推到位置并完成洞门密封后,在刀盘不转情况下,出空舱内回填物;五是只有在洞门双液浆凝固后,情况稳定安全的情况下,才能开始拆除钢套筒;六是在端头连续墙、地面及周围建筑物布置沉降观测点,围护结构及钢套筒、洞门周围布置形变监测点,接收施工过程中要加大测量频率,每天最少测量 2 次。

盾构接收推进过程中,洞门密封是至关重要的一个环节,是接收成功与否的关键因素,为了保证洞门密封的质量,采取以下措施对洞门进行封堵。

a. 盾构推进时同步注浆严格按照技术交底进行,填充好施工间隙。

b. 盾构机的中盾进入加固体后,利用径向注浆孔向盾体外注入聚氨酯,聚氨酯与盾体外的地下水反应形成聚合物填充盾体与加固体之间的空隙,防止加固体外的地下水进入前方。

c. 盾尾进入加固体后,在已成型的隧道内,利用特殊管片上预留的注浆孔,向管片外侧注入双液浆,时刻检查钢套筒是否有漏浆、形变等情况,如有漏浆或者形变过大等情况发生,可以采取调低气压,减小推速等措施。

d. 零环采用特殊制作的管片,在管片外侧预埋背负钢板,待钢套筒拆除后,背负钢板与洞门钢环之间用 L 形钢板焊接。

e. 在原洞门环板预埋板的基础上,钢套筒与洞门环板之间设一过渡连接板(厚度为 24mm),洞门环板与过渡连接板采用烧焊连接,钢套筒的法兰端与过渡连接板采用 M24×65 螺栓(8.8 级)连接,洞门环板与过渡板全部密贴后将过渡板满焊在洞门环板上。

盾构机全部进入钢套筒后,打开特殊管片上预留的注浆孔、钢套筒过渡连板上预留的观测管,观察出水量,若水量较大,则继续通过预留注浆管、注浆孔注浆,直至打开球阀无水流出后,方可拆解钢套筒。

4)应用成效

本工程首次在福州地铁应用了在盾构钢套管接收法,顺利将福州地铁 2 号线紫阳站—五里亭站区间左线盾构及水部站—紫阳站区间盾构部分复杂地基的加固工程改为钢套筒接收施工,避免了富水砂层注浆加固效果不佳带来的施工隐患,加快了工期,消除了对城市交通的严重影响,节省了工程总体成本。本工程对盾构钢套管法的成功运用,填补了福州地铁在该工艺上的空白,为后续地铁建设积累了丰富的经验。

3.13 盾构空推矿山法隧道

3.13.1 工程概况

福州地铁 2 号线苏洋站—沙堤站区间西起苏洋站大里程端,沿线先在勃莱特厂区围墙内侧采用明挖法区间铺设,随后采用盾构法下穿龙江云山别墅区北侧凹地,接着采用矿山法结合盾构空推法下穿重磨山,在福建省公路福州上街征管所内设置中间竖井,最后采用盾构法沿国宾大道铺设到达沙堤站。区间平面如图 3-144 所示。

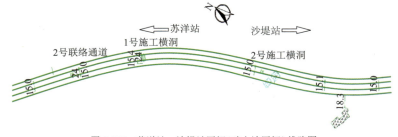

图 3-144 苏洋站—沙堤站区间(矿山法区间)线路图

本区间 3 号、4 号盾构机从沙堤站小里程端头始发,掘进至中间竖井接收后吊出,1 号、2 号盾构机由明挖区间端头井始发下穿龙江云山墅别墅区北侧凹地,接着空推通过矿山法区间至中间竖井吊出。标段工程概况如图 3-145 所示。

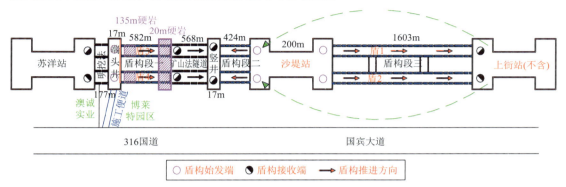

图 3-145 标段工程概况

该区间位于福州市闽侯县上街沙堤村重磨山,属丘陵地貌,线路沿北西向穿越丘陵区,地形起伏较大,地形大致呈中间高、两侧低,两侧横坡陡,坡度一般为 35°～45°,局部为陡崖状。地面高程 7.11～88.88m。区内冲沟发育,沟壑多呈 V 形,主要呈北东向展布,与区域地质构造的格局相吻合。区内陡坎或人工采石场处基岩出露,场地内建筑多为二至三层的别墅,天然基础,其余地段地表植被发育。

线路区的地下水的赋存与富水性,主要受地质构造、地貌、岩性、气候等条件的影响及制约,根据地下水的赋存条件及水理性质。区内地下水类型主要有潜水、基岩风化带孔隙裂隙水、基岩裂隙水。

3.13.2 施工难点

受沿线地形地质和周边建筑的限制,该区间施工存在的主要难点如下:

(1)盾构穿越区间地形起伏较大,地层地质情况较复杂,地下水丰富,部分地层有涌水涌沙现象,如何保障施工过程中的初期支护是难点。

(2)区间下穿重磨山,隧道洞口顶部南北两侧岩土体应力不一致,隧道结构受力不均,容易出现局部应力集中变形过量,导致结构遭到剪切破坏,如何控制隧道进洞段的变形是难点。

(3)区间线路内建筑多为建立在天然基础上的别墅,矿山法采用的爆破施工对地表及周边建筑扰动较大,如何在矿山法施工过程中控制爆破影响是难点。

(4)矿山法隧道左右线均进行全断面法施工时,爆破产生的渣土量大,如何确保隧道内出渣能力、提升架提升能力以及渣土外运能力是难点。

(5)盾构空推过矿山法区间,要求矿山法隧道施工必须提前完成施工任务,加上工期节点必须满足业主要求,导致矿山法隧道施工工期紧张,投入机械人员众多,施工作业面狭小,交叉作业极具挑战。

3.13.3 关键施工技术

为满足施工期间盾构空推断面要求、运营期间列车及隧道内部设备的限界要求,区间隧道采用五心圆断面,断面内净空宽 6.8m,轨面以上高度 5.26m,结构形式为复合式衬砌。围岩级别为Ⅱ级、Ⅲ级、Ⅴ级;A1、A2、A3 衬砌断面采用环形台阶预留核心土法、B2、B3 衬砌断面采用全断面法。

本区间隧道不同于其他矿山法隧道,需要满足后期盾构空推要求。因此,仰拱需浇筑成弧形,仰拱施工完成后还需进行盾构机导台施工,盾构机导台模板采用拼装式小钢模,如图 3-146 所示。

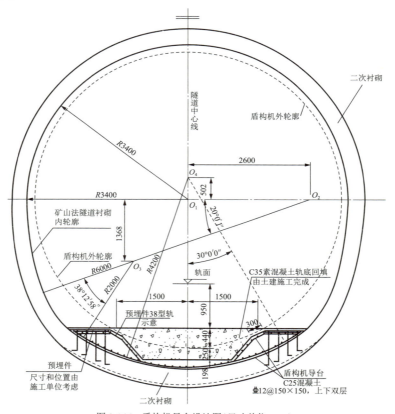

图 3-146 盾构机导台设计图(尺寸单位:mm)

矿山法隧道施工期间,为确保洞内车辆的通行,盾构机导台混凝土强度达到设计要求后,需暂时采用渣土回填至轨面高程。盾构空推时,清除盾构机导台内的渣土;空推完成后,采用 C35 素混凝土回填至设计高程。

1)环形台阶预留核心土法

苏洋站—沙堤站区间(矿山法区间)Ⅴ级围岩衬砌断面分为 A1、A2、A3 衬砌断面,采用环形台阶预留核心土法施工,各断面设计如图 3-147～图 3-149 所示。隧道开挖循环进尺,在土层和不稳定岩体中为 0.5～1m;在稳定岩体中为 1～2m。

第 3 章 区间盾构法施工关键技术

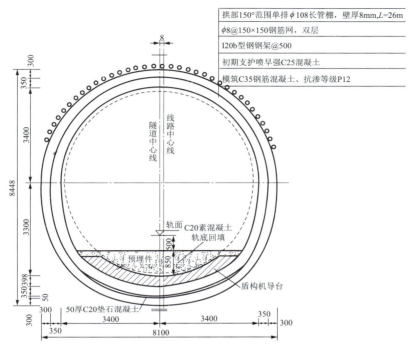

图 3-147 A1 衬砌断面（尺寸单位：mm）

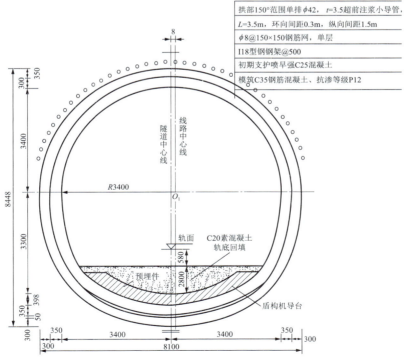

图 3-148 A2 衬砌断面（尺寸单位：mm）

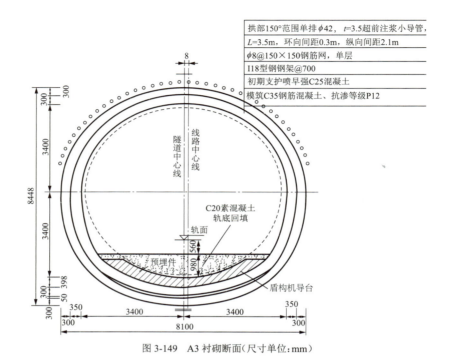

图 3-149 A3 衬砌断面（尺寸单位：mm）

环形开挖预留核心土法开挖断面分块及台阶长度需根据围岩地质情况来控制，台阶长度控制在 5～7m 范围内。隧道预留核心土法施工时，应在拱部初期支护结构基本稳定且喷射混凝土达到设计强度的 85% 以上，方可进行下部台阶开挖。表 3-40 统计了本区间 Ⅴ 级围岩采用预留核心土法开挖长度。

Ⅴ级围岩各衬砌断面里程统计表　　　　表 3-40

部位	衬砌断面	设计里程	原设计长度(m)	实际里程	实际长度(m)	备注
左线 Ⅴ级围岩	A1 断面	ZDK10+068.3～ ZDK10+050.0	18.3	ZDK10+068.3～ ZDK10+050.0	18.3	右线 A3 断面里程变更 28.7m，由Ⅲ级围岩变更为Ⅴ级围岩
	A2 断面	ZDK10+050.0～ ZDK9+992.0	58.0	ZDK10+050.0～ ZDK9+992.0	58.0	
	A3 断面	ZDK9+992.0～ ZDK9+879.0	113.0	ZDK9+992.0～ ZDK9+879.0	113.0	
右线 Ⅴ级围岩	A1 断面	YDK10+066.3～ YDK10+048.0	18.3	YDK10+066.3～ YDK10+048.0	18.3	
	A2 断面	YDK10+048.0～ YDK9+992.0	56.0	YDK10+048.0～ YDK9+992.0	56.0	
	A3 断面	YDK9+992.0～ YDK9+889.0	103	YDK9+992.0～ YDK9+860.3	131.7	

由于右线原设计里程 YDK9+889.0 处围岩地质情况较差，因此施工时仍按照 Ⅴ 级围岩采用环形导坑预留核心土进行施工，直至 YDK9+860.3 处围岩地质情况变好，才采用全断面法进行施工。此项变更针对右线Ⅲ级围岩地质较差地段，增加了型钢钢架架设、超前小导管施工以及锁脚锚杆施工等技术措施，大大提高了隧道施工过程中的安全性，施工质量易控制，超挖较小，工程变更费用增加不多。

2）全断面法

苏洋站—沙堤站区间（矿山法区间）Ⅲ级围岩衬砌断面分为 B2、B3 衬砌断面，如图 3-150、图 3-151 所示。Ⅱ级围岩衬砌断面分为 C、C2 衬砌断面，如图 3-152、图 3-153 所示，Ⅲ级和Ⅱ级围岩衬砌均采用全断面法施工。

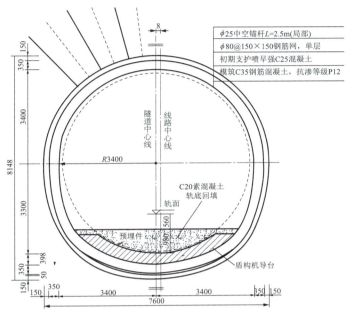

图 3-150 B2 衬砌断面（尺寸单位：mm）

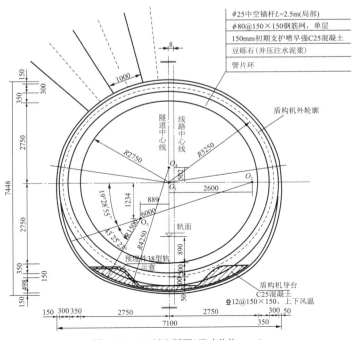

图 3-151 B3 衬砌断面（尺寸单位：mm）

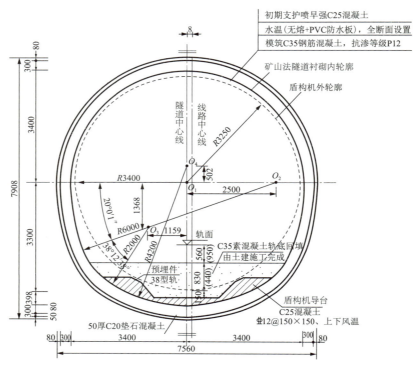

图 3-152 C 衬砌断面（尺寸单位：mm）

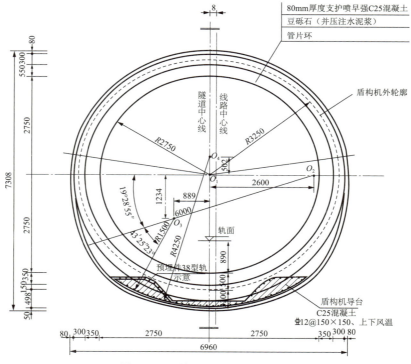

图 3-153 C2 衬砌断面（尺寸单位：mm）

针对不同的围岩级别,采取不同的施工方法。Ⅱ、Ⅲ围岩及 2 号联络通道采取上、下台阶的台阶法开挖爆破,台阶长度根据围岩变化予以调整,利用多功能台架配合人工钻孔进行光面爆破;施工横洞采用全断面法开挖爆破。当左右区间线路同时爆破开挖时,开挖面要相互错开 30～50m,应尽量避免爆破振动对周边环境及围岩的危害。

(1)施工方法

采用人工风钻打眼,人工装药,孔内毫秒微差控制爆破。风钻选用 YT28 型风钻,直径 42mm。使用直径为 32mm、长度为 200mm 的包装药卷,药卷质量为 0.2kg。Ⅲ级围岩炸药单耗取 1.24kg/m³,施工横洞炸药单耗取 2.1kg/m³。

(2)炮眼参数

根据围岩地质情况,循环开挖进尺不大于 2m;光面爆破为主,控制爆破为辅,沿隧道中心向四周依次布设掏槽孔、辅助孔、周边孔。掏槽孔位于断面中下位置,采用垂直孔掏槽。掏槽孔超深 0.2～0.3m,周边孔(包括底孔)的孔口位置距断面轮廓边线 0.05～0.1m,其孔底落在轮廓边线外 0.05～0.1m 处。

隧道区间的设计开挖断面为 51.2m²,实际开挖:B2 断面为 51.2m²,B3、C2 断面为 45.06m²,C 断面为 48.96m²。Ⅱ、Ⅲ级围岩孔深取 2.2m,施工横洞孔深取 1.2m。孔间距的取值范围为 0.5～0.8m。Ⅱ、Ⅲ级围岩全断面炮孔数为 125 个,施工横洞全断面炮孔数为 45 个,炮孔数根据断面面积不同进行调整。图 3-154 和图 3-155 为上下台阶法及全断面开挖法的布孔示意图。

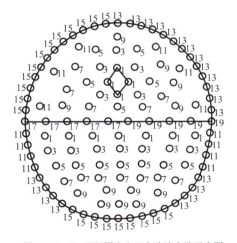

图 3-154　Ⅱ、Ⅲ级围岩上下台阶法布孔示意图

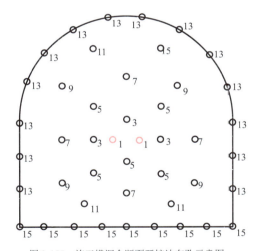

图 3-155　施工横洞全断面开挖法布孔示意图

(3)爆破参数

由于光面爆破对孔位和装药量的要求相当严格,所以隧道在光面爆破前,需要组织相关人员进行试爆。根据试爆结果,调整周边眼的装药量、装药结构、堵塞长度和炮眼间距;根据开挖面的面积,岩石强度,深度,炮眼深度,炸药品种等因素计算调整断面炮眼数量。本区间的爆破参数统计见表 3-41,各断面爆破参数详见表 3-42。

上下台阶法爆破参数 表3-41

装药结构	孔类	间距（m）	孔深（m）	装药量（kg）	炮孔数（个）	总装药量（kg）	起爆顺序	分段情况
A	掏槽孔	0.8～0.6	2.4	1.6	4	6.4	1	1段4发6.4kg； 3段5发7kg； 5段5发7kg； 7段5发7kg； 9段5发7kg； 11段6发8.4kg； 13段13发7.8kg； 15段12发7.2kg； 17段5发7kg； 19段5发7kg
A	辅助孔	0.8～0.6	2.2	1.4	26	28.0	2	
A	周边孔	0.4	2.2	0.6	25	15.0	3	
A	底孔	0.7	2.2	1.4	10	14.0	4	
C	辅助孔	0.8～0.6	2.2	1.4	35	49.0	1	1段7发9.8kg； 3段7发9.8kg； 5段7发9.8kg； 7段7发9.8kg； 9段7发9.8kg； 11段8发4.8kg； 13段8发4.8发4kg； 15段9发5.4kg
C	周边孔	0.4	2.2	0.6	25	15.0	2	
总装药量(kg)		127.4			断面面积(m²)		51.2	
总炮孔数(个)		125			循环进尺(m)		2.0	
炸药单耗(kg/m³)		1.24			循环挖方量(m³)		102.4	

乳化炸药：127.4×392×1.2=59929kg；
导爆索：2.7m×50×392×1.2=63505m；
导爆管雷管：瞬发25×392×1.2=11760发；
1段11×392×1.2=5175发；
3段12×392×1.2=5645发；
5段12×392×1.2=5645发；
7段12×392×1.2=5645发；
9段12×392×1.2=5645发；

11段13×392×1.2=6116发；
13段21×392×1.2=9879发；
15段21×392×1.2=9879发；
17段5×392×1.2=2352发；
15段5×392×1.2=2352发；
上下台阶法段总长：784m；循环数392个；
充足系数1.2

施工通道全断面法爆破参数 表3-42

装药结构	孔类	间距（m）	孔深（m）	装药量（kg）	炮孔数（个）	总装药量（kg）	起爆顺序	分段情况
A	掏槽孔	0.8～0.6	1.4	0.8	2	1.6	1	1段2发1.6kg； 3段4发2.8kg； 5段4发2.8kg； 7段4发2.8kg； 9段4发2.8kg； 11段4发2.8kg； 13段14发4.2kg； 15段9发6.75kg
A	辅助孔	0.8～0.6	1.2	0.7	20	14.0	2	
A	周边孔	0.5	1.2	0.3	14	4.2	3	
A	底孔	0.5	1.2	0.75	9	6.75	4	
总装药量(kg)		26.55			断面面积(m²)		12.5	
总炮孔数(个)		45			循环进尺(m)		1.0	
炸药单耗(kg/m³)		2.1			循环挖方量(m³)		12.5	

乳化炸药：26.55×12×1.2=382.32kg；
导爆索：1.5m×23×12×1.2=497m；
导爆管雷管：瞬发10×12×1.2=144发；
1段2×12×1.2=29发；
3段4×12×1.2=58发；
5段4×12×1.2=58发；
7段4×12×1.2=58发；

9段4×12×1.2=58发；
11段4×12×1.2=58发；
13段14×12×1.2=202发；
15段9×12×1.2=130发；
全断面法段总长：12m；
循环数：12个；
充足系数1.2

本工程中，矿山法区间隧道Ⅱ、Ⅲ级围岩全断面每爆破循环钻孔125个，实际开挖断面分别为48.96m²、51.2m²，单位面积钻孔2.44个/m²，平均每循环炸药消耗量为127.4kg，单位体积炸药消耗量1.24kg/m³，单位体积雷管0.29发/m³。光面爆破每天平均进尺3m，平均炮眼利用率在90%以上，爆破后周边轮廓平整，岩石完整稳固，基本无浮石。拱部超欠挖基本控制在5cm以内，残眼率达到85%以上。爆破的石渣块度合适，基本满足装渣和路基料的要求。

图3-156所示为光面爆破实际效果图，通过光面爆破开挖的良好控制，使得超欠挖得以控制，对工程质量和成本控制起到了关键的作用。

图3-156 光面爆破效果

3）初期支护

（1）超前小导管

A2、A3衬砌断面根据设计要求在拱部150°范围分别设置单排超前小导管，环向间距0.3m，纵向间距1.5m，长度为3.5m，每个循环布置38根；超前小导管注浆采用0.5∶1～1∶1水泥浆液，注浆压力为0.4～0.6MPa。图3-157所示，为A2、A3衬砌断面的超前小导管布置剖面图，图3-158所示为实际效果。

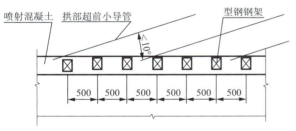

图3-157 型断面超前小导管布置剖面图（尺寸单位：mm）

图3-158 超前小导管

（2）型钢钢架施工

A1断面采用I20b型钢钢架，A2、A3断面采用I18型钢钢架，节与节之间用螺栓连接牢靠。安装时，钢架置于稳固的地基上，施工中在钢架基脚部位预留0.15～0.2m原岩，架立钢架时挖槽就位。钢架按设计位置安设，在安设过程中当钢架和初喷层之间有较大间隙应设同强度混凝土垫块。钢架拱脚加设径向2m长的砂浆锚杆，实际安装效果如图3-159所示。

（3）中空锚杆

Ⅱ级围岩自稳性差，因此在B2、B3断面及施工通道局部设置$\phi25$中空锚杆。锚杆安设时先在岩面上画出需施工安设的锚杆孔点位，采用YT28型风钻钻孔，高压风枪清孔。锚杆插入到设计深度后立即采用锚固剂将锚垫板周围的空隙封堵密实，浆液搅拌均匀，随拌随用。注浆时，压力不得大于0.4MPa，注浆须注满直到孔流出浆液为止。图3-160所示为中空锚杆实际安装效果。

图 3-159　型钢拱架实际安装效果　　　　图 3-160　中空锚杆实际安装效果

（4）网喷混凝土

本区间施工段均采用 $\phi 8mm$ 钢筋焊接网，网格间距 150mm×150mm；A1 断面双层铺设，A2、A3、B2、B3 断面、施工横道均单层铺设。A1 断面初喷后铺设第一层钢筋网，第二层钢筋网在型钢架设完成后铺设。喷射混凝土时，控制喷头至受喷面距离和风压，以减少钢筋网振动，降低回弹。钢筋网喷混凝土保护层厚度不小于 2cm。

4）二次衬砌施工

区间隧道 A1、A2、A3、B2 断面二次衬砌厚度为 35cm，C 断面二次衬砌厚度为 30cm，采用 C35 钢筋混凝土。B3、C2 断面待盾构机空推进后进行管片拼装并填充豆砾石。

洞身衬砌分两次施工，首先进行仰拱二次衬砌施工，其次进行洞身二次衬砌施工，施工顺序如图 3-161 所示。

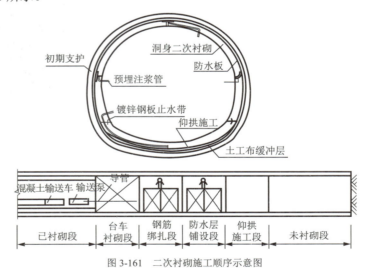

图 3-161　二次衬砌施工顺序示意图

（1）仰拱施工

区间隧道采用小型翻斗车无轨运输，为保持连续施工需要，采取分段间隔施工。仰拱钢筋在防水层安装完成后进行，绑扎时需对防水层采取保护措施，确保钢筋不穿破防水层。为确保后续盾构机导台稳定性，仰拱钢筋绑扎时需预埋盾构机导台预埋件，预埋件布置如图 3-162 所示。

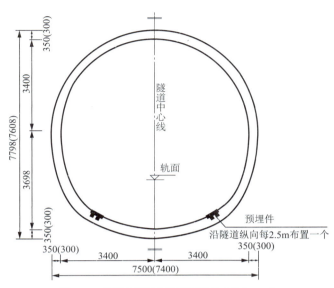

图 3-162　预埋件埋设布置示意图(尺寸单位:mm)

（2）衬砌施工

衬砌施工首先需要全面检查隧道中线、高程、断面净空尺寸,各项尺寸全部满足设计要求;其次,按防水卷材铺设条件要求对喷射混凝土基面进行处理,对基面有明流水处要用水泥砂浆封堵,并加强初支背后注浆堵漏;铺设防水层,安装衬砌钢筋;接着对模板台车进行定位,连接混凝土泵管,利用灌注窗口浇筑混凝土,采用附着式平板振动器和插入式振捣器充分振捣。二次衬砌混凝土灌注时预埋二次衬砌背后回填注浆管,注浆管采用 $\phi 42$ 钢管,长度为 0.33m,每环 3 根,纵向间距 4m。

混凝土浇筑前应对其有无破损、位置是否正确等进行严格检查,在符合要求后方可进行混凝土浇筑。分次浇筑混凝土时,必须在原浇筑的混凝土达到规定的强度要求后,方可再进行混凝土浇筑。

（3）背后注浆

隧道衬砌渗漏水大部分位于矮边墙水平施工缝及二次衬砌环向施工缝处,成线状分布。少部分位于边墙、拱腰,成点状分布。拱顶基本上没有漏水。矿山法隧道全包防水层表面均设置注浆系统,注浆每环 3 处,注浆系统的纵向设置间距为 4m。

针对隧道衬砌出现渗漏水的地方,利用注浆系统对防水板和二次衬砌之间进行注浆。注浆液采用水灰比为 0.5～1 的水泥浆,同时添加 8%～10% 的膨胀剂。注浆压力根据渗漏水情况、结构厚度、埋深等因素确定,一般可控制在 0.3～0.5MPa。注浆系统安装如图 3-163 所示。

5）导台施工

盾构机吊装完成后需在导台上空载推进并拼装管片,因此,矿山法隧道施工完成后,需在隧道底部施工盾构机导台。如图 3-164 所示,导台混凝土强度等级为 C25,断面弧长与隧道中心夹角为 60°,以保证盾体与导台有足够的接触面;导台弧面施工必须满足设计要求,使盾体与导台保持均匀接触。

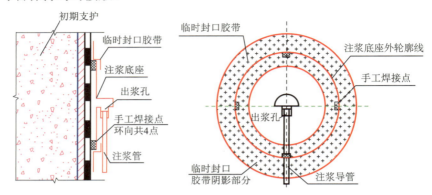

图 3-163 注浆系统安装

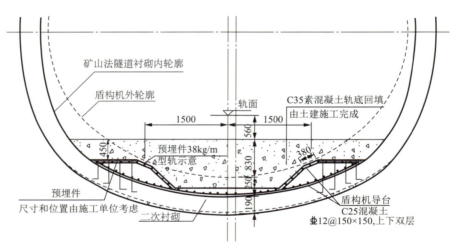

图 3-164 盾构机导台设计图（尺寸单位：mm）

为确保盾构机顺利步入导台，交接面处导台高程比设计面低 2～3cm，避免出现凿除的现象。

由于盾构机刀盘外径比盾体外径大，在盾构机从端头墙端进入导台前，需拆卸刀盘与导台面接触的边缘保径滚刀，避免盾构机在导台上推进时刀具将导台预埋钢轨及混凝土损坏，同时在盾构前、中、后盾体上按导台轨道对应位置加装 5cm 厚钢板，防止长距离空推导致盾体磨损。

6）盾构推进

盾构机空载推进时，依据刀盘与导向平台间的关系，调整各组液压缸的行程，使盾构姿态沿设计方向推进。开始段推进速度控制在 15～40mm/min，熟练后控制在 60～85mm/min，总推力约 3000kN，下部液压缸压力略大于上部液压缸。曲线段，盾构推进前复核钻爆隧道与盾构机轴线误差，并调整铰接液压缸、推进液压缸，保证盾壳与钻爆隧道间的间隙，确保盾构按隧道设计轴线推进。

(1)管片安装

盾尾过交界面前,管片安装同正常掘进段;过交界面后从隧道底部开始,左右对称安装,先安装标准块,依次安装相邻块,最后安装封顶块。管片块安装到位后,及时伸出相应位置的推进液压缸顶紧管片,然后移开管片安装机。具体安装工艺流程如图3-165所示。

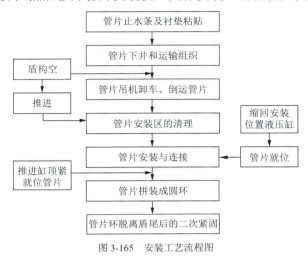

图3-165 安装工艺流程图

(2)管片背后豆砾石充填及注浆

矿山法隧道净空直径6800mm,管片外径6200mm,管片与隧道初衬之间有300mm宽的环形空隙。在盾构向前推进的同时喷射豆砾石充填,并同步注入水泥浆。这样,在管片脱离盾尾时,由于有豆砾石对管片的支撑,可防止管片下沉产生错台,并增加盾构向前推进的摩擦力。管片背后同步注浆,使管片与地层紧密接触,提高支护效果。

每环管片豆砾石充填量为7.36m³,采用5~10mm大小的花岗岩。喷射压力为0.25~0.3MPa,喷射管径为50mm。输送豆砾石的管子用铁丝固定在刀盘上,管子长度超出盾构机70cm,通过管片与围岩之间的空隙观察,直到空隙充满豆砾石。回填的高度基本达到管片中部,回填工程中要及时进行管片姿态监测,防止管片下沉或上浮,同时要在盾构机前进行围堰,防止浆液流进刀盘。

(3)管片外侧二次注浆

管片顶部豆砾石往往很难一次注浆充填密实,不可避免地要留有少量空洞。当管片脱出盾尾第一次注浆凝固后,要每隔2环打穿拱腰以上管片吊装孔,检查第一次注浆效果,必要时采用二次注浆补强。注浆材料采用水泥浆或采用水玻璃+水泥砂浆双液浆。

7)盾构机空推过矿山法隧道

盾构机从苏洋站明挖段掘进至矿山法隧道区间洞内接收,完成盾构空推拼装管片施工后,进行盾构牵引过矿山隧道,本工程左线536.5m、右线485.5m采用欧维姆ZLD连续千斤顶将盾构机主体部分水平牵引至中间竖井解体后吊出。

本工程盾构机主机自重341t(拆除螺旋机)。左线顶推施工法牵引536.5m,分为22个循环完成,每循环25m;右线顶推施工法牵引485.5m,分为20个循环完成,每循环25m。

3.13.4 应用成效

苏洋站—沙堤站区间是福州地铁2号线全线洞通的关键节点,本工程中采用矿山法开挖硬岩及极硬岩地段后盾构空推掘进,通过多重支护、二次衬砌仰拱、导台设置、同步注浆等方式保证了管片拼装及防水质量,有效减少了刀具的磨损,极大地提高了工效。盾构机空推掘进的成功,为城市地铁采用盾构掘进过硬岩及极硬岩地段提供具体的指导和借鉴,也为以后城市地下工程在类似情况下的规划建设提供了可靠的决策依据和技术指标。新颖的工法技术将促进地下工程施工技术进步,社会效益和环境效益明显。

3.14 盾构区间不良地质体微动探测

3.14.1 工程概况

福州地铁2号线南门兜站—水部站区间位于福州市鼓楼区(图3-166),拟采用盾构法施工。该区间的初勘、详勘钻孔揭露盾构区间场地主要岩土层从上往下依次为:杂填土、淤泥、淤泥夹砂、(含泥)粗中砂、(含砂)粉质黏土、残积砂质黏性土、全风化花岗岩、强风化岩(砂土状)、强风化花岗岩(碎块状)、中风化花岗岩和微风化花岗岩等。初勘、详勘钻孔于全风化花岗岩和砂土状强风化岩中揭露孤石,且部分区段中~微风化岩侵入隧道洞身。由于钻孔能够揭露孤石及球状风化核的概率很低,同时本段的地质条件复杂,为进一步查明孤石分布情况及基岩起伏情况,采用无损微动探测技术探测盾构区间范围内可能存在的孤石及基岩凸起等不良地质现象,为盾构施工提供地质依据。

图3-166 南门兜站—水部站区间工程地理位置

3.14.2 孤石对盾构施工的影响

盾构施工过程中偶遇孤石对盾构施工的影响很大,主要体现在以下五个方面。

(1)孤石单轴抗压强度很高,并且与四周土体强度差异较大;刀盘切削时孤石易发生滚动,很难被刀具破碎;掘进效率低下,极易造成刀具过载造成刀具崩落或损坏,甚至损害刀盘。

(2)由于盾构掘进时孤石在地层中随机滚动,极易造成刀盘过载,使盾构姿态难以控制。

(3)在存在孤石的情况下掘进,刀具的贯入度极低,掘进对周边土体扰动很大,容易造成地面沉降超标,危及地面和周边建构筑物。

(4)超过一定粒径的孤石容易造成螺旋输送机被卡无法继续工作,甚至可能造成穿孔透水,给盾构设备和人员造成较大的安全隐患。

(5)由于孤石的位置存在偶然性,周边多为强全风化地层,稳定性差,且具有遇水容易软化崩解的特点,在这种地层进行刀具更换容易造成人员伤亡事故。

3.14.3 微动探测方法

1)微动剖面探测原理

微动剖面探测是一种基于微动台阵探测的地球物理探测方法。其工作原理如图 3-167 所示。采用类空间自相关法(SPAC 法)从微动台阵记录中提取瑞雷波频散曲线,计算视 S 波速度 V_x,再经插值光滑计算获得二维视 S 波速度剖面,视 S 波速度剖面能准确、直观地反映地层岩性变化,是地质解释的基本依据。H/V 曲线是先对各分量进行傅立叶变换得到频谱,再通过水平分量和垂直分量的频谱幅值相除得到,其工作原理如图 3-168 所示。它反映的是地层的波阻抗界面,也是寻找土层的分界面的依据之一。

微动探测的观测系统采用的是如图 3-169 所示的五边形阵列,每个圆形阵列由放置于五角形顶点和中心点的 6 个检波器和数据采集系统组成,五角形顶点到中心点的距离称为观测半径。根据地质剖面资料及现场场地条件,主要采用 2.5m 半径的台阵进行观测,少数采用 2.7m 半径的台阵。以 5m 点距逐点进行,以形成二维剖面观测。

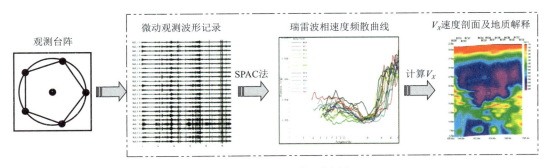

图 3-167 波速度剖面获取流程图

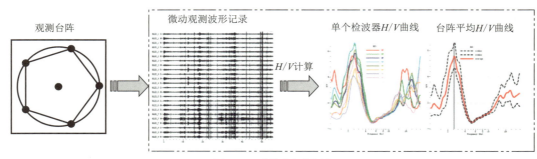

图 3-168　曲线获取流程图

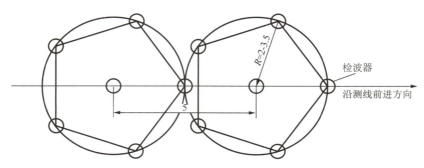

图 3-169　微动圆形台阵观测系统示意图(尺寸单位:m)

2)数据采集及处理

本工程中微动探测采用图 3-170 所示的五边形阵列观测系统,每个圆形阵列由放置于五角星顶点和中心点的 6 个检波器及一套记录仪组成。

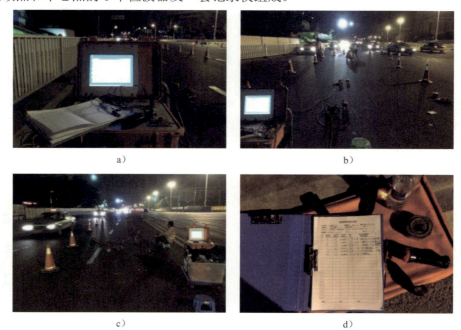

图 3-170　数据采集现场

测线沿福州市鼓楼区交通主干道古田路往五一路方向前进,测试台阵范围位于古田路道路中间或道路旁靠人行道。测试时需进行临时交通布控,白天车辆行人较多,测试时间选择晚上,一般为当天晚上 22:00 至次日早晨 6:00。地表主要为机动车道柏油路面和人行道的铺砖路面,路面情况较为平坦,易于施工。本次采集的数据信噪比相对较高,数据处理结果可靠性高。

数据正式采集之前,对记录仪进行采集参数设置。在仪器放置到位、确保进入正常工作状态后,尽量保持周围环境相对安静,以利有效记录数据。实际施工时按照设计的观测系统沿测线逐点进行观测,单点每次观测时间为 10～20min,观测结束后将整个台阵移动到下一个勘探点观测(图 3-170)。

3)微动探测解释原则

孤石与周围的包裹花岗岩风化土体在密度、S 波速度和 S 波波阻抗上存在显著差别。从微动探测方法上看,S 波速度差异可以由计算的视 S 波速度剖面反映,波阻抗差异可以由测点的 H/V 曲线定性反映出来。由于孤石的大小不等,单一的速度参数推断孤石会有一定的误判,验证钻孔表明强风化土层常常会与孤石混淆;增加 H/V 参数可以提高孤石判别的准确度。

(1)视 S 波剖面解释原则

视 S 波剖面直观显示速度分层及其纵横向变化,是解释岩性及不良地质体的基本依据。坚硬的高速块体对地铁盾构施工可能带来安全风险,所以,微动剖面解释需重点关注高速异常体。无论基岩面凸起还是孤石,因为其致密、坚硬的物理特性,相对于围岩而言均为高速,圈出隧道范围内被低速围岩"包裹"的高速异常体,揭示隧道深度上高速界面的起伏情况,可为盾构施工提供"预警"信息。然而,高速度异常体是否是孤石,还需先确定所在层位的岩性。全风化~强风化层中的高速度异常体为孤石的可能性大,而黏土层中的高速异常体则可能是混杂其中的石块或滚石。所以,解释时应对本测区的地质资料有尽可能地了解,对不同岩土层的横波速度对应关系有很好的了解。本工程中的微动剖面解释以圈出隧道范围内的高速异常体、并勾画出变化明显的速度分界面为主。对速度层岩性以及地层岩性界面的确切速度范围,还需采用少量钻探结果标定。

(2)H/V 曲线解释原则

微动 H/V 谱比法,又叫 Nakamura 方法或准转换函数谱方法,首先由 Nogoshi 和 Igarashi 提出,经 Nakamura 推广应用于场地响应评估。H/V 值使用单台水平、垂直分量频谱相比得到,实施起来简单快捷,因而得到广泛的应用。微动 H/V 峰值频率与松散沉积层的共振频率相吻合,这和很多应用结果相符,实际应用中可以把微动 H/V 峰值振幅作为场地放大系数的下限。

根据以上孤石的地球物理特征及 S 波剖面和 H/V 曲线的解释原则,可以将测试结果的异常(存在孤石的可能性)大致分为四大类来分析。

Ⅰ类异常:局部速度稍偏高或者偏高,或者无明显速度偏高但 H/V 曲线中出现小峰值频率对应较好等情况。该类异常对应的可能是岩土层分界面或者不均匀风化,出现孤石的可能性极小。

Ⅱ类异常：局部速度稍偏高或者偏高，且 H/V 曲线中出现小峰值频率对应较好或者大峰值频率对应较差；或者无明显速度偏高但 H/V 曲线中出现大峰值频率对应较好等情况。该类异常对应的可能是阻抗比较大的岩土层分界面或者不均匀风化，出现孤石的可能性较小。

Ⅲ类异常：速度明显偏高，或者速度稍偏高，且 H/V 曲线中出现大峰值频率对应较好等情况。该类异常对应的可能是速度较高的岩土体或不均匀风化，出现孤石的可能性较大。

Ⅳ类异常：速度明显偏高，且 H/V 曲线中出现大峰值频率对应较好。该类异常对应的可能是速度较高的岩土体或不均匀风化核，出现孤石的可能性极大。

3.14.4 微动探测结果分析及验证

1) 探测结果分析

图 3-171、图 3-172 所示为南门兜站—水部站区间左线（KAD28+820～KAD29+070）的微动探测测试成果。

图 3-171 为盾构左线的视 S 波速度剖面图，图中的平行双实线为隧道洞身范围。详勘、补勘钻孔揭露：洞身上方覆盖土层主要为杂填土、淤泥、（含泥）粗中砂、（含砂）粉质黏土、残积砂质黏性土、全风化花岗岩、强风化花岗岩（砂土状）和强风化花岗岩（碎块状）等；洞身范围内土层主要为残积砂质黏性土、全风化花岗岩、强风化花岗岩（砂土状）、强风化花岗岩（碎块状）和中风化花岗岩等，局部基岩侵入隧道洞身；隧洞附近存在孤石。

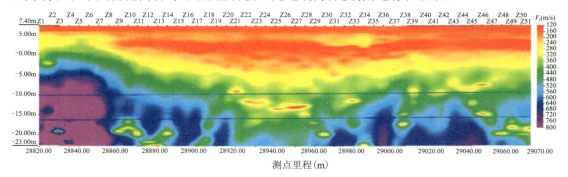

图 3-171　左线 KAD28+820～KAD29+070 段视 S 波速度剖面图

视 S 波速度剖面图和面波频散速度等值线图揭示：KAD28+820～KAD28+855（Z1～Z8），隧洞上方或洞身范围内出现速度偏高异常，推断为基岩侵入隧道洞身；另有几处出现速度偏高异常，可能为孤石或者基岩凸起。结合分析 H/V 等值线图和面波频散速度等值线图，需要对以下钻孔进行验证，以查明情况，Z4、Z8 查明是否基岩凸起，Z12、Z15、Z17、Z37、Z39、Z44 和 Z51 查明是否孤石。其余区段未出现明显的异常情况。其中 KAD28+965～KAD28+990（Z30～Z35）区段，地下浅部（隧道上方）存在高速异常，推断该段地下存在某种加固区域或者人防通道。

图 3-172 为左线的 H/V 等值线图,该图显示 H/V 曲线最大峰值对应的频率变化较大,反映出该剖面基岩面起伏变化较大,且存在双峰和多峰类型的情况。具体表现为:

(1) Z1~Z8 段基本属于多峰类型,最大峰值对应的频率较高(基本大于 4Hz),反映该段基岩面较浅,推断隧道洞身范围内基本为基岩,基岩面下存在频率相对较低的峰值,推断为基岩较破碎形成阻抗界面引起的,速度剖面图反映该段隧道洞身范围内速度偏高,推断为基岩凸起侵入隧道洞身。

(2) Z9~Z14 段基本属于多峰类型,最大峰值对应的频率变小,即该段基岩面变深,部分测点基岩面以下存在其他峰值,推断为基岩较破碎引起,基岩面以上存在其他峰值,即相对较浅的位置存在阻抗较大的岩土层界面,不排除存在孤石的可能性。

(3) Z15~Z36 段基本属于双峰类型,最大峰值对应的频率相对较小,即该段基岩面变深,而基岩面以上存在其他峰值,即相对较浅的位置存在阻抗较大的岩土层界面,不排除存在孤石的可能性。

(4) Z37~Z51 段基本属于多峰类型,最大峰值对应的频率相对较小,即该段基岩面变深,部分测点基岩面以下存在其他峰值,推断为基岩较破碎引起,大部分测点基岩面以上存在其他峰值,即相对较浅的位置存在阻抗较大的岩土层界面,不排除存在孤石的可能性。

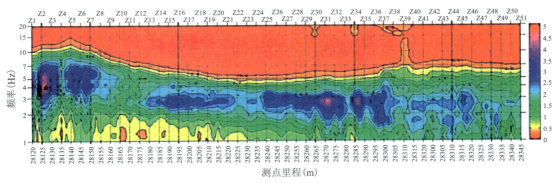

图 3-172 左线(KAD28+820~KAD29+070)段 H/V 等值线图

2) 钻孔验证

根据微动探测成果,结合钻孔资料分析,钻孔验证的具体点位及情况说明(共 13 个钻孔)见表 3-43。

验证钻孔情况(左线) 表 3-43

序号	钻孔点号	测试里程	对应隧道埋深范围(m)	要求钻孔深度(m)	验证目的
1	Z4	KAD28+835	17.51~23.71	26	确定基岩凸起情况
2	Z8	KAD28+855	17.41~23.61	26	核查基岩凸起边界
3	Z12	KAD28+875	17.26~23.46	26	可能存在孤石,或者硬质土层界面抬升
4	Z15	KAD28+890	17.16~23.36	26	可能存在孤石,或者硬质土层界面抬升
5	Z17	KAD28+900	17.84~24.03	27	可能存在孤石,或者硬质土层界面抬升
6	Z37	KAD29+000	16.85~23.05	26	可能存在孤石,或者硬质土层界面抬升

续上表

序号	钻孔点号	测试里程	对应隧道埋深范围(m)	要求钻孔深度(m)	验 证 目 的
7	Z39	KAD29+010	16.86～23.06	26	可能存在孤石,或者硬质土层界面抬升
8	Z44	KAD29+035	16.83～23.03	26	可能存在孤石,或者硬质土层界面抬升
9	Z51	KAD29+070	16.75～22.95	25	可能存在孤石,或者硬质土层界面抬升
10	Z57	KAD29+100	16.68～22.88	25	可能存在孤石,或者硬质土层界面抬升
11	Z89	KAD29+260	15.24～21.44	24	可能存在孤石,或者硬质土层界面抬升
12	Z90	KAD29+265	15.19～21.39	24	可能存在孤石,或者硬质土层界面抬升
13	Z97	KAD29+300	14.91～21.11	30	可能存在孤石,或者软土层

依据微动探测成果,结合钻孔验证结果对盾构掘进施工的安全性进行分析,划分出盾构掘进施工的安全区、警示区和危险区。安全区、警示区和危险区的划分遵循以下原则。

(1)安全区:①基本无速度及H/V异常,不存在基岩凸起的,存在孤石的可能性极小的测试区域;②存在局部速度异常经少数验证孔排除的测试区域。

(2)警示区:①存在局部异常,建议钻孔验证而未验证的测试区域;②验证结果不能排除基岩凸起或者孤石(如揭露岩脉、碎块状)的测试区域。

(3)危险区:①存在明显异常,建议钻孔验证而未验证的测试区域;②验证孔揭露孤石及孤石群或者基岩凸起(包括基岩完全侵入隧道洞身基岩局部侵入洞身造成的上软下硬的情况)的测试区域;③验证孔揭露岩脉侵入隧道洞身的测试区域。

本区间左线探测长度为500m,对应里程为ADK28+820～ADK29+320(其中含约0.2m的短链),钻孔验证结果结合微动探测成果图(图3-171、图3-172)进行分析,得到的盾构掘进施工安全性分析见表3-44,盾构掘进施工可能碰到的问题主要集中在危险区。

盾构掘进安全性分析表(左线) 表3-44

分　区	里　程	长度(m)
安全区	KAD28+900～KAD29+040	140
安全区	KAD29+120～KAD29+260	140
安全区	KAD29+275～KAD29+320	45
警示区	KAD28+860～KAD28+900	40
警示区	KAD29+040～KAD29+120	80
危险区	KAD28+820～KAD28+860	40
危险区	KAD29+260～KAD29+275	15

从表3-44中可以看出,本区间左线KAD28+820～KAD28+860为危险区;验证钻孔BZ1揭露隧洞内为砂土状强风化;BZ3、BZ4、BZ6和BZ8孔揭露隧洞内为碎块状强风化,另BZ4和BZ6于隧洞上方均揭露大孤石,如图3-173、图3-174所示。说明微动探测的分析结果准确可靠。

图 3-173　BZ4 号验证孔部分岩芯　　　　图 3-174　BZ6 号验证孔部分岩芯

3.14.5　应用成效

福州地铁 2 号线详勘资料显示，2 号线线路范围内共有 8 个区间存在孤石。盾构施工过程中偶遇孤石对盾构机刀盘刀具损害较大，严重影响盾构施工工期，增大了施工风险和成本。为了避免孤石对盾构施工的影响，最有效的方式是在盾构施工前对地下孤石进行探测，提前采取措施排除或减弱影响。本工程在福州地铁 2 号线南门兜站—水部站区间左线采用微动探测技术进一步查明了不良地质体情况。施工中提前采取措施进行处理，确保了区间施工顺利。微动探测结论与钻孔验证情况基本吻合，说明微动探测技术在无水质影响及城市的复杂电磁环境中存在电磁干扰等环境的探测精度满足施工需求。微动探测技术具有广泛的应用前景，未来也将在城市建设和地下空间开发领域发挥越来越重要的作用。

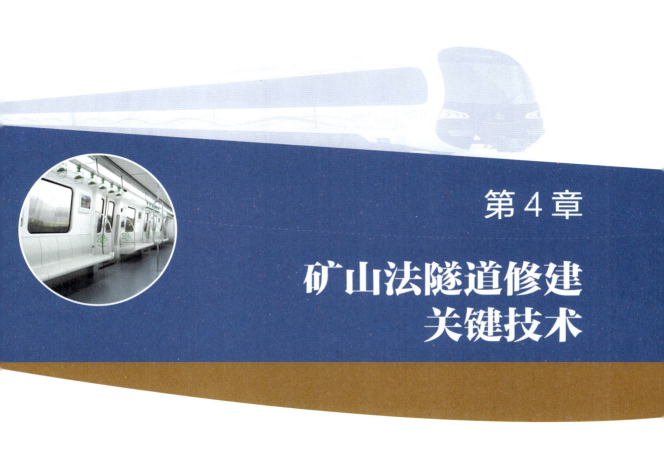

第 4 章

矿山法隧道修建关键技术

/ 4.1 地铁矿山法隧道区间爆破施工　　/ 4.2 地铁矿山法隧道超长管棚施工
　　　　　　　　　　　　　　　　　　/ 4.3 江底联络通道超强冷冻法施工

矿山法是以木或钢构件作为临时支撑,待隧道开挖成形后,逐步将临时支撑撤换下来,而代之以整体式厚衬砌作为永久性支护的施工方法。因矿山法与钻眼、爆破技术联系在一起,因此,又称"钻爆法"。矿山法是山岭隧道最常用的施工方法,我国铁路、地铁等地下工程部分也常采用矿山法施工。

矿山法施工时是按分部顺序采取分割式一块一块地开挖至设计轮廓,并随之修筑衬砌。按衬砌施工顺序,可分为先拱后墙法及先墙后拱法两大类。后者又可按分部情况细分为漏斗棚架法、台阶法、全断面法和上下导坑先墙后拱法。在矿山法施工过程中的主要作业包括钻爆与开挖、支护和衬砌、运输与出渣三大部分。由于围岩是隧道的主要承载单元,所以在施工过程中必须充分保护围岩,应根据具体地质条件、断面尺寸及施工方法等采用控制爆破技术和超前支护手段。

本章重点介绍福州地铁2号线所采用矿山法的爆破施工技术、超长管棚支护技术以及矿山法在江底超长联络通道的应用。

4.1 地铁矿山法隧道区间爆破施工

4.1.1 工程概况

洋里站为2号线的终点站。车站沿福马路南北向布置,位于三环快速路及远洋路中间,南段靠近三环快速路。福马路道路规划红线宽约50m,接近鼓山隧道时道路红线为38m,远洋路道路红线宽约20m。车站的西侧为六一佳苑地块及福马货运铁路,东侧为洋里新苑地块,车站南侧为三环快速路。按线路确定为地下一层侧式车站,站前设单渡线。站后设交叉渡线。车站长度约228.47m,标准段宽度约35.6m。南侧站后交叉渡线采用明挖、矿山法施工,其中明挖区间长177.72m,矿山法施工长约68.1m。北侧明挖段长度59.57m。根据爆区周边保护对象及爆破作业基本情况,本工程定级为复杂环境C级爆破工程,总控制爆破方量5329.51m³。

爆破区地层主要为强风化花岗岩(砂土状)、强风化花岗岩(碎块状)和中风化花岗岩。强风化花岗岩(砂土状)原岩构已大部分风化破坏,岩芯多呈砂土状,通水易软化、崩解,岩石坚硬程度属较软岩体;强风化花岗岩(碎块状)岩体完整程度属较破碎,岩体基本质量等级属Ⅳ~Ⅴ级;中风化花岗岩岩性主要为粗粒花岗岩,中等风化,岩石坚硬程度属较软~坚硬岩,岩体完整性等级为Ⅱ~Ⅴ级。

4.1.2　施工难点

本工程爆破区下穿福马公路及过路涵洞，爆点距上方公路路面最小净距仅为8.99m，区间隧道距过路涵洞净距4.69m，爆破时需要对过路涵洞进行管制，严禁车辆及人员出入。爆破区周边邻近砖混居民楼、古藏万一禅寺、乾达婆王庙。施工过程中主要将产生爆破振动危害效应，因此需要严格遵守《爆破安全规程》(GB 6722—2014)规定，将对周边允许质点振速控制在安全允许值以下，其中对于地表周边砖混结构房屋质点振速按2.0cm/s，对于框架结构建筑物允许质点振速控制在3.0cm/s，对运营中的福马路、涵洞允许质点振速控制在10.0cm/s。

4.1.3　爆破方案设计

1) 爆破方案设计原则

(1) 爆破设计应该根据有关部门批准的任务书和必要的基础资料进行编制。
(2) 根据工程要求及爆区地质地形条件，确定合理的爆破范围和爆破方案。
(3) 贯彻落实安全生产方针，提出可靠的安全技术措施，以确保施工安全和爆区周围建筑物、构筑物和设备等不受损害。
(4) 尽可能采用先进的科学技术，合理地选择爆破参数，以达到良好的爆破效果。
(5) 爆破应符合挖掘工艺技术要求，以达到设计的效果，保证爆破方量和破碎质量，爆破区底板要平整，以利于装运。
(6) 严格按隧道设计文件要求施工，洞口围岩开挖始终坚持"管超前、严注浆、弱爆破（或不爆破）、短进尺、强支护、早封闭、勤量测"的施工原则。贯彻落实安全生产方针，提出可靠的安全技术措施，以确保施工安全和爆区周围建筑物、构筑物和设备等不受损害。

2) 爆破方案确定

本段区间按爆区周边保护对象控制爆破的方式和药量；隧道采取上下台阶法施工，在确保周边建构筑物安全的前提下，根据周边保护对象质点振速调整爆破单段用药量，单次循环进尺控制在0.8m内；隧道爆破采用排间微差起爆网路，光面爆破与主爆区分段同时起爆，光面爆破孔滞后主爆孔150～200ms。

3) 单段允许药量计算

爆破施工过程中需根据爆区实际周边环境，选取合理的单段齐爆药量，并控制一次爆破规模，以爆区最薄弱保护对象进行允许药量控制，确保爆破有害效应不影响周边保护物。

爆破设计药量公式：

$$Q_{\max} = \left(\frac{v}{k}\right)^{3/a} \cdot R^3 \qquad (4\text{-}1)$$

式中：$Q_{\max}$——最大单段允许用药量；
　　　v——振动速度控制标准；

R——爆源中心至振速控制点距离；

k——与爆破技术、地形有关的系数，本工程爆区为坚硬岩石，k 值取 70；

a——爆破振动衰减指数，通过爆破试验及振动检测得出，一般 $a = 1.5$。

国家标准《爆破安全规程》(GB 6722—2014)中对不引起建(构)筑物破坏的爆破地震安全振速规定见表 4-1。

爆破振动安全允许标准　　　　　　　　　　　　　　　　　　表 4-1

序 号	保护对象	安全允许质点振动速度(cm/s)		
		$f \leqslant 10\,Hz$	$10Hz < f \leqslant 50Hz$	$f > 50\,Hz$
1	土坯房、毛石房屋	0.15～0.45	0.45～0.9	0.9～1.5
2	一般民用建筑物	1.5～2.0	2.0～2.5	2.5～3.0
3	工业和商业建筑物	2.5～3.5	3.5～4.5	4.2～5.0
4	一般古建筑与古迹	0.1～0.2	0.2～0.3	0.3～0.5
5	运行水电站及中心控制设备	0.5～0.6	0.6～0.7	0.7～0.9
6	水工隧道	7～8	8～10	10～15
7	交通隧道	10～12	12～15	15～20

注：1. 表中质点振动速度为三个分量中的最大值，振动频率为主振频率。
　　2. 频率范围根据现场实测波形确定或按如下数据选取：洞室爆破 f 小于 20 Hz；露天深孔爆破 f 在 10～60 Hz 之间，露天浅孔爆破 f 在 40～100 Hz 之间；地下深孔爆破 f 在 30～100 Hz 之间，地下浅孔爆破 f 在 60～300 Hz 之间。

根据式(4-1)计算得出各部分每次爆破的允许一段最大装药量，见表 4-2。

规定振速下区间左线最大装药量计算表　　　　　　　　　　　表 4-2

爆 点	爆破工法	距最薄弱保护对象距离(m)	允许质点振速(cm/s)	最大单段允许药量(kg)	设计单段药量(kg)
区间隧道左线	上下台阶	运营中的福马路 8.99	10	14.74	2.0
		过路涵洞 4.69	10	2.10	
		古藏万一禅寺 18.4	2	5.08	
		砖混民房 18.21	2	4.93	
区间隧道右线	上下台阶	运营中的福马路 8.99	10	14.74	2.0
		过路涵洞 4.69	10	2.10	
		乾达婆王庙 20.54	2	7.1	
		福马路堤下砖混房 15.7	2	3.12	
		福马货运线 75	3	168.75	
		魁岐机场高速公路 85	3	245.65	

注：$k = 70$，$a = 1.5$。

结合项目断面，本项目设计药量控制在允许药量下，且单次不超过 250kg，确保把爆破有害效应控制在安全允许范围内。

4）区间隧道爆破参数设计

区间隧道采用上下台阶法施工，单循环炮眼深度控制 0.5m，预计进尺 0.4m，炮眼直径为 38～42mm。图 4-1 所示为上下台阶法的炮眼布置图。

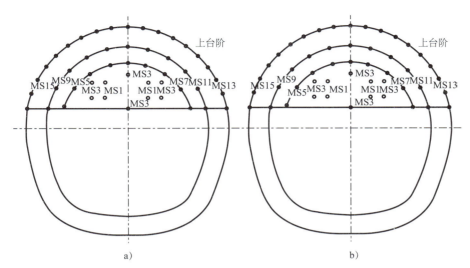

图 4-1 上下台阶法炮眼布置图

炮眼分为周边眼、掏槽眼、扩槽眼、辅助眼和底眼。

周边炮眼间距 50cm，抵抗线取 65cm，炮眼深度为 50cm，孔底向轮廓线外倾斜 3°～5°，线装药密度取 0.15～0.25kg/m。

楔形掏槽眼炮孔深度取 80cm，孔底距 20cm，钻孔斜度 65°，掏槽眼从上台阶底线上方 30cm 处向上布，掏槽眼排距离 40cm，炮眼数量为 4 个；装药集中度取 0.7～0.8。

扩槽眼在掏槽眼水平线外侧 45cm 处布孔，炮孔深度取 50cm，孔底距 20cm，钻孔斜度 56°，炮眼数量 5 个；装药集中度取 0.7～0.8。

辅助眼交错均匀地布置在周边眼与扩槽眼之间，并垂直于开挖面；辅助炮眼间距取 80～100cm，抵抗线取 80～95cm，炮眼深度为 50cm，装药集中度取 0.4～0.6。

开挖部分底部炮眼布置在底板开挖边线上，插入底板 5cm，间距 80cm；炮眼深度为 50cm，装药集中度取 0.5～0.7。

根据计算得到的上台阶和下台阶钻爆参数汇总于表 4-3 和表 4-4。

上台阶钻爆参数汇总表 表 4-3

炮眼名称	掏槽眼(1)	掏槽眼(2)	辅助眼				周边眼	
			1	2	3	4	1	2
炮眼数量(个)	4	6	5	5	6	6	10	10
炮眼深度(m)	0.7	0.5	0.5	0.5	0.5	0.5	0.5	0.5
每孔装药量(kg)	0.5	0.3	0.3	0.3	0.3	0.3	0.2	0.2
起爆段位顺序	1	3	5	7	9	11	13	15
单段装药量(kg)	2.0	1.8	1.5	1.5	1.8	1.8	2	2
总装药量(kg)	14.4							
炮眼总数(个)	52							
预计雷管用量(发)	70							

钻爆参数汇总表   表4-4

炮眼名称	辅助眼							
炮眼数量(个)	4	5	4	5	4	5	4	3
炮眼深度(m)	0.8	0.8	0.8	0.8	0.8	0.8	0.8	0.8
每孔装药量(kg)	0.4	0.4	0.4	0.4	0.4	0.4	0.4	0.4
起爆段位顺序	1	3	5	7	9	11	13	15
单段装药量(kg)	1.6	2.0	1.6	2.0	2.0	2.0	1.6	1.2
总装药量(kg)	14							
炮眼总数(个)	34							
预计雷管用量(发)	50							

以上钻、爆参数，施爆前应进行实地试爆，以进一步修正、确定，并根据实际爆破效果数据进行调整，以保障在安全施工的前提下加快施工进度。

5）起爆网路设计

隧道爆破采用孔内分段微差起爆方法，孔内采用1、3、5、7、9、11、13、15等连接，孔外采用低段别同段雷管（一般采用1段）连接。

从保证安全的角度出发，使用非电起爆网路。每孔1发非电延期毫秒雷管，孔外簇联后由双发电雷管或激发器起爆。簇联导爆管雷管以低于10发为宜，雷管与导爆管反向搭接，搭接长度大于15cm，并采用胶带捆扎牢固，如图4-2所示。

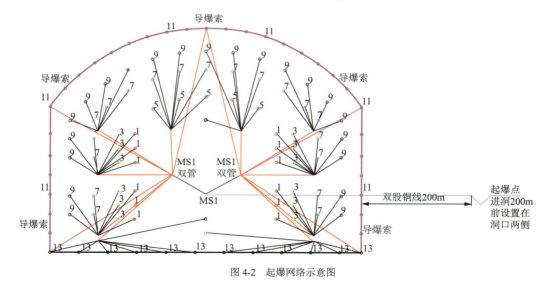

图4-2 起爆网络示意图

隧道周边眼采用光面爆破，一般采用导爆索连接，导爆索采用搭接、水手结等方法连接；搭接时两根导爆索搭接长度不应小于15cm，中间不得夹杂异物或者炸药，捆扎应牢固，起爆导爆索与导爆索捆扎端头的距离不小于15cm，雷管的聚能穴应朝向导爆索的传爆方向。

4.1.4 爆破施工通电、通风、排水设施

1)隧道洞内管线布置

区间隧道内通风管设在隧道拱腰位置,高压风管、高压水管及排水管布置在靠竖井方向一侧仰拱底部。电线路布置在一侧起拱线以上。隧道洞内管线布置如图4-3所示。

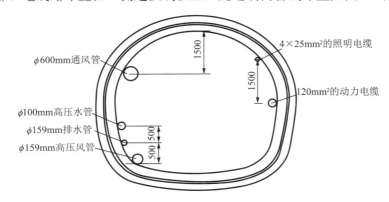

图4-3 风、水、管线布置示意图(尺寸单位:mm)

2)隧道施工中的排水

隧道施工排水采用明排的方法,仰拱未施工段在洞侧边位置设排水沟,每隔30m设一个集水坑,通过水泵抽水引入ϕ159mm排水管道,引至洞外废水处理池,达到规定排放要求后排入市政污水管道。水泵的排水能力大于排水量的20%以上,并配备潜水泵及发电机(备用电源),以做好停电时的应急排水工作。

3)隧道施工中的通风防尘

区间通风采取压入式通风,采用多级变速隧道专用通风机和隧道专用拉链式软风管,既可调节功率适应不同阶段通风要求,又达到节能的目的。

(1)区间通风方法及设备配置

竖井设置2台SDFNO11通风机,左、右线各用1台,独立通风,采用ϕ600mm拉链式软风管。SDFNO11风机功率2×110kW,风量为$1086\sim2100$m³/min。区间通风验算见表4-5。

区间通风验算表 表4-5

序号	项目	计算公式	参数选择	通风量(m³/min)
1	满足最小风速的风量	$A_1=60sv$	s- 隧道开挖断面积,取56m²; v- 洞内要求的最小风速,取0.15m/s	504
2	洞内最多工作人数所需风量	$A_2=fNq$	f- 风量备用系数,取1.2; N- 作业面同时作业的最多人数,取40人; q- 作业面每一作业人员的通风量,取3m³/min	144
3	稀释机械排出的废气所需风量	$A_3=n_tM$	洞内同时使用内燃机作业:145kW; M- 每台挖、装机械每马力排出废气量,取0.049m³/(s·kW)	314
4	风量检算	$A_{出}=(1-\beta l/100)A_0$	β- 百米漏风率,取1.5%; l- 风管长度,取600m; A_0- 通风机风量,取最小值1086m³/min	988

(2)区间通风设备安装布设

①风机布设

通风机安装在洞外距洞口距离不小于30m处,两风机间错开距离不小于15m,以免形成污风循环影响通风效果。不同外径的风机与风管连接时用过渡节过渡,过渡节长度以3～5m为宜。通风机装有保险装置,当发生故障时能自动停机。风机布设场地保持干燥平整。

②通风管布设要求

通风管吊挂平直、拉紧吊稳、接头严密。避免出现褶皱,垂直交接处要避免死弯。风管末端到工作面的距离保持在10～15m内,以确保通风效果。通风管安装接头严密,减少漏风损失,转弯半径不小于风管直径的3倍。在台车门架适当位置安装同直径刚性风筒连接,按施工要求设闸阀及三通接头备用。

③区间通风标准

开挖工作面进风流中(按体积计):氧气不得低于20%;二氧化碳不得超过0.5%。洞内每立方米空气中,粉尘最高容许浓度:含10%以上游离二氧化硅的粉尘为2mg;含10%以下游离二氧化硅的粉尘为10mg;含10%以下游离二氧化硅的水泥粉尘为6mg。洞内有害气体最高容许浓度:一氧化碳不超过30mg/m³;氧化物换算二氧化氮不超过5mg/m³。

4)隧道施工中的供风、供水、供电

(1)供风

施工中需用到凿岩设备,都采用压缩空气,地面设置空压机利用ϕ159mm 机械连接风管送风至隧道内。

(2)供水

施工中用水采用ϕ100mm 水管从洞外接入,如水压不够采用增压泵增压。

(3)供电

施工用电线路采用三相五线制,TN-S 接地接零保护系统、三级配电系统(总配电箱—分配电箱—开关箱)、三级漏电保护系统。根据区间施工安排,场地内安设1台变压器及1台备用发电机,由变压器供电施工,停电时发电机确保排水和照明供电。

4.1.5 爆破安全验算

1)爆破振动安全校核

根据式(4-1)反推出爆破时质点振动速度计算公式为:

$$v = k \cdot Q^{\frac{\alpha}{3}} \cdot R^{-\alpha} \qquad (4-2)$$

计算时,取k=150,α=1.5。

国家标准《爆破安全规程》(GB 6722—2014)中对不引起建(构)筑物破坏的爆破地震安全振速规定见表4-6,实际爆破施工过程的产生的爆破振动计算见表4-7。

爆破振动安全允许标准 表 4-6

序 号	保护对象	安全允许质点振动速度(cm/s)		
		<10Hz	10Hz<f≤50Hz	f>50Hz
1	土坯房、毛石房屋	0.15~0.45	0.45~0.9	0.9~1.5
2	一般民用建筑物	1.5~2.0	2.0~2.5	2.5~3.0
3	工业和商业建筑物	2.5~3.5	3.5~4.5	4.2~5.0
4	一般古建筑与古迹	0.1~0.2	0.2~0.3	0.3~0.5
5	水工隧道	7~8	8~10	10~15
6	交通隧道	10~12	12~15	15~20

注：1. 爆破振动检测同时测定质点振动相互垂直的三个分量，表中质点振动速度为三个分量中的最大值，振动频率为主振频率。
2. 频率范围根据现场实测波形确定或按如下数据选取：硐室爆破 f 小于 20Hz，露天深孔爆破 f 在 10~60Hz 之间，露天浅孔爆破 f 在 40~100Hz 之间，地下浅孔爆破 f 在 60~300Hz 之间。

爆破施工爆破振速计算表 表 4-7

爆 点	爆破工法	距最薄弱保护对象距离(m)	允许质点振速(cm/s)	设计单段药量(kg)	计算质点振速(cm/s)
区间隧道左线	上下台阶	营运福马路 8.99	10	2.0	3.67
		过路涵洞 4.69	10		9.75
		古藏万一禅寺 18.4	2		1.25
		砖混民房 18.21	2		1.27
区间隧道左线	上下台阶	运营中的福马路 8.99	10		3.67
		过路涵洞 4.69	10		9.75
		乾达婆王庙 20.54	2		1.06
		福马路堤下砖混房 15.7	2		1.59
		福马货运线 75	3		0.15
		魁岐机场高速公路 85	3		0.13

注：$k=150$，$a=1.5$。

经计算，各个爆区在爆破设计最大单段齐爆药量进行施工时，可能产生的爆破有害效应均小于爆破安全规程规定值，严格按设计进行施工时，能确保爆破振动不影响爆区周边各保护对象。

2) 爆破飞石安全校核

爆破飞石计算公式：

$$R_f = 20 \cdot K_f \cdot n^2 W \tag{4-3}$$

式中：R_f——飞石的飞散距离；

K_f——安全系数，本工程取值取 2.0；

n——爆破作用指数，隧道爆破 n 取 1.0；

W——最小抵抗线，取值为 1.0。

经计算可能产生的爆破飞石距离为断面前方 40m。本工程为地下爆破，按规程规定、安全警戒距离规定及爆破现场实际情况隧道围挡范围内进行警戒，爆破时人员撤离到安全警戒线外，人员应撤到隐蔽处，撤离不了的机械必须要加强防护。

3)爆破冲击波安全校核

露天钻孔爆破冲击破计算公式为:

$$\Delta P = J\left(\frac{Q^{\frac{1}{3}}}{R}\right)^a \tag{4-4}$$

式中:J——经验系数,取 1.48;

　　　a——取 1.55。

经计算在设计药量下爆破空气冲击波值见表 4-8。

空气冲击波超压计算表　　　　表 4-8

距离(m)	一次药量(kg)	允许超压值(Pa)	实际爆破超压值(Pa)	破坏等级名称
50	20	0.02×10^5	0.0163×10^5	基本无破坏
100			0.0056×10^5	基本无破坏
150			0.0030×10^5	基本无破坏
200			0.0019×10^5	基本无破坏

注:$J = 1.48$, $a = 1.55$。

通过计算可知,爆破在设计单次不超 50kg 时,爆破产生的冲击波超压对建构筑物、人员等不产生影响。同时本次爆区按隧道围挡范围内进行警戒,能够确保爆破期间保护物及人员的安全。

4)爆破有害气体安全校核

有害气全的安全距离按式(4-5)计算。

$$R_g = \frac{0.833eQb\sum \Delta}{S} \tag{4-5}$$

式中:R_g——有毒气体的安全距离;

　　　e——通风系数,通风时 0.84,不通风时取 1,本次取 1 计算;

　　　Q——炸药量,一个断面的总药量取 24kg;

　　　b——每千克炸药产品的有毒气体量,一般为 0.9m³/kg;

　　　$\sum \Delta$——爆区炮烟通往附近巷道的总体积,取 2.5m³;

　　　S——作业断面面积,以隧道面积计算 $S = 38.69$m²。

经计算爆破作业后炮烟安全允许距离为 1.2m,需充分做好排气通风工作,待爆破作业点有害气体彻底排除后,作业人员方可进洞检查和作业,必要时用水喷洒爆堆。爆破后,须经机械通风 15min 以上,人员方可进入施爆作业点。

5)爆破噪声和粉尘安全校核

爆破时产生噪声扩散和衰减很快,影响较小。爆破时应做好通知告示等,避免爆区周边不知情人员受到惊吓,爆破时人员应撤出隧道围挡范围内并进行警戒。爆破后在安全等待时间超过 15min,经爆破安全员检查无盲炮、地质灾害险情等后,施工人员方可进入爆区,并用喷水降尘较小风尘。

4.1.6　WSS 注浆

因本段落加固地层,上部填石层、下部为强风化岩层,采用袖阀管注浆效果较差,因而采用适用于复杂复合地层的坑道钻机进行深孔注浆(无收缩双液注浆改良土体工法,即 WSS 工法)进行加固。

1)注浆材料性能分析

WSS 无收缩注浆液属于安全及高渗透性的注浆材料,固结硬化时间可根据实际工程需要进行调整。浆液性能如图 4-4 所示。

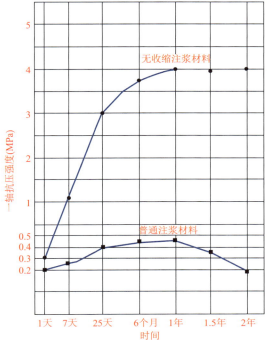

图 4-4　无收缩注浆液性能分析图

浆液配合比为:A 液 [水玻璃(45 °Be')] : 水 =1 : 1, C 液 [水泥(42.5R 普通硅酸盐水泥)] : 水 =1 : 1; A 液 : C 液 =1 : 1。

注浆时,可根据现场实际情况适当调整配合比,并适当加入特种材料以增加可灌性和堵水性能,提高止水效果。

无收缩注浆液具有以下特点:

(1)固结硬化时间容易调整,设计硬化时间长的注浆液也具有很高强度。

(2)渗透性良好,尤其是对微细砂层的渗透性优。

(3)地层中有流动水的情况下也具有很强的固结性能,浆液不易溶解,具有止水效果。

(4)浆液强度、硬化时间、渗透性能可根据现场实际需要调整。

(5)浆液不流失、固结后不收缩,硬化剂无毒,对地下水无污染。

2）注浆平面范围与注浆孔位布置

注浆加固体范围平均长79m，平均宽19.9m；注浆孔位布置为四周密排布孔位，间距2m，梅花形布置。注浆范围和注浆孔位布置如图4-5所示。

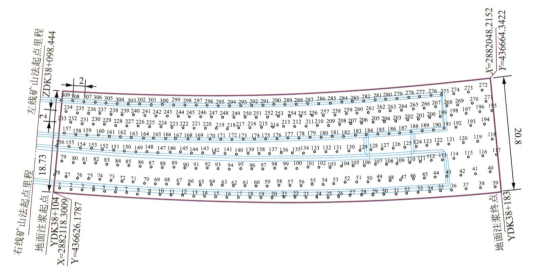

图4-5　注浆范围和注浆孔位布置图（1~309号）（尺寸单位：m）

3）注浆量与注浆压力控制

（1）注浆量

由于浆液的扩散半径与土孔隙很难精密确定，根据该区段隧道工程地质、水文条件和注浆效果以及所选择的注浆材料，进行注浆量的估算。

填石层注浆体积（每延米）注浆量：$Q=3.14×2^2×50\%×50\%=3.14（m^3）$。

砂层注浆体积（每延米）注浆量：$Q=3.14×2^2×40\%×40\%=2（m^3）$。

砂质、砾质黏性土注浆体积（每延米）注浆量：$Q=3.14×2^2×30\%×30\%=1.13（m^3）$。

全强风化花岗岩注浆体积（每延米）注浆量：$Q=3.14×2^2×25\%×25\%=0.79（m^3）$。

（2）注浆压力

根据地层性质，地层水土压力对注浆压力计算，注浆压力暂定为0.3~0.35MPa。注浆期间采用注浆压力和注浆量双重控制，即注浆量达到设计值或注浆压力达到设计值，可停止注浆。

本工程主要注浆参数如下：

①注浆孔直径：73mm；

②浆液扩散半径：2m；

③浆液凝结时间：20~30s；

④注浆压力：0.3~0.35MPa；

⑤每次提杆长度：0.3~0.4m。

4）WSS 注浆主要施工工序

（1）施工准备

①围挡施工

正式进场施工前,先进行围挡施工,并做好路障和安全警示。同时在围挡内侧摆放沙袋,防止散落泥浆污染其他路面。

②管线探测

先进行管线调查,如果该区域无管线则进行施工;如果有管线,则开挖探沟,确定地下管线的方位,并做好保护措施。

③孔位放样

施工前根据设计要求用全站仪对每个孔位放样,经过复测验线合格后,用钢钉在地面进行定位,保证桩孔中心移位偏差小于 50mm。

④施工场地布置

施工前,对场地进行布置,确定机械设备和材料的最佳摆放位置。

（2）钻机就位

根据设计要求,将钻机对准孔位,垂直角度钻进,要求孔位偏差为 ±3cm,入射角度偏差不大于 1°。对准孔位后,钻机不得移位,也不得随意起降。

（3）钻进成孔

第一个孔施工时,要慢速运转,掌握地层对钻机的影响情况,以确定在该地层条件下的钻进参数。密切观察溢水出水情况,出现大量溢水出水时,应立即停钻,分析原因后再进行施工。每钻进一段,检查一段,及时纠偏,孔底位置偏差应小于 30cm。

（4）浆液配合比

采用经计量准确的计量工具,按照设计配方配料。每一罐料都需要精确配制。

（5）注浆

注浆孔开孔直径不小于 73mm,严格控制注浆压力,同时密切关注注浆量,当压力突然上升或从孔壁、断面砂层溢浆时,应立即停止注浆,查明原因后采取调整注浆参数或移位等措施重新注浆。土、砂层容易造成坍孔时,采用前进式注浆,否则采用后退式注浆。

注浆过程中,边注浆边提钻杆,严格控制提升幅度,每步为 0.3～0.4m,匀速回抽,注意注浆参数变化,当注浆量或注浆压力达到设计值后继续进行提杆。用 A、C 液（水玻璃＋水泥浆）后退式注浆进行土体固结,加固的每延米注浆量和 A、C 液的配合比,采用试桩得出的参数,如地质情况有变化,重新调整参数。

（6）施工场地整理

当班施工完成后,按照福州市环保标准要求将现场清理干净。

4.1.7 应用成效

福州地铁 2 号线终点站洋里站隧道爆破施工区需下穿福马公路,周边又紧邻砖混居民楼以及古建筑群，因此，爆破振动危害及地表沉降需要严格控制。本工程基于严谨的爆破参数计算及安全验算设计爆破方案，并结合 WSS 注浆技术以改善该区域复杂地层的土体质量，控制地表沉降。最终，成功控制爆破危害实现隧道顺利下穿。

4.2 地铁矿山法隧道超长管棚施工

4.2.1 工程概况

福州地铁 2 号线苏洋站—沙堤站区间工程：西起苏洋站大里程端→勃莱特厂区围墙内侧采用明挖法区间铺设→采用盾构法下穿龙江云山别墅区北侧凹地→采用矿山法+盾构空推法下穿重磨山，在福建公路福州上街征管所内设置中间竖井→采用盾构法沿国宾大道铺设到达沙堤站。中间竖井位于 316 国道与迎宾道交叉口北侧，福建公路收费福州上街征管所院内，中间竖井小里程接本区间矿山法隧道。区间平面如图 3-144 所示。

本区间中间竖井基坑长 15.9m，宽 26.2m，基坑开挖深度约 25.6m，为地下三层结构，基坑采用明挖法施工。矿山段左线 ZDK9+490.000～ZDK10+068.335，全长 578.335m；右线 YDK9+500～YDK10+066.300，全长 566.3m。覆土厚度 15.8～88.4m。矿山法隧道进洞段为 V 级围岩，约 180m。

竖井拟建场地工程地质情况自上而下：竖井基坑侧壁主要为素填土 <1-1> 层、残积黏性土（硬塑）<5-2-2>、全风化石英正长斑岩 <6-2>、强风化花岗岩（砂土状）<7-1>、强风化石英正长斑岩（砂土状）<7-1-2>、强风化石英正长斑岩（碎块状）<7-2-2>、局部存在孤石。与中间竖井相接处的矿山法隧道围岩为强风化石英正长斑岩，局部洞身段为全风化花岗岩、强风化流纹岩，岩体破碎、结构松散，极软岩，岩芯遇水易软化、崩解。地下水较贫乏，淋雨状、涌流状出水，自稳能力差，拱部和侧壁易产生大塌方。

4.2.2 矿山法隧道进洞设计方案比选

1）设计方案一

设计方案一拟采用超前长管棚进洞，管棚设置在竖井与区间隧道交界处。管棚采用的是 $\phi 108mm \times 8mm$ 的热轧无缝钢管，沿拱部 150°环向设置，环向间距 0.3m，长度 26m；起超前支护作用，单洞共计布置 38 根。管棚设 $\phi 15mm$ 注浆孔，纵向间距 30cm，孔眼呈梅花形布设。

竖井侧墙主体施工时，埋设管棚导向管，导向管采用 $\phi 133mm \times 4mm$ 无缝钢管，长度 1.1m，环向间距 0.3m。导向管安装仰角 1°（不包括路线纵坡），方向与路线中线平行，单洞共计安装 38 根。管棚断面布置图及导向管埋设图分别如图 4-6、图 4-7 所示。

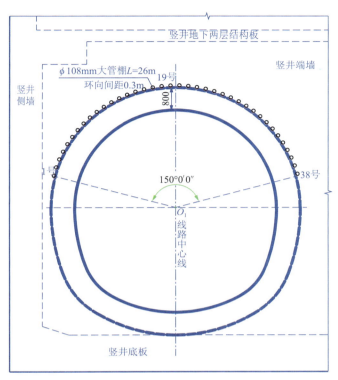

图 4-6 管棚断面布置示意图(尺寸单位：mm)

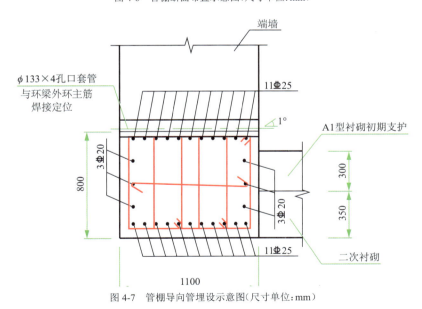

图 4-7 管棚导向管埋设示意图(尺寸单位：mm)

2)设计方案二

设计方案二采用双排超前小导管进洞。主体结构施工前，在矿山法隧道洞口拱部 120°范围内预留施工双排 $\phi 42mm \times 3.5mm$ 的超前注浆小导管，导管长度为 3.5m，环向间距

0.3m，外插角10°，待矿山法隧道开挖前进行注浆加固拱部洞圈。双排小导管断面布置图及剖面图分别如图4-8、图4-9所示。

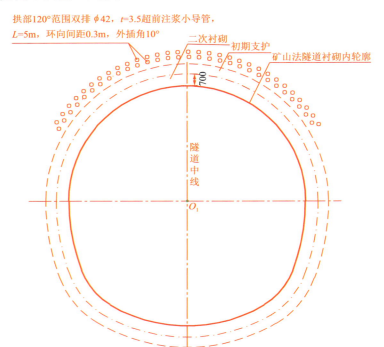

图4-8　双排小导管断面布置图（尺寸单位：mm）

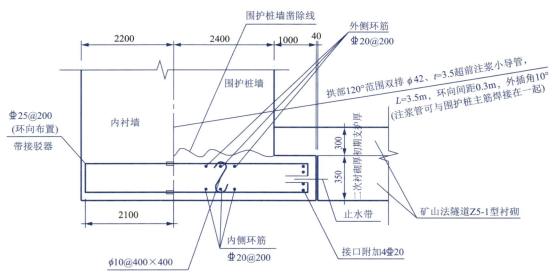

图4-9　双排小导管布置剖面图（尺寸单位：mm）

3）方案比选

矿山法隧道洞口地质条件为强风化石英正长斑岩，局部洞身段为全风化花岗岩、强风化流纹岩,岩体破碎、结构松散,自稳能力差。本工程综合安全、工期等因素考虑,选择设计方案一,即中间竖井主体结构负三层侧墙浇筑完成后,进行矿山法隧道超前长管棚施工。

4.2.3 施工方案

1)管棚施工工艺流程

本工程管棚施工工艺流程如图4-10所示。

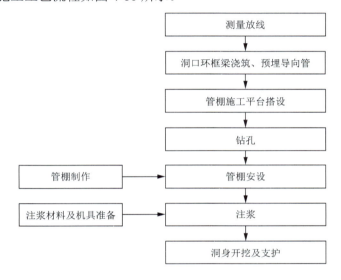

图4-10 管棚施工工艺流程图

2)管棚加工

施工采用的管棚是ϕ108mm×8mm的无缝钢管。管棚管壁上钻ϕ15mm注浆孔,并呈梅花形布置其纵向间距为300mm,尾部为不钻孔的止浆段3500mm,如图4-6所示。

管棚在安装前使用高压风对孔内进行扫孔、清孔,清除孔内浮渣,确保孔径(孔径不得小于121mm)、孔深符合要求,防止堵孔。安装时采用顶进安装,节长4m和节长6m交替使用,逐节接长;钢管采用螺纹连接,连接钢管长40cm,直径121mm,壁厚8mm,螺纹长15cm;安装时需保证钢管在同一截面的接头数不得超过管数的50%,相邻钢管的接头至少须错开1m。

管棚加工、管棚连接钢管加工、管棚现场加工分别如图4-11～图4-13所示。

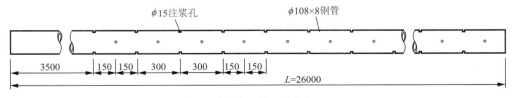

图4-11 管棚加工图(尺寸单位:mm)

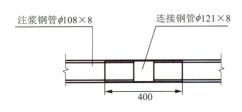

图 4-12 管棚连接图(尺寸单位:mm)

图 4-13 管棚现场加工

3)平台搭设

管棚施工平台采用贝雷片搭建,基底需提前平整,确保平台稳固,具有足够的承载力。管棚施工过程中,贝雷片机动调整,确保管棚施工角度符合要求。管棚施工平台如图 4-14 所示,管棚施工平台搭设如图 4-15 所示。

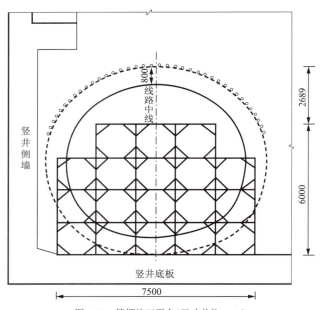

图 4-14 管棚施工平台(尺寸单位:mm)

图 4-15 管棚施工平台搭设现场

4)管棚安装

图 4-16 所示为管棚钻进施工现场。管棚安装施工采用 DK-300 型钻机进行钻孔,钻机连接套管自动跟进装置连接钢管,将第一节钢管推入孔内。钢管孔外长度剩余 30~40cm 时,用管钳卡住管棚,反转钻机,使顶进连接套与钢管脱离,人工安装续接下一节钢管。接管时需对准上一节钢管端部,人工持管钳用钢管连接套将两节钢管连在一起,再

以冲击压力和推进压力低速顶进钢管。复以上步骤直至安装完成。施工需要注意的是钻机开孔时钻速宜低,钻进20cm后转入正常钻速。

5)管棚注浆

管棚安装完成后采用ZKSY90-100双缸双液注浆机进行注浆(图4-17),出浆口需安装流量计。注浆浆液为水灰比1∶1的水泥浆液,如遇地下水较发育可添加水玻璃,添加量为水泥浆液体积的5%,水玻璃浓度为35°Be′,并通过现场试验合格后使用。注浆顺序原则上由低孔位向高孔位进行。首先对钢管进行单液注浆,初压为0.6～1.0MPa、终压为1.5MPa。

图4-16　管棚钻进施工现场

图4-17　管棚注浆施工

管棚封口如图4-18所示。

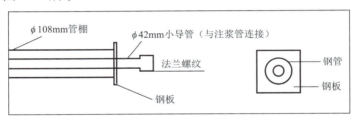

图4-18　管棚封口图

4.2.4　施工监测

1)监测目的

超前长管棚注浆过程中对地表及竖井结构等周边建筑物进行监测并及时反馈施工,确保施工安全。监测目的主要包括以下两个方面:

(1)了解隧道开挖引起的地表及地下管线水平位移及沉降变形情况。

(2)了解隧道开挖过程中上方建(构)筑物发生的沉降、倾斜及水平位移情况。

2)监测内容

根据进洞时施工特点,监控量测主要包括隧道内支护结构与隧道外周边环境监测,主要内容如下:

(1)洞内周边位移收敛监测。

(2)周边地表及周围建构筑物的沉降、位移及倾斜观测。

4.2.5 应用成效

地铁区间隧道施工时通常采用在区间合适位置设置竖井,从竖井中通过马头门段进入正洞隧道。中间竖井与矿山法隧道结合部位,受力及施工工序衔接较为复杂,从结构内进入矿山法隧道施工存在一定的风险。福州地铁 2 号线苏洋站—沙堤站区间矿山法隧道进洞段超前长管棚施工的成功实践表明,超前长管棚进洞法可提高岩体破碎段矿山法隧道进洞开挖的安全性,在工期和工序安排上有较大优势,且质量控制相对容易。其相关经验可为今后类似工程提供借鉴。

4.3 江底联络通道超强冷冻法施工

4.3.1 工程概况

厚庭站—桔园洲站区间右线长 2666m,左线长 2668m。区间设一座中间风井,五座联络通道,其中一座与中间风井合建,一座兼做废水泵房。五座联络通道中,2 号、3 号联络通道均位于乌龙江江底下方;其中 2 号联络通道里程为 Y(Z)DK19+064.4674,两隧道中心线间距 13m,结构顶板埋深约 22.6m;3 号联络通道里程为 ZDK19+420.0160、YDK19+419.8154,两隧道中心线间距 13m,结构顶板埋深约 17.3m。

联络通道均采用水平冻结法加固地层,矿山暗挖法施工。联络通道所在位置的隧道管片为钢管片,隧道内径为 5.5m,管片厚度 350mm。衬砌采用二次衬砌方式,初期支护为钢筋格栅和 C25 P6 网喷混凝土结构,厚度 300mm;二次衬砌为 C35 P10 现浇钢筋混凝土结构。在临时支护层和永久结构层之间设一道防水层,联络通道的结构如图 4-19~图 4-22 所示。

2 号江底联络通道兼泵房位于乌龙江(闽江支流)江底下方,江底以砂土为主,局部零星分布淤泥,联络通道中心与江底最大垂直距离约 24.5m,与江水近年最高潮位(1998年)垂直距离约 33.0m。所处地层自上而下为:淤泥 <2-4-1>、粗中砂(中密)<2-5-2>、淤泥夹砂 <2-4-4>、卵石 <3-8>。隧道洞身位置为:淤泥夹砂 <2-4-4>、卵石 <3-8>,围岩等级为Ⅵ级。

3 号江底联络通道位于乌龙江(闽江支流)江底下方,江底以砂土为主,局部零星分布淤泥,联络通道中心与江底最大垂直距离约 20.5m,与江水近年最高潮位(1998 年)垂直距离约 31.4m。所处地层自上而下为:粗中砂(稍密)<2-5-2>、粗中砂(中密)<2-5-2>、淤泥质土 <2-4-2>、粗中砂(中密)<2-5-2>、卵石 <3-8>。隧道洞身位置为:粗中砂(中密)<2-5-2>,围岩等级为Ⅵ级。

本区间隧道围岩以饱和的粗中砂层为主,该层土在地下水作用下易发生冒顶、流砂,且局部有液化趋势。2 号、3 号联络通道(及泵站)上部地层均存在液化土层,其中 3 号联络通道处左线隧道顶板以上即为液化土层。

第 4 章 矿山法隧道修建关键技术

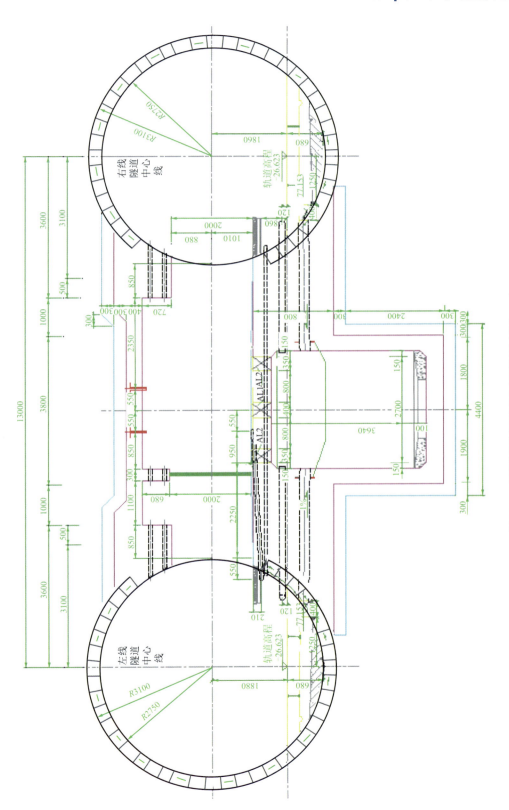

图 4-19 2 号联络通道兼泵房结构剖面图（尺寸单位：mm）

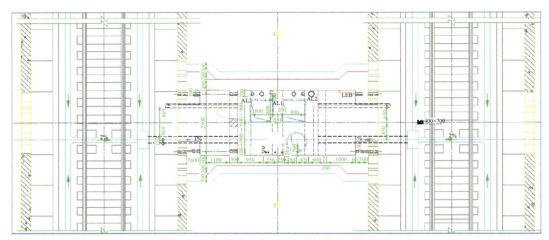

图 4-20　2 号联络通道兼泵房结构平面图（尺寸单位：mm）

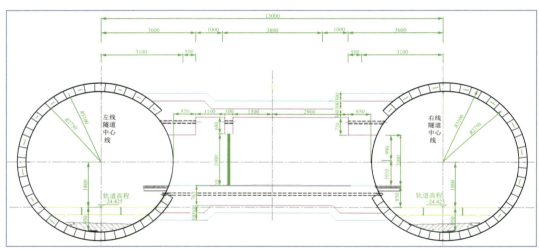

图 4-21　3 号联络通道结构剖面图（尺寸单位：mm，高程单位：m）

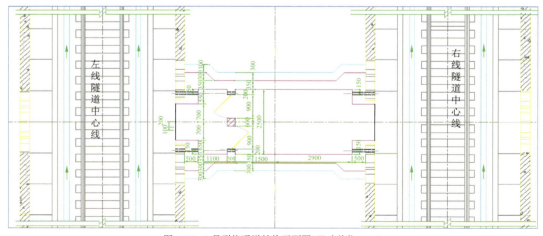

图 4-22　3 号联络通道结构平面图（尺寸单位：mm）

4.3.2 工程分析

1）工程难点

本工程中 2 号、3 号联络通道位于江底,孔隙水压高,施工中容易出现突水、涌砂的现象,施工风险较高;其中 2 号通道的隧道洞身位于卵石层,围岩等级为Ⅵ级,钻孔及其困难;并且 2 号、3 号联络通道均为双面打孔,孔间距较小,钻孔偏斜要求极高且需保压钻进,施工难度大。

2）施工技术要点

由于该工程联络通道所处地层复杂,且联络通道在江底,位于粗中砂及卵石地层,施工风险较大。在施工中必须采取切实可靠的技术措施,以确保联络通道施工的安全并保证施工工期。根据以往施工越江隧道联络通道的经验,本工程采用超强冷冻法进行施工,并提出以下技术要点:

(1)根据以往联络通道冻结孔施工的成功经验,用金刚石取芯钻在管片上开孔,在未开透管片的情况下安装孔口密封装置,缠 6mm 厚麻丝并抹上环氧树脂,且每个孔口管固定不少于 6～8 个点,并采取跟管保压钻进法下放冻结管,以防钻进时大量涌水、涌砂。

(2)针对施工冻结孔时容易产生冒泥涌水现象,采用功率较大的钻机施工。如有钻孔泥水流失,及时进行补浆充填;在不可控的情况下,采用钻孔安全防护罩处理。钻孔施工前,先预埋孔口管,已保证钻孔期间,泥沙不会通过管片与冻结管之间的缝隙喷涌。

(3)由于管片容易散热,会影响隧道管片附近土层的冻结效果,从而影响冻结帷幕的整体稳定性和封水性。在开冻前将管片格栅进行充填,外敷保温层,以减少冷量损失。在对侧隧道按设计要求布置排冷冻排管。

(4)在联络通道两端布设卸压孔,冻胀力过大时,及时释放压力,以减小土层冻胀对隧道的影响。

(5)加强对冻结帷幕的检测。在冻结帷幕内布置测温孔,以便正确判断冻结帷幕是否交圈和测定冻结帷幕厚度。冻结管末端近隧道管片附近土层的冻结情况是控制整个联络通道冻结帷幕安全的关键。需在沿冻结帷幕四周布置测温孔,以全面监测冻结帷幕的形成过程。

(6)冻结交圈前在隧道内安装预应力支架,以防拆除管片时隧道变形和破坏。

(7)在开挖过程中及时监测冻结帷幕变形和开挖面温度,如遇冻结帷幕有明显变形,立即用钢支架支撑,调整开挖构筑工艺,并同时加强冻结。

(8)在联络通道衬砌中预埋压浆管,采用注浆方式以补偿土层融沉,注浆应配合冻结帷幕融化过程进行。

(9)在联络通道融沉注浆的过程时,应加强联络通道及其周围环境的监测,根据监测数据变化及时对联络通道进行融沉补偿注浆。

4.3.3 冻结加固方案

1）冻结帷幕设计

冻土帷幕结构的几何尺寸如图4-23、图4-24所示。2号联络通道正常段冻结壁厚度≥2.6m，喇叭口处≥2.3m；3号通道正常段冻结壁厚度≥2.4m，喇叭口处≥2.1m。

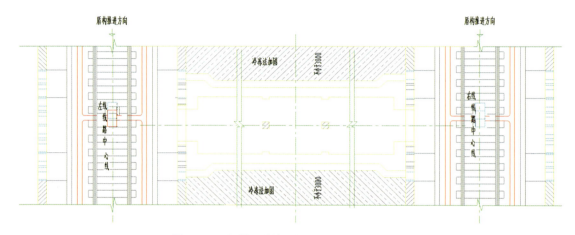

图4-23　2号联络通道兼泵房加固图（尺寸单位：mm）

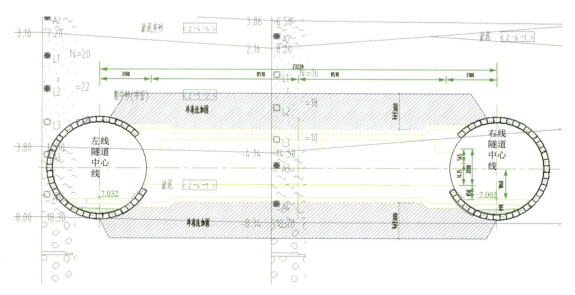

图4-24　3号联络通道加固图（尺寸单位：mm，高程单位：m）

2）冻结孔、测温孔、泄压孔布置

（1）冻结孔布置

2号和3号的联络通道冻结孔布置采取从左、右线隧道双面布孔方式，根据冻结帷幕厚度布置冻结孔。2 号联络通道共设计冻结孔 132 个,其中左线布置 67 个孔,右线布置冻结孔 65 个(合计长度 959.017m),其中在隧道中腰部设置 6 个穿透孔,以校核钻孔方位,且用于冷冻系统对侧冻结管供冷。3 号联络通道共设计冻结孔 115 个,其中左线布置 60 个,右线布置 55 个(合计长度 675.415m)。在隧道中腰部的冻结孔中有 6 个是穿透孔,用以校核钻孔方位,且用于冷冻系统对侧冻结管供冷。冻结孔的布置如图 4-16、图 4-17 所示。

冻结孔的技术要求:

①冻结管采用 ϕ89mm×8mm 20 号低碳钢无缝钢管。

②冻结孔的开孔位置误差不大于 100mm,应避开管片接缝、螺栓、主筋。冻结孔最大允许偏斜不大于 150mm。

③冻结管接头采用螺纹加焊接,抗拉强度不低于母管的 75%。

④冻结孔有效深度不小于冻结孔设计深度(冻结管管头碰到冻结站对侧管片的冻结孔除外),不能循环盐水的管头长度不得大于 150mm。

⑤供液管采用 ϕ48mm×3.5mm 钢管。

⑥冷冻排管采用 ϕ45mm×3mm 无缝钢管。

(2)测温孔布置

在联络通道冻结帷幕内外布置测温孔,目的主要是测量冻结帷幕不同部位的温度发展状况,以便综合采用相应控制措施,确保施工的安全。

2 号、3 号联络通道各布置测温孔 15 个。测温孔深孔选用 ϕ89mm×8mm 无缝钢管,浅孔选用 ϕ45mm×3mm 无缝钢管;隧道测温管长度 2～6.5m;管前端焊接密封,确保管内不得渗水。

(3)卸压孔布置

联络通道均在冻结帷幕封闭区域内布置 4 个卸压孔,左、右线各 2 个,主要用于检测冻结帷幕内的冻胀力和及时释放过高的冻胀力。卸压管选用 ϕ32mm×3mm 无缝钢管;并在卸压孔上安装压力表,直观的监测冻结帷幕内的压力变化情况。通过每日观测,及时判断冻结帷幕的形成,并可直接释放冻胀力。

(4)其他冻结施工设计要求

①积极冻结期盐水温度为 -28℃以下。

②联络通道设计积极冻结时间约为 45d(3 号联络通道 42 d),达到设计加固效果后,方可进行开挖工作。

③维护冻结期盐水温度为 -25～-28℃,维护冻结时间为达到设计加固效果后至主体结构施工完成。

④冻结孔单孔流量不小于 5m³/h。

4.3.4 液氮冻结与盐水冻结

冻结技术是利用人工制冷技术,使地层中的水结冰,把天然岩土变成冻土,增加其强度和稳定性,隔绝地下水与地下工程的联系,以便在冻结壁的保护下进行地下工程掘砌施工的特殊施工技术。液氮冻结是利用液氮气化吸热实现冻结,盐水冻结是以氟作为制冷工质,为了使氟由液态变为气态,再由气态变为液态,如此循环进行;整个制冷系统由氟循环、盐水循环和冷却水循环三大系统构成。

1)液氮冻结

液氮冻结采用液氮管两孔串接,保证各液氮管均匀向外扩散冷量。管路用不锈钢软管连接,管路用低温液氮阀门控制,所有暴露冻结管路用保温泡沫板或棉花保温。用容积不小于 20000L 的液氮容器,作为冻结期间液氮的缓冲和储备,以防液氮供应出现中断。

冻结的关键环节为温度控制,液氮储罐出口的温度控制在 $-150\sim-170℃$,压力控制在 $0.1\sim0.15$MPa 为宜;冻结管出口温度控制在 $-50\sim-70℃$,压力控制在 $0.05\sim0.1$MPa 为宜。压力调节可使用液氮储罐上的散热板,温度调节使用每组回路中截止阀。

2)盐水冻结

本工程盐水冻结的设计参数如下:

(1)氟循环系统设计

①冻结管选用 $\phi127\times4.5$mm 无缝钢管;

②冻结期盐水温度为 $-25\sim-30℃$;

③盐水相对密度 1.26;

④冻结管内盐水流量 5m³/h;

⑤冻结管散热能力:1088.568kJ/m²/h;

⑥冷量损失系数:1.2。

(2)盐水循环系统设计

①选用氯化钙溶液,氯化钙用量(80% 晶体)约 10t;

②盐水干管、集配液圈选型:用 $\phi159$mm$\times5$mm 焊接钢管加工制作;

③分支选用 $\phi48$mm$\times3.5$mm 焊接钢管加工制作,并采用橡胶软管串联。

(3)冷冻水循环系统设计

①清水管选型:$\phi127$mm$\times4.5$mm 焊接钢管加工制作;

②选用 8m³ 清水箱 1 个;

③新鲜水补充量 20m³/h。

3)冻结施工方法及工艺

(1)制冷计算

冻结制冷系统需冷量计算:

$$Q = Q_1 + Q_2 = 1.2\pi K(d_1 L_1 + d_2 L_2) \tag{4-6}$$

式中:Q_1、Q_2——冻结管、冷冻排管的需冷量;

d_1、d_2——分别为冻结管和冷冻排管的内径,取值为 89mm、45mm;

L_1、L_2——分别为冻结管和冷冻排管的长度,取值为 89mm、45mm;

K——冻结管散热系数。

根据计算,2 号联络通道冻结站最大需冷量约为 $4.274×10^5$kJ/h;3 号联络通道冻结站最大需冷量约为 $3.292×10^5$kJ/h。

(2)冻结设备选型

根据需冷量,本工程中各冻结站设备配备见表 4-9。

各冻结站设备配备一览表　　　　　　　　　　　表 4-9

区间联络通道	设备名称	规格型号	单位	数量
1 号、2 号联络通道冷冻站(右线)	天加冷冻机组	TBSD620.1JF	台	2
	天加冷冻机组	TBSD510.1JF	台	1
	清水泵	TPW125-160A	台	2
	盐水泵	IS150-125-400C	台	4
	冷却台	KST-80 型	台	3
	清水、盐水管路	ϕ140mm	m	1000
3 号联络通道(左线)	天加冷冻机组	TBSD510.1JF	台	2
	清水泵	TPW125-160A	台	2
	盐水泵	IS150-125-400C	台	2
	冷却台	KST-80 型	台	2
	清水、盐水管路	ϕ140mm	m	200

(3)冻结站布置

根据现场施工环境,将冻结站安装在隧道内靠近联络通道的位置,已减少冷量及流量损失。站内设备主要包括冷冻机组、盐水箱、盐水泵、清水泵、冷却塔及配电控制柜等。设备安装按照设备使用说明书进行,布置效果如图 4-25 所示。

a)　　　　　　　　　　　　　　b)

图 4-25

c)   d)

图 4-25　隧道冻结站布置

（4）保温施工

盐水管路经试漏、清洗后用保温板或棉絮保温，保温厚度不小于 50mm，保温层的外面用塑料薄膜包扎，采用 PEF 板保温板进行隔热保温。冷冻机组的蒸发器及低温管路用棉絮或保温板保温，盐水箱和盐水干管用厚 50mm 的保温板或棉絮保温。对于联络通道，由于混凝土管片和钢套环相对于土层更容易散热，为加强冻结帷幕与管片胶结，在开机前采用 50mm PEF 保温板对冻结帷幕发展区域管片进行隔热保温。在冻结管的端部区域范围内敷设保温层，敷设范围至设计冻结壁边界外 1m，然后采用保温板对冻结帷幕发展区域管片进行隔热保温。需要注意的是，保温材料为易燃材料，因此，管路保温时须每 50m 设灭火器一个。

4）积极冻结

设备安装完毕后进行调试和试运转。在试运转时，要随时调节压力、温度等各状态参数，使机组在有关工艺规程和设备要求的技术参数条件下运行。冻结系统运转正常后进入积极冻结。

此阶段为冻结帷幕的形成阶段，联络通道冻土帷幕交圈时间为 23～28 d，联络通道设计冻结时间为 42～45d，要求冻结孔单孔流量不小于 5～8m³/h；去、回路温差不大于 2℃；开挖前盐水温度降至 -28℃ 以下。如盐水温度和盐水流量达不到设计要求，应延长积极冻结时间。

5）维护冻结

在积极冻结过程中，要根据实测温度资料判断冻结帷幕是否交圈和达到设计厚度，同时要监测冻结帷幕与隧道的胶结情况，测温判断冻结帷幕交圈并达到设计厚度且与隧道完全胶结后，可进入维护冻结阶段。

维护冻结期温度为 -25～-28℃，冻结时间贯穿联络通道开挖和主体结构施工始终。

4.3.5　开挖施工

1）开挖条件

确定打开管片进行开挖之前需结合测温孔资料、卸压孔压力、探孔情况等方面的数据综合考虑，需具备和满足设计要求条件后（表 4-10），方可开挖。

联络通道开挖条件验收表 表 4-10

项　　目		数值／现场情况	备　注
安装隧道支撑及防护门			应急材料设备齐全
联络通道及隧道的通信设施齐备			
冻结帷幕平均温度		-10℃（冻结壁与管片交界面平均温度≤-5℃）	通过成冰公式计算
冻结帷幕厚度		1号和2号联络通道喇叭口为2.3m，通道为2.6m；3号联络通喇叭口2.1m，通道2.4m；5号联络通道喇叭口1.6m，通道1.9m	通过测温资料计算
盐水温度	积极期	-28～-30℃（盐水最低温度）	用测温仪监测
	维护期	不低于-28℃	
盐水去、回路温差（包括各支路）	积极期	2℃以内	冻结至设计温度时
	维护期	1.0℃以内	
卸压孔	交圈前	静水压力	通过压力表观测
	交圈后	剧增 0.15～0.3MPa	
探孔	开挖前	至冻结孔距离≥1.0m，深度0.5m，不少于2个；探孔内无涌砂、涌水现象且结霜情况良好	

2）拉管片

加固土体强度达到设计要求及准备工作就绪后开挖构筑工作就可正式开始，探孔无水或泥沙等物流出后即可开管片。开管片前，首先准备两台 5t 千斤顶，5t 和 2t 手立葫芦各一台。

将两台千斤顶架在被开管片两侧，中间用一根型钢横梁同钢管片直接相连接，通过千斤顶顶推横梁向外顶推钢管片。操作时，要认真观察管片受力及位移情况，消除局部受阻因素，防止管片变形。5t 手拉葫芦用于辅助拉拔管片，葫芦一端挂住欲拆的管片，一端系在对面隧道管片上，水平方向稍加力向外（隧道内）拉拔管片，要配合千斤顶操作。2t 手拉葫芦悬吊在欲拆管片的上方，一端钩住欲拆解管片，一端人拉，以防管片拉出时突然砸落在工作平台上，如图 4-26 所示。

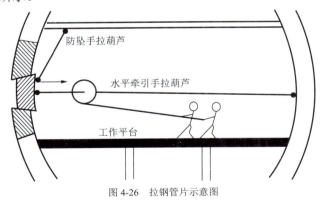

图 4-26 拉钢管片示意图

3）土方开挖

经探孔确认可以进行正式开挖后，打开钢管片，然后根据采用矿山法进行暗挖施工。根据工程结构特点，联络通道开挖掘进采取分区分层方式进行，其施工顺序如图 4-27 所示。

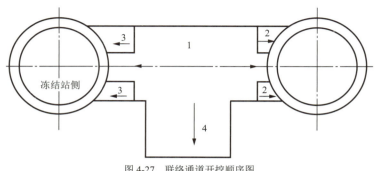

图 4-27 联络通道开挖顺序图
1～4- 开挖顺序号

由于土体采用冻结法加固,冻土强度较高,冻结帷幕承载能力大,因而开挖时(除喇叭口处侧墙和拱顶外)可以采用全断面一次开挖,开挖步距为 0.35m 左右(特殊情况不大于 0.8m)。在掘进施工中根据揭露土体的加固效果,及时调整开挖步距和支护强度,确保安全施工。另外,由于冻土强度高,韧性好,需采用风镐进行掘进。为了提高掘进效率,加快施工进度,缩短冻土暴露时间,风镐尖需做淬火处理。而且掘进环境温度在 0℃以下,输风管路及风镐中的冷凝水容易结冰,需进行除湿处理。

开挖的土方用三轮车运至隧道口,转由门式起重机运至地面指定的堆放处,再集中运出场地。临时支护采用两次支护方式,第一次支护(临时支护)采用钢筋格栅和喷射混凝土,第二支护(二次衬砌)采用现浇钢筋混凝土,如图 4-28 所示。

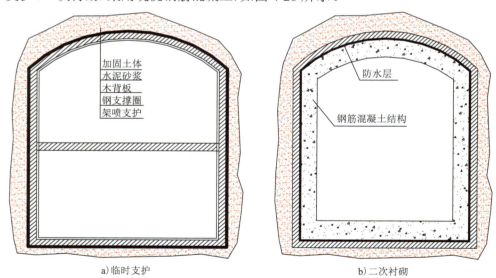

a)临时支护　　　　　　　　b)二次衬砌

图 4-28 临时支护与二次衬砌结构示意图

4)防水层施工

(1)注浆管施工

钢管片与支护层和结构层的接缝处设置预埋注浆管。喇叭口部位全部刷扩至设计尺寸,临时支护完成后,即可进行注浆管安装施工,注浆管搭接长度不小于 200mm。

（2）防水板施工

铺设防水板前必须对初期支护表面找平，拱墙补喷找平，底部砂浆找平，外部的钢筋接头切除、磨平。防水卷材施工采用厚 1.5mm 的 EVA 防水板和 400g/m² 规格的土工布进行防水施工。

防水板铺设由拱顶开始，然后沿侧墙下翻与由底板铺设上翻的防水板相接，构成封闭防水层。防水板的施工须保持连续与完整、且表面无破损情况。先铺设一层防水板，再铺设一层无纺布保护层。缓冲层以机械固定方法固定于支护层上，保护层以点粘法热熔固定。铺设时防水板接缝搭接长度应为 100mm，焊接宽度不小于 50mm。

5）二次衬砌混凝土施工

为减少混凝土施工接缝，联络通道开挖及临时支护完成后，一次连续进行浇筑钢筋混凝土永久支护。由于这种结构的特殊性，通道顶板内的混凝土浇筑较为困难，为提高混凝土施工质量，采取分段浇筑的施工方式，必要时可采用喷浆机对浇筑空隙进行充填。

（1）钢筋绑扎

钢筋间排距应严格按结构设计图纸进行绑扎（图 4-29），钢筋搭接部分长度应符合设计要求，且不低于 35d（d 为钢筋直径），受力钢筋之间绑扎接头应相互错开。从任一绑扎接头中心至搭接长度的 1.3 倍区段范围内，有绑扎接头的受力钢筋截面积占受力钢筋总面积的百分率不超过 25%；在结构混凝土与钢管片接触部位应按规定焊接锚筋，且纵筋与钢管片搭接处应采用 L 形焊接。

图 4-29 钢筋绑扎

（2）立模板

根据结构尺寸定制钢模板，立模采用 [16 槽钢制作的碹骨作为模板支撑。碹骨间距 900～1200mm，立设于已浇底板混凝土面上，底脚处加型钢横撑，以防浇混凝土时侧墙内移，脚底加垫一层厚 20mm 的木板防止骨腿下沉。模板就位前，应在模板上均匀涂刷脱模剂，按结构特征顺序安装模板，即先按设两侧墙模板，浇筑完成后再从一端向另一端安齐顶模。检查模板的垂直度、水平度、高程以及钢筋保护层的厚度，校正合格后，将模板固定。

（3）浇筑混凝土

结构层混凝土选用商品防水混凝土，因隧道内长距离运输和结构浇筑时间长，可在混凝土内加入一定量的缓凝剂。通道顶板内的混凝土采用分段浇筑的施工方式，必要时用气动输送泵输送混凝土，以提高工作效率，确保砌筑质量。

4.3.6 冻胀与融沉控制

1）冻胀控制

冻结法施工中，土层冻胀主要是地层中孔隙水结冰膨胀引起的，多数土层结冰时均要产生冻胀,冻胀量的大小与土层力学特性,约束条件,冻结速度,土层含水率及水分迁移的多少有关,水变冰的体积膨胀量约 9%,而土体膨胀量一般为 3%～4%,依据南京工程施工经验,在浅土层进行冻结时易产生较大的冻胀量。

冻土产生的冻胀力与冻土的平均冻胀率及周围土性的弹性模量、泊松比有关。由于江底冻结区域是开放式的,槽壁为 C30 钢筋混凝土,根据大连路盾构出洞、复兴东路盾构出洞及上中路越江隧道盾构出洞冻结加固工程监测结果,现场实测的冻胀压力不大于 0.59MPa,不会对槽壁产生较大影响,故本冻结工程中不需要采取缓释冻胀力的措施。

2）融沉控制

融沉主要是冻土融化时土层排水固结引起的。冻土融化时的沉降量与融层厚度、融层土的特性有关。根据施工经验和土工试验,冻土融化后,其高程可能略低于原始地层的高程,解冻后,可在隧道内进行适当的跟踪注浆,减小冻结对周围环境的影响。确保孔内充填密实,在冻结管拔出的同时向孔内灌注黄砂。

4.3.7 应用成效

福州地铁 2 号线厚庭站—桔园洲站区间的 2 号、3 号联络通道位于乌龙江江底,孔隙水压高,施工中极易出现突水、涌砂的现象,并且由于部分隧道洞身位于卵石层,钻孔难度极大；本工程采用超强冷冻法加固江底地层,矿山暗挖法施工联络隧道,顺利在江底完成左、右线 2 号、3 号联络通道的连接；积累了高地压高土体流速状态下的施工经验。

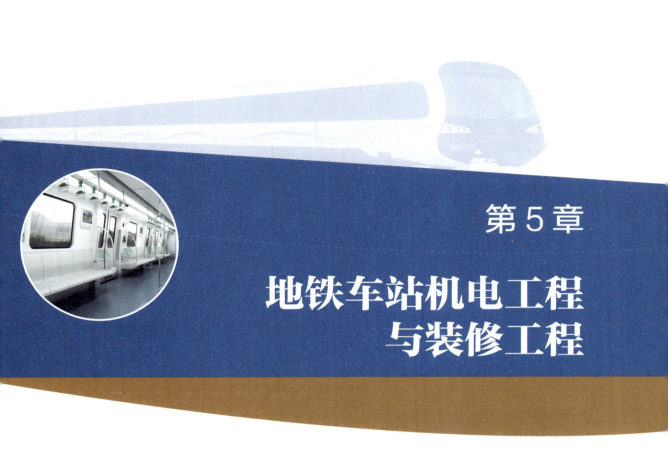

第 5 章

地铁车站机电工程与装修工程

/ 5.1 车站机电工程 / 5.2 车站装修工程
/ 5.3 BIM 技术的应用

5.1 车站机电工程

地铁车站机电设备安装及站内装修工程一般在土建主体结构完成之后进行。在施工前，需要对土建结构、隧道进行实地勘察和分析，对施工过程中可能出现的位置偏差进行测量复核，以确保土建结构的尺寸、位置符合设计要求。一般地铁机电设备安装工程与装修工程同时进行。

地铁车站机电工程包括动力照明系统、给排水系统、通风空调系统、人防系统以及综合监控系统等。

5.1.1 动力照明系统

1）设计原则

动力照明系统主要负责车站及两端各半个区间的动力配电设计、照明配电设计、动力照明设备、电缆等管线选择设计、与人防配套的动力及照明配电设计、防雷接地及安全设计、设备间的接口设计以及与其他相关专业或系统的接口配合设计。

动力与照明系统设备容量按远期最大负荷设计，并考虑一定的裕量。系统的设计应确保安全、可靠、接线简单、操作方便，并具有一定的灵活性。

动力与照明系统中，配电回路各级保护之间应有选择性配合，当配电系统中发生短路、过载等故障时能有效地保护设备线路和人身安全并减少不必要的停电事故，保证重要负荷的可靠供电。

福州地铁2号线动力照明系统采用三相四线制配电，在车站采用 TN-S 接地系统。电压等级如下：

（1）交流 220/380V——用于动力与照明。

（2）交流 36V——用于安全特低电压照明。

正常运行情况下，用电设备端子处偏差允许值（以额定电压的百分数表示）宜符合下列要求：

（1）电动机：±5%。

（2）照明：一般为 ±5%，区间照明为 +5% ~ -10%。

在车站范围内设置电气火灾监控系统和智能照明控制系统。

2）车站动力照明设计创新

（1）电气火灾监控系统的设计

福州地铁2号线是福州全市范围内首次采用电气火灾监控系统的线路。该系统是对全线车站低压开关柜、环控电控柜的温度异常、剩余电流异常可能引起的火灾进行可靠监视及预警、报警；可以显著提高地铁设备用电安全，做到提前发现电气漏电和接头过热等现象，将火灾消弭于"未燃"阶段。图 5-1 为电气火灾监控系统主机及报警显示屏。

a）主机　　　　　　　　　　　　　　　　b）显示屏

图 5-1　电气火灾监控系统主机及报警显示屏

电气火灾监控系统由电气火灾监控主机、安装在监测对象上的测温式电气火灾探测器、剩余电流式电气火灾探测器、数据集中器及现场总线等组成。探测器设置于低压开关柜、环控电控柜内。低压开关柜进线、环控电控柜进线回路及计算电流大于或等于 100A 的馈出回路设置测温式电气火灾探测器，低压开关柜进线与馈出回路及环控电控柜内风孔、空调器、冷冻（却）水泵及冷却塔等馈出回路另增设剩余电流探测器。

在施工调试与初期运营阶段，电气火灾监控系统就能直观地发现安装、布线等存在问题的回路。例如，在福州地铁 2 号线施工配合中发现，电气火灾监控系统检测到各站普遍存在漏电情况；漏电的原因中，现场接线不规范占了较大比例，比如 PE 线与 N 线接反，线缆接头安装不牢固、螺栓松动等。在以后地铁的运营中，电气火灾监控系统对于电气线路的绝缘老化、绝缘破损以及用电负荷增大致使线路过载、过热等现象，也能及时预警、报警，对于保证地铁运营安全、设备安全、人员安全具有重要作用。

（2）消防电源监控系统的设计

福州地铁 2 号线是福州全市范围内首次采用消防电源监控系统的线路。消防设备电源监控系统能够对消防设备的电源进行实时的监控，通过检测消防设备电源的电压、电流、开关状态等有关设备电源信息，从而判断电源设备是否有断路、短路、过压、欠压等故障信息并报警、记录。此系统具有可靠、实时并具有连续监控的特性。系统能实时反映出被监控设备电源的状况，并集中显示，从而可以有效避免在火灾发生时，由于电源故障而导致消防设备无法正常工作的危急情况，保障消防联动系统的可靠性。

福州地铁 2 号线消防电源监控系统设计过程中利用了既有的环境与设备监控系统（BAS）作为电源状态监视器，将消防负荷的双电源切换箱 ATS 相关状态（主用电源状态、备用电源状态、工作位置、工作方式、报警信息等)通过数据总线,传输至 BAS 主机并在车站控制室人机界面进行显示报警。图 5-2 所示为西洋站消防电源监控系统报警显示屏。

图 5-2　西洋站消防电源监控系统报警显示屏

(3)LED 灯具的推广及智能照明方案的优化

福州地铁 2 号线是福州全市范围内首次全线大规模采用 LED 灯具的线路。LED 灯具布置于车站站厅、站台的公共区、设备管理用房、区间、出入口等处,以及车辆段、停车场范围的单体建筑内,如图 5-3 所示。

a)　　　　　　　　　　　　　　　　　b)

图 5-3　车站公共区 LED 灯具

全线车站、车辆段、停车场范围内设置智能照明控制系统,智能照明控制系统主要由设在照明总配电箱内的模块、网关及面板、通信网络和应用软件等组成,系统与 BAS 系统的通信接口位置在站厅层大端照明配电室内的智能照明网关处,智能照明上传 BAS 系统相应的状态信号,并可由 BAS 系统按照智能照明的控制模式达到控制照明的目的。图 5-4 所示为智能照明控制系统显示屏。

第 5 章 地铁车站机电工程与装修工程

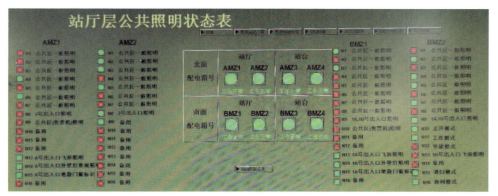

图 5-4 智能照明控制系统显示屏

LED 灯具有发光效率高,功耗低[单管 16～18 W 的 LED 光源发光效率可等效单管 T5(28W)荧光灯]、寿命长、光衰小、不怕振动、无频闪、绿色环保(不含铅等有害金属元素,对环境污染小)等优点。通过智能照明控制系统,可以实现多种公共区、出入口照明的正常模式、节电模式、停运模式等,以满足不同时间段的照明需要,可根据运营实践经验,对照明的开闭回路进行灵活调整,并在车站控制室实时监视状态,方便管理、维护。本线路"智能照明控制系统加 LED 灯具"的组合方案,大大提高了地铁节能减排的力度,极大地降低了工程长期运营费用,具有很好的环保、经济效应。

5.1.2 给排水系统

1)设计原则

给水、排水及灭火系统的设计应符合适用、经济、安全、卫生等基本要求,并应尽量利用市政现有设施。当市政设施不能满足本站要求时,应与市政和消防部门协商建立地铁独立系统。

生产、生活给水由市政给水管直接供水。

水消防给水通过管经水表井从车站风道或出入口进入车站消防水池,全线车站采用设置消防水池蓄水或市政直抽、消防泵房加压的方案,服务范围为本车站和相邻两个半区间。

排水时,在车站公共卫生间旁设污水泵房,污水的收集和提升采用密闭式污水提升装置,整体组装密闭式污水提升装置由排水泵和集水箱、液位控制器以及接口所需弹性连接件、闸阀、止回阀、弯管等部分组成。排水泵将集水箱中收集的污水提升至地面,经化粪池后排入市政污水系统。地下车站范围内的消防废水、结构渗漏水、车站冲洗水及生产废水利用排水沟自流排入车站端部废水泵房内的废水集水井,废水由池内的潜水排污泵提升至地面排水压力井,经排水压力井消能后,排入城市排水系统。

2)车站给排水设计创新

地铁车站一般位于市区主干道,市政管线密集、复杂、接口多,车站室外管网施工一直是地铁机电施工的难点和工期制约因素。为保证车站正常施工,车站周边管线均做临时或永久改迁处理。由于市政管线迁改时间节点与车站出户管线施工存在时间差,存在相关设计配合不到位的情况,致使后期接驳工程推进速度缓慢。

福州地铁2号线车站室外给排水管网设计时全程与外部单位(管道迁改单位、排管中心、自来水厂、通信公司、电力公司等)无缝、实时对接。全线车站室外管网施工时未出现市政道路二次开挖,减少了对市政影响,节省了工程造价,每个车站室外管网平均施工时间缩减到7d,设计协调管理水平在国内地铁工程中属于先进水平。图5-5所示为车站管迁预留接驳点及其现场情况。

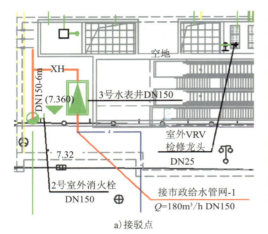 

a) 接驳点　　　　　　　　　　　　　　b) 现场情况

图5-5　车站管迁预留接驳点

3）设计优化

(1) 过轨设计优化

福州地铁1号线区间废水泵房位置空间狭小,管线密集,而且还有疏散平台等设施,施工空间狭小。因此,区间过轨存在施工不规范、影响疏散平台、绝缘处理不完善等问题。

针对以上问题,在地铁2号线设计过程中,消防过轨管设计时要求紧贴区间联络通道地面,区间消防过轨管紧贴隧道壁,如此施工完成后的消防过轨管不影响疏散和隧道空间。对于绝缘问题,在轨道交叉位置采用绝缘橡胶条包封,再将橡胶条用钢条紧固在管上,固定钢避开轨道位置,施工后的区间过轨管能够满足绝缘要求。图5-6所示为2号线区间过轨管设计施工图,图5-7所示为实际施工效果。

(2) 管材优化

福州地铁1号线工程中车站生产生活给水管采用衬塑钢管,然而,衬塑钢管在潮湿的环境下易产生锈蚀且管件连接不方便施工致使后期水质变差。

针对该问题,福州地铁2号线采用薄壁不锈钢管作为生产生活给水管。该材料的抗拉强度是普通钢管的2倍、是塑料管的8~10倍,材料的强度决定了薄壁不锈钢管作为给水管更加坚固耐撞击,更安全可靠。不仅如此,不锈钢管能与建筑物同寿命,其后期几乎不用更换,而钢塑复合管使用寿命短,它的后期成本远远大于不锈钢管。

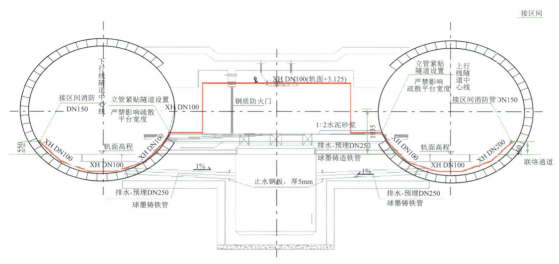

图 5-6　2 号线区间过轨管设计施工图（尺寸单位：mm）

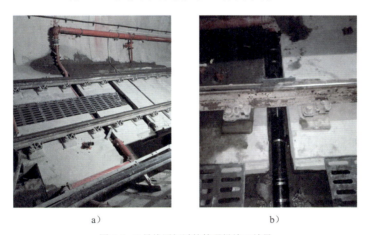

图 5-7　2 号线区间过轨管现场施工效果

5.1.3　通风空调系统

1）设计原则

通风空调系统按服务区域及主要功能可分为区间隧道通风系统、车站隧道通风系统、车站公共区通风空调系统、车站设备管理用房通风空调系统、车站空调水系统、车站变制冷剂流量空调系统。福州地铁 2 号线工程通风空调系统设置情况如下：

（1）区间隧道通风系统（含排烟系统）

福州地铁 2 号线工程区间隧道通风采用双活塞通风系统，其中西洋站、南门兜站、水部站、洋里站因周边场地限制选址问题设置单活塞通风系统。车站站台公共区发生火灾时区间隧道通风系统将协助车站排烟。

(2)车站隧道通风系统(含排烟系统)

车站隧道排热风机采用变频运行,车站两端各设置一台,通过轨顶、轨底排热风道排除余热;车站站台公共区发生火灾时车站排热风机将协助车站排烟。

(3)车站公共区通风空调系统(含防排烟系统)

车站公共区通风空调系统采用全空气一次回风系统,双端送风,两端各负担车站一半的负荷。其中组合式空调器、回排风机采用变频运行,组合式空调器设置初效过滤和空气净化消毒装置。系统设有空调季节小新风、空调季节全新风和全新风三种运行模式,模式转换采用焓值控制。

(4)车站设备管理用房通风空调系统(含防排烟系统)

车站设备管理用房通风空调系统根据功能、使用时间、室内环境条件以及消防保护要求的不同分系统设置:

①高压变电所用房设置一次回风全空气空调系统,设置初效过滤器。

②弱电系统设备用房设置一次回风全空气空调系统,设置初效、中效过滤器。

③人员管理及办公用房设置一次回风全空气空调系统,设置初效过滤器和空气净化消毒装置。

④环控机房设置机械通风及防排烟系统。

⑤内走道、气瓶室、消防泵房、照明配电室、检修储藏室、电缆井等通风类房间设置机械排风系统,通过侧墙防火百叶风口自然引风。

⑥设备管理用房区内走道超过20m时设置机械防排烟系统,面积超过$50m^2$的设备管理用房设排烟口和补风口。其他面积小于$50m^2$的设备管理用房需要排烟时,与内走道排烟系统合用。

(5)车站空调水系统

2号线工程采用分站供冷的形式,系统采用进出水5℃温差设计,标准车站的空调水系统设置2台水冷式制冷机组,配2台冷冻水泵、2台冷却水泵、2台冷却塔,冷冻水泵采用变频控制。

(6)车站变制冷剂流量空调系统

为保证车站重要设备用房的可靠运行环境,对车站控制室、AFC票务室、AFC设备室、民用通信设备室、公安通信设备室、综合监控设备室、专用通信设备及电源室、信号设备及电源室、环控电控室、应急照明电源室、变电所控制室、站台门控制室设置变制冷剂流量备用空调系统。

2)车站通风空调设计创新

(1)蒸发冷凝式冷水机组的运用

蒸发冷凝式冷水机组是利用循环喷淋水的喷淋雾化或淋水填料层直接与待处理的室外新风空气接触,采用直接蒸发冷却。由于喷淋水的温度一般都低于待处理空气(即准备进入室内的新风)的温度,因此空气可以将热传递给水而得以降温;喷淋水因吸热蒸发,蒸发后的水蒸气随后又会被气流带入室内,实现了加湿;蒸发冷凝式机工作原理如图5-8所示。由于空气的蒸发冷却皆不需人工冷源,是一种节能的空气降温处理方式。

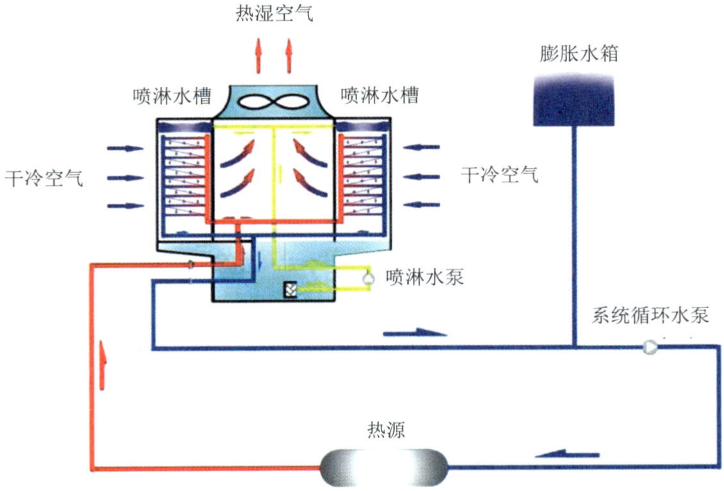

图 5-8 蒸发冷凝式机组工作原理图

蒸发冷凝式冷水机组主要有以下优点:

①无需设置地面冷却塔,能有效解决车站空调水系统功能需求与用地困难的矛盾。

②机组采用一体化设计,结构紧凑,安装于地下独立机房内,对地面景观无影响,对环境噪声排放影响较小。

③系统耗水量较小,机组充分利用水的蒸发潜热对系统循环冷却水进行冷却,用水量约为水冷式冷水机组的 50%。

④机组采用一体化设计,后期的运营维护相对简单。

(2)空调冷冻水泵变频技术的运用

地铁 2 号线工程空调水系统采用一次泵变流量系统,冷冻水泵变频控制,可以较好地实现"按需供应",即当车站末端冷负荷需求降低时,通过变频器改变冷冻水泵的转速,减少冷冻水流量供应,从而使得冷冻水泵的运行能耗得以降低。

水泵转速、频率以及功率相似定律如下:

$$\frac{f_1}{f_2}=\frac{n_1}{n_2} \tag{5-1}$$

$$\frac{N_1}{N_2}=\frac{(n_1)^3}{(n_2)^3} \tag{5-2}$$

式中:n_1、N_1——水泵电机频率为 f_1 时的转速和功率;

n_2、N_2——水泵电机频率为 f_2 时的转速和功率。

由式(5-2)可知,水泵的运行能耗与电机转速成 3 次方关系。水系统在部分负荷运行时,通过变频调节电机转速技术,可以到达节能运行。目前 2 号线空调变频水泵运行良好,后期线路空调冷冻水泵采用变频运行时应满足以下要求:

①适应冷水机组流量变化范围的要求。

一般冷水机组的最小允许流量大约在额定流量的25%～50%(不同产品不完全一致)，因此，需要关注冷水机组对最小允许流量的限制，以保证冷水机组的安全运行。通常在设计过程中采用的措施是对水泵转速的最低值进行限制，当达到最小限制值时，如果末端负荷需求进一步下降，为了保证冷水机组的安全运行，采用压差旁通自动控制。

②适应冷水机组最大允许水流量变化速率的要求。

从安全角度出发，目前冷水机组能承受每分钟30%～50%的流量变化率；从对供水温度的影响角度看，机组允许的每分钟流量变化率约为10%～20%(不同产品不完全一致)。因此以10%～20%作为流量变化率的限制值比较合适，既满足了安全运行的需要，也能满足稳定供水温度控制的要求。

3）存在的问题与设计优化

(1) 水管选材优化

福州地铁1号线的空调水系统水管采用衬塑钢管，安装中发现衬塑钢管对施工工艺要求较高，切割过程中会出现衬塑破损、脱塑等问题，破损部位在带压水流反复冲刷下开裂、剥落，甚至整个衬塑层全部脱离管道，形成管中管，在带压水流的进一步推动下进而堵塞管道，严重影响空调水系统的正常运行及使用功能(图5-9)。

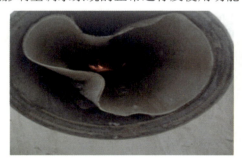

图5-9 空调水系统衬塑钢管衬塑脱落

针对福州地铁1号线出现的问题，地铁2号线在设计过程中，决定将通风空调水管管材由衬塑钢管更改为热镀锌钢管。但是，采用热镀锌钢管，存在水系统管路锈蚀问题，会对空调水质造成影响，因此2号线车站空调水系统，在每台全程水处理仪的基础上增设一套加药装置，对镀锌水管镀膜进行修复，减轻管路锈蚀，延长镀锌钢管的使用寿命。图5-10所示为2号线空调水系统镀锌钢管及实际安装效果。

(2) 防烟防火阀选型优化

图5-11所示为地铁1号线的手动复位模式防烟防火阀，运营过程中，当气体灭火系统测试和火灾模式撤销后，需要运营管理人员到现场手动复位，而频繁的手动复位会增加防烟防火阀执行机构故障概率，并且手动复位防烟防火阀也不方便检修。

a) 镀锌钢管　　　　　　　　　　　b) 安装效果

图 5-10　空调水系统镀锌钢管及安装效果

a)　　　　　　　　　　　　　　b)

图 5-11　手动复位防烟防火阀

图 5-12 所示为目前大部分城市的在建、新建地铁均采用电动复位防烟防火阀，根据其他运营地铁线路使用电动防烟防火阀的反馈情况，电动防烟防火阀采用远程电动复位，能有效避免因运营检修人员现场手动频繁操作增加防烟防火阀执行机构的故障的风险，并且后期的运营维护管理也更为方便。

a)　　　　　　　　　　　　　　b)

图 5-12　电动复位防烟防火阀

(3)车站卫生间增设净化除臭装置

地铁1号线车站卫生间采用的排风系统,排风管路较长,系统漏风量较大,并且小风量高压头的风机选型匹配度较差,仅靠排风系统卫生间异味较难控制。因此福州地铁2号线在车站公共区和设备区卫生间增加了净化除臭装置杀菌除臭,以满足环评要求并能改善卫生间环境。

图5-13所示的净化除臭装置采用特殊波长的光等离子管,发出超低频率电能与空气中的水分子、氧分子发生强烈撞击、极化,从而产生高能量光等离子团,利用高能离子团的不稳定特性,从卫生间的细菌、病毒等有机物窃取氢原子使其大分子链断裂,通过链式反应迅速进行重组,并最终分解成水分子、氧分子,达到净化除臭效果。

图5-13 卫生间净化除臭装置

(4)整流变压器室风管布置方案优化

整流变压器室风管的布置应使风管与设备保持安全间距,尽量使得送、排风口拉开距离,使整流变压器室内有较好的气流组织,提高通风降温效果。但现场往往受房间结构空间影响,部分风管布置在电气设备和整流变压器上方(图5-14),而且设置在防护区的风口、风阀检修维护困难,存在保温层掉落在变压器电缆接线端子及设备上的风险等。

a) b)

图5-14 整流变压器室风管常规布置

为了避免保温棉掉落引起设备故障,风口、风阀检修维护困难等问题,2号线工程设计方案将服务整流变压器的风管布置在室外,在整流变压器室侧墙开设风口以满足气流组织要求,如图5-15所示。

鉴于《地铁设计防火标准》(GB 51298—2018)第8.2.8条规定设置自动灭火系统的设备房间,当灭火介质的相对密度大于1时,排风口应设置在房间下部。因此,建议后期线路可参照地铁2号线设计的优化布置整流变压器室的风管系统,同时还应考虑下排风口的布置方案,下排风口的布置方案可以参考图5-16。

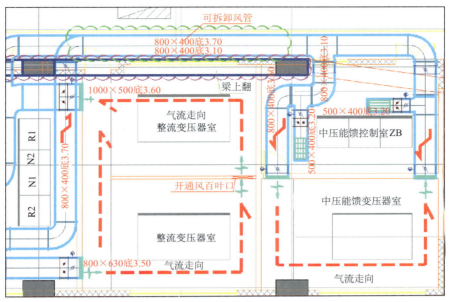

图 5-15 整流变压器室风管优化布置方案(尺寸单位:mm)

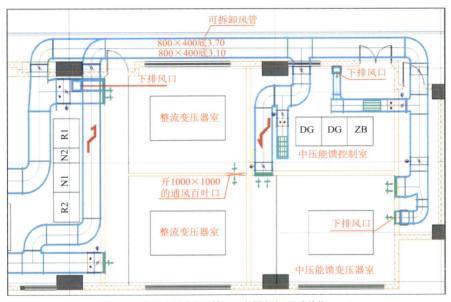

图 5-16 整流变压器室下排风口布置方案(尺寸单位:mm)

(5)空调水系统保温材料选型优化

地铁1号线通风空调冷冻水管采用离心玻璃棉材料保温,现场施工发现因为工序交叉、安装工艺等原因离心玻璃棉容易出现脱落,影响施工周期和施工质量。运营单位反馈,离心玻璃棉材料因为透湿系数较大、吸水率较高、机械强度相对较差,运营期间也经常出现脱落,导致水管保温效果差、凝结水滴落等问题,影响运行功能。同时,运营管理人员反映离心玻璃棉材料容易对人体皮肤等造成损伤或过敏等情况,不利于后期管理维护。

如图 5-17 所示，福州地铁 2 号线在车站公共区和设备区的空调冷冻水管采用泡沫玻璃保温，泡沫玻璃因为自身机械强度和稳定性较好，安装过程中没有出现脱落的问题；同时泡沫玻璃的吸水率相比离心玻璃棉更低，运营期间也没有发生因为吸水出现脱落的情况，使用效果较好。

a) b)

图 5-17 泡沫玻璃保温的空调水管

5.1.4 人防系统

1）设计原则

根据福州地铁 2 号线 1 期人防工程功能定位，全线车站共设防 20 座。抗力等级为防核武器 6 级、防常规武器 6 级，防化等级为丁级。按"一站加一相连区间为一防护单元"的原则，将全线划分为 21 个防护单元，防护单元间以人防区间隔断门为界。

每座车站至少有 2 个出入口为战时人员出入口，安装一道防护密闭门和一道密闭门，其余战时不用的出入口采用一道防护密闭门或防护密闭封堵板作临战封堵。

结合平时环控进风道设一条战时清洁式进风道，结合平时环控排风道设一条战时清洁式排风道，两条战时清洁式通风道一般成对角布置。战时清洁式风道防护段一般设于风道水平段并靠近通风竖井的位置，段内设带有消波、滤尘、密闭功能于一体的门式清洁通风系统，与平时的公共区通风系统串联，以满足清洁通风和隔绝式防护的要求。其他战时不用的通风竖井，在风道内优先采取防护密闭门实施门式封堵。

消防疏散通道口部的设防，以防护密闭门、普通密闭门各一道为基础形成战时人员出入口。

2）系统特点分析

福州地铁 2 号线人防系统设计在满足平时使用要求的前提下，做到防护单元划分合理，人防设施保证战时防空、平时防灾，使设计满足"安全适用，技术先进，经济合理，使用、维修方便"的要求。

存在的问题：防护设备不够标准化，设备型号过多，不利于厂家生产及后续平战转换的管理。

3）存在的问题及优化建议

①局部区间隔断门（出入段线人防门）设置在曲线段且线路坡度较大处，对人防门的设

计、安装造成一定困难。建议后续线路应注意区间隔断门(出入段线人防门)尽量设置在直线段,并避开坡度较大处。

②区间隔断门与盾构端头间原设计预留至少800mm的空间用于各专业管道安装及拐弯,后期盾构环梁外凸,占用该800mm空间,导致大量管道无法安装,只能重新在已施工的隔断门门框墙上钻孔。建议区间隔断门与盾构端头间预留至少1200mm的空间。

③区间隔断门开启状态无法及时反馈到监控中心。建议与BAS之间增加声光报警功能。

④实际施工中部分管道安装时未考虑战时人防门开启状态。建议施工过程中应注意相关管道安装位置,不能影响人防门的开启。

⑤凡是有人防封堵的预制构件,工点建筑专业均需要事先考虑封堵构件存放空间,有部分站点未设计预制构件堆放间,预制构件进场时无处存放,只能放在通风井里,不利于构件的保护。

5.1.5 综合监控系统

福州地铁2号线综合监控系统由中央级综合监控系统、车站级综合监控系统(包括车站综合监控系统、停车场综合监控系统和车辆段综合监控系统)和其他辅助功能子系统(例如培训系统、维护管理系统、仿真测试平台和网管系统等)等多个部分组成。通过综合监控独立设置的骨干传输网将以上各部分连接起来,形成一个有机整体。

福州地铁2号线在对系统集成模式设计之前,对信号系统相对独立的系统集成模式与集成信号ATS的完全集成模式进行了对比,具体比较见表5-1。

系统集成模式比选表 表 5-1

比选内容	方案一:信号系统相对独立的集成模式	方案二:集成ATS的完全集成模式
集成范围	ATS独立,系统集成范围适中	集成ATS,系统集成范围较宽
实现功能	实现除行车调度控制外的运营管理所需的基本功能,功能满足运营的基本需要	在方案一的基础上,实现ATS行车调度功能,功能更加强大
软件平台	软件集成平台可采用国内或国外集成平台,可选集成商的范围广	软件集成平台国外具备ATS功能的集成平台,可选集成商的范围窄
系统软件开发难度	分界面简单,易于实施。适合综合监控系统与各集成系统分开设备招标,软件开发周期短,工程难度较低	在方案一的基础上还需信号供货商开放专有通信协议,软件开发周期长,工程实施难度最大
调试难度	环节较多,接口调试烦琐,现场联调次数较多,调试周期较长	增加与车站信号控制设备的接口调试,调试烦琐复杂,调试周期长
工程风险性	保证行车调度独立运行,安全性较高,各系统之间的界面清晰,工程实施风险小	在统一软件平台上实现行车调度功能,安全性降低,工程实施风险大
总体投资	各系统部分网络设备和软件平台重复建设,总体投资成本较高	由于集成平台要具有ATS功能,软件制造周期长、调试时间长,整体造价会相应提高,总体投资成本高
结论	性价比较高	性价比一般

综合上述,采用方案一可降低工程实施难度,满足2号线建设工期紧的特点,同时工程界面清晰,与目前福州的建设运营管理模式匹配,因此2号线综合监控系统集成模式采用方案一。

福州地铁2号线工程综合监控系统整体构成如图5-18所示。

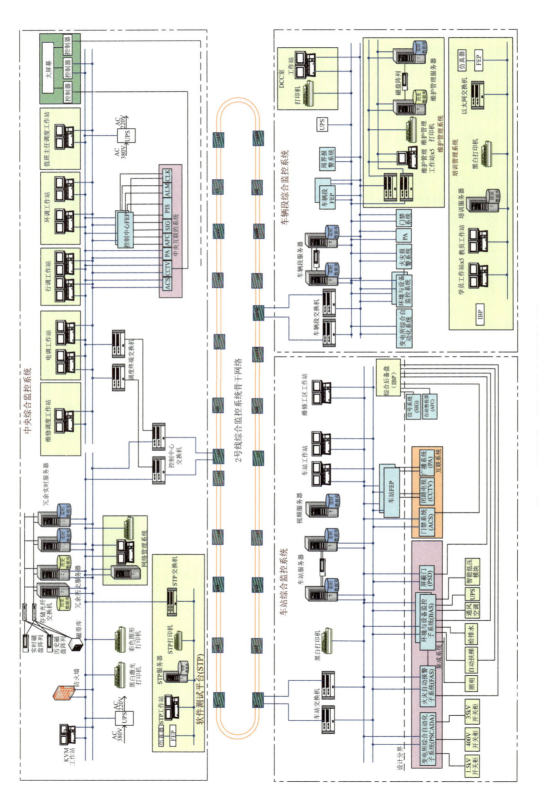

图 5-18 福州地铁 2 号线工程综合监控系统总图

1)环境与设备监控系统

环境与设备监控系统(BAS)在全线所有地下车站、地下区间隧道、车辆段、停车场等设置站级系统,并在各车站、车辆段、停车场的站级 BAS 通过冗余通信接口与站级综合监控系统连接,将信息集中上传至综合监控系统,实现 BAS 在综合监控系统中的集成,并与综合监控系统共同对全线所有地下车站、地下区间隧道、车辆段、停车场等设置的各种正常运营保障设施(包括通风空调设备、给排水设备、照明设备、自动电/扶梯等)和事故紧急防救灾设施(防排烟系统、应急照明系统等)进行实时的监控、调控管理,以确保以上这些系统的安全可靠运行。BAS 与火灾自动报警系统(FAS)站级通过通信接口连接,在地下车站发生火灾事故的情况下,BAS 接受 FAS 救灾模式指令,控制有关救灾设施按照设计工况及时有效地运行,保障人身安全。车站 BAS 系统构成如图 5-19 所示。

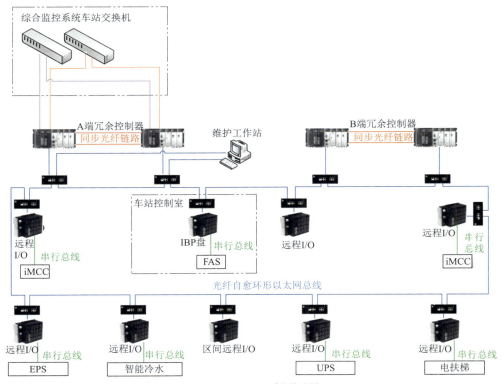

图 5-19 车站 BAS 系统构成图

(1) 系统优点分析

本方案结构简洁,A、B 端控制器和所有远程 I/O 站,包括 IBP 盘远程 I/O 站通过一个自愈环形光纤以太网相互连接,远程 I/O 站依据位置分布和功能分配,分别由 A、B 端冗余控制器中的 1 套实现控制器。光纤环网由工业管理型交换机组成,每个远程 I/O 站以及每个冗余控制器机架都单独配置了一个交换机,确保每个交换机只连接 1 个控制系统节点,单点故障不会影响其他节点运行。A、B 端控制器之间的数据通信也同样通过自愈环形光纤网络实现,光纤采用多模光纤,可保证节点间通信距离达到 2km。

在 A 端控制器的每个机架上配置 2 块独立的以太网接口模块,和车站的综合监控交换机实现冗余连接,由于每个机架都实现了双网连接,所以在出现监控系统网络切换时,BAS 控制器并不需要进行热备切换,保证了系统运行的稳定性。

通信接口模块采用远程 I/O 同系列的串口通信模块,和 BAS 系统统一组态,不占用网络节点资源,减少了网络故障节点,具有更高的系统可靠性、稳定性和兼容性。

（2）存在的问题及优化建议

BAS 系统作为机电设备监控专业,对风、水、电各个专业的众多设备均需要监控,接口方案尤其重要,因此设计联络阶段的接口谈判,作为后续各专业施工图的指导性文件,需要各专业严格执行。但是根据 2 号线工程的建设情况,由于低压配电未规范进行,导致现场接线存在问题,且通信接口设备,有些专业没有严格按照电气规范实施,导致现场通信接口设备不稳定,造成中断。

因此,建议在后续线路中,各专业严格按照接口文件和功能要求采购设备,在后续资料发生变化时,能及时地反馈给 BAS 系统。

2）火灾自动报警系统

福州地铁 2 号线在车站、区间、主变电所、鼓山车辆段、竹岐停车场等建筑内均设置 FAS。FAS 集成在综合监控系统内,车站级 FAS 将火灾报警信息通过交换机上传给综合监控系统,由综合监控系统实现报警信息的人机界面显示以及将报警信息上传至控制中心。

车站级 FAS 配置：每座车站配置 2 台火灾自动报警控制器（即 FACP 盘,一台用于 FAS,一台用于气体灭火系统）、1 台火灾自动报警图形显示工作站、1 台光纤感温火灾探测主机（用于区间火灾探测报警）、1 台消防电话主机。车站消防广播与车站公共广播系统合用,火灾情况下消防广播及声光报警器交替播放。

在车辆段、停车场内存在高大空间的库房内采用极早期空气采样探测器,车站公共区及设备区房间内采用点式感烟火灾探测器,设备区走廊采用极早期空气采样探测器。

FAS 全线系统网络构成如图 5-20 所示。

（1）系统优点分析

各车站 FAS 不单独设置消防联动控制盘,由综合监控系统统一设置的综合后备盘（IBP）实现对重要消防设备的手动控制。车辆段、停车场、主变电站由 FAS 统一设置消防联动控制盘。FAS 向综合监控系统传送 FAS 的主要设备故障信息,以方便维修调度的管理工作,因此,能更好地实现报警监视与消防联动。

（2）存在的问题及优化建议

福州地铁 2 号线工程车站公共区火灾报警探测设备采用的是光电感烟探测器,由于此类型的探测器属于被动探测,一般采用吸顶安装方式。然而,车站公共区布满了各类风管、线缆桥架、装修吊顶等,导致部分感烟探测器安装不满足国家标准规范的要求（图 5-21）,同时也给感烟探测器运行维护带来困难。

针对上述情况,2 号线在公共区、设备区走道以及存在高大空间的场所（如场段库房等）内探测器选用主动探测设备,使用吸气式感烟探测系统。吸气式探测系统将探测主机

（图 5-22）安装在距离地面 1.5m 的墙边，采样管网安装在吊顶上。

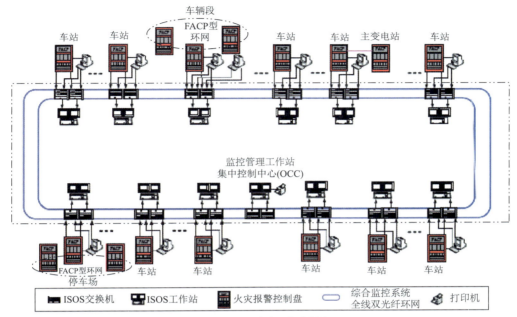

图 5-20 FAS 全线网络系统图

图 5-21 公共区吊顶上安装的探测器

图 5-22 吸气式探测系统探测主机

在鼓山车辆段、竹岐停车场的高大空间处（如运用库、联合检修库、调机车库等）及车站站厅设备区走道内安装的吸气式感烟火灾探测系统表明，吸气式感烟火灾探测系统具备安装敷设简便、易于维护检修、报警准确及时等优点。

5.2 车站装修工程

5.2.1 装修特色

福州地铁 2 号线车站装修在和号线的基础上从设计、色彩、文化表达、车站类型化、材料优化这五个方面进行了继承与发展,围绕着"清新福建、绿色榕城"文化主题进行提炼与表达。

整条线路采用全线一景类型化设计手法,文化表达以稳性文化为主,标准站天花采用纵向圆通、铝合金板、扩张网相结合,配合纵向LED灯具的布置,体现地铁的秩序性、功能性;在柱面、站厅离壁墙上端、转换门套点缀绿色,整体空间简洁大气。位于主要文教科研区、历史文化景区等的车站充分运用"榕树、茉莉花"等元素,展现出福州绿色人文城市的整体形象。

在标准站的设计上更加简洁,选取单柱标准站和双柱标准站两种天花类型作为全线的标准站,每种里面再穿插三种类型以减弱人视觉的差异,方便后期的施工及运营维护。图 5-23、图 5-24 所示分别为单柱标准站和双柱标准站的各类型效果图。2 号线全线单柱类型一的站点有:苏洋站、金屿站、洪湾站、水部站、洋里站;单柱类型二的站点有:沙堤站、董屿站、金祥站、五里亭站;单柱类型三的站点有:上街站、桔园洲站、西洋站、上洋站;双柱类型一的站点有:厚庭站、前屿站;双柱类型二的站点有宁化站;双柱类型三的站点为紫阳站。

a)类型一　　　　　　　　　b)类型二　　　　　　　　　c)类型三

图 5-23　单柱类型效果图

a)类型一　　　　　　　　　b)类型二　　　　　　　　　c)类型三

图 5-24　双柱类型效果图

对于重点站则侧重以现代的表现手法,适度突出艺术化空间特征。

如图 5-25 所示,地铁 2 号线金山站以福州城市代表的茉莉花元素为空间化元素,以"茉莉花开"为车站文化主题,在车站柱面局部用立体雕刻的茉莉花为装饰元素,天花以大小不同的茉莉花造型的 LED 灯为视觉主题,结合浪漫自然的设计手法,突出了福州市幸福、自然、宜居宜家的城市文化特点。

如图 5-26 所示,福州大学站的车站空间,基于简单的形体表达符号,利用灯光、线条、色彩的组合变化,体现出福州市人文教育的奋发与志向。车站空间主题以"展翅高飞"为人文主题,利用现代简洁构成性设计表现手法,充分体现福州市民对福州城市发展的美好愿景,同时也表达了福州市民勇于进取、蓬勃向上,敢为天下先的城市人文精神。

图 5-25　金山站效果图

图 5-26　重点站福州大学站效果图

5.2.2　设计优点

福州地铁 2 号线车站全线采用一线一景、一线一色、人性化、标准化的设计理念；车站空间采用纵向布置的空间组织，秩序性、速度性的空间构成；LED 的照明形式。设计强调空间整体的经济性、实用性、安全性、环保性及后期运营的方便性，以方便市民出行为首要目的，突出空间的秩序性、通畅性和识别性，总体空间效果追求简洁大气、朴实庄重。从建成后的效果来看，主要具备以下优点：

（1）装修材料统一化、标准化

①在福州地铁 1 号线的基础上，对 2 号线天花材料进行了优化。铝合金实板采用 600mm×1200mm，厚度 1.5mm，异形（弧形）板 3.0mm 厚；圆通采用直径 40mm，厚度 1.2mm，异形（弧形）2.0mm 厚；增加铝合金金属扩张网板，如图 5-27 所示。

②优化地面材料。地面采用 800mm×800mm×25mm 的国产花岗石（白麻），盲道采用 400mm×400mm×15mm 黄色陶瓷砖，如图 5-28 所示。

图 5-27　天花材料效果图

③优化墙/柱面材料。墙面/柱面采用雅白色烤瓷铝板，烤瓷铝板由面板和背衬板组成，面板为 2.5mm 厚铝板，背衬板为铝蜂窝板，A 级防火、绿色环保材料，如图 5-29 所示。

图 5-28　地面材料效果图

图 5-29　墙/柱面材料效果图

④优化各接口设计。天花设备、墙面设备、地面检修口等统一尺寸、做法,接口设计界面如图5-30所示。

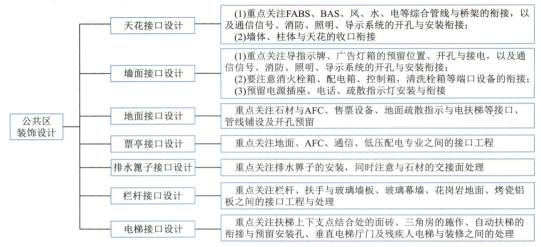

图5-30 接口设计界面表

（2）人性化设计的运用

功能优先,注重细节,为乘客打造贴心舒适的地铁车站空间,保障交通的安全性与能畅性。丰富车站自身的功能价值,提升车站的空间使用,所选材料应重视节能环保。地铁人性化设施体现在以下几个方面：

①不锈钢栏杆、扶手除了功能属性外,所选材质和尺寸设计也是装饰空间的亮点。设计上从安全考虑,既具有良好的功能性与装饰性,也易于清洁。楼梯不锈钢扶手增加儿童扶手,在扶手端头处做导圆处理并设置有盲文,如图5-31所示。

②座椅、垃圾桶的设计与整个空间风格形成统一、放置于方便乘客对客流没有影响的位置,如图5-32所示。

图5-31 楼扶梯不锈钢栏杆效果图

a）垃圾桶

b）坐椅

图5-32 不锈钢垃圾桶、不锈钢座椅效果图

③洗手间遵循与人为本的原则,每座车站单独设置无障碍卫生间,包括成人无障碍坐便器、无障碍洗手台、可折叠母婴台等。

④广告设施的设计统一于整体空间,既要广告效益最大化又不能对整体空间造成影响;公共区站厅、通道离壁墙多设有广告灯箱,尽量贴合装修材料模数,如图5-33所示;站台轨行区采用外挂式灯箱,个别人流密集站点在公共区楼扶梯处设有大型梯楣广告。

图5-33 墙面广告灯箱效果图

⑤楼梯踏步、坡道进行防滑设计。

⑥福州地铁2号线在1号线的基础上,优化车内盲道布置,流线更加清晰,方便残障人士无障碍进出站点。让残障人士尽量从站外无障碍电梯进出站内,通过通道盲道引导至客服中心附近的员工门,由工作人员为其开门跟随盲道通过垂直电梯到站台层,最后由盲道引至离站台垂直电梯最近的几节车厢上车,如图5-34所示。

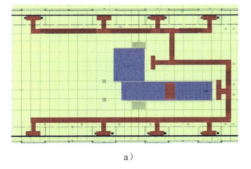
a)

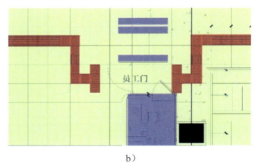
b)

图5-34 盲道布置示意图

5.3 BIM 技术的应用

福州地铁2号线工程体量大,工期紧、地铁机电安装又存在空间有限管线密集的问题。在确保符合设计规范的前提下,以施工需求为导向创建 BIM 模型,通过车站内各专业管线综合排布,提前发现并解决各类问题,以减少图纸变更及施工返工的频率,并通过工厂化预制加工、现场装配式生产等方式提高施工效率,降低施工成本。最终,应用 BIM 技术实现本项目的综合管线优化。

5.3.1 应用流程

采用 BIM 所建的模型应该是按照统一的规则和要求创建,在应用过程中需要有统一的协调机制,确保不同阶段的模型能集成为本阶段逻辑上唯一的整体或部分模型。建模过程中需要将现场的实际情况和 BIM 模型有机地结合起来,根据各专业安装先后顺序和不同管线的具体特点,在满足功能的条件小寻求最优的空间排布方案。例如在实施过程中需要考虑风管、水管、桥架的层次和顺序,在避免碰撞的同时,考虑检修空间的预留以及动照线路与各种自控信号线路间的干扰和支(吊)架的布置等情况。图 5-35 所示为 BIM 的应用流程,概括为以下 5 步。

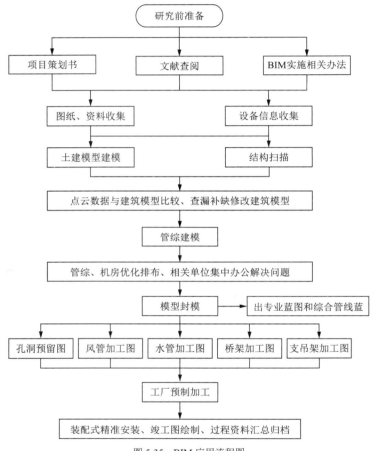

图 5-35　BIM 应用流程图

(1)编制相关规定

为顺利推进 BIM 相关工作开展,本项目部特编制了《机电项目部 BIM 实施管理制度》,从组织流程上规范了 BIM 的实施。同时编制了《福州轨道交通 2 号线 BIM 应用考核管理办法》,并制定了相关激励机制。

(2)资料汇总

收集 BIM 建模所需要的各专业提资图、建筑结构图、砌筑图、装修图等相关图纸资料,以及工作联系单和相关洽商记录,设备尺寸信息为族库创建做准备,并编制了《福州地铁 BIM 应用文件档案管理办法》。

(3)土建结构建模

根据结构图纸利用 BIM 软件进行结构建模,并用三维扫描对现场施工完成的建筑结构进行扫描。将扫描获取的点云模型与所建的 BIM 结构模型进行比对,发现并修改因土建误差引起的现场实际结构与 BIM 模型中不一致的地方,最终达到 BIM 模型与现场实际情况高度契合的目的。

(4)二次结构建模

根据砌筑图纸在结构模型中完成二次结构建模,并根据装修图纸对设备用房中有吊顶的房间增画吊顶,对地面有特殊做法的房间将地面按照要求进行处理。对于不影响机电施工的点可适当降低模型细度。

(5)综合管线模型创建

对设计提资的平面图纸进行核对,整理图纸中存在的问题并进行归类;分析碰撞类型,找出关键问题节点;与设计、施工方进行沟通,确定管线排布中的基本原则、间距标准、安装次序等,并确定最终解决方案。

5.3.2 BIM 设计机电管线

依据设计文件,利用搭建好的模型,按设计和施工规范要求将主管廊及设备间的水、电、暖、通风等各专业管线和设备进行综合排布,既满足功能要求,又满足净空、美观要求。此工作,一是可以用作施工单位指导现场施工,避免因返工造成的工期拖延和资金浪费;二是管理单位可严格按此监管工程质量并可进行准确的工程量统计;三是可以形成各系统功能控制区域,用作运营管理单位后期运维技术支持。图 5-36～图 5-38 所示为基于 BIM 技术建模得到的三维管线布置效果图。

图 5-36　运转辅助间管线综合布置效果图

图 5-37　局部管线布置效果图

BIM 技术与工厂化加工制造相结合,是本工程自主创立的一套全新的城市轨道交通机电施工组织模式。采用 BIM 技术和自动化风管加工设备,建立了风管集中加工厂,实现了 BIM 与预制化加工的联动。将工厂预制加工的风管、水管等运至施工现场,现场施工人员根据 BIM 图进行拼装,提高了施工效率、降低了施工难度。图 5-39、图 5-40 所示分别为 BIM 模拟效果与实际安装效果,从图中可以看出,BIM 技术具有良好的应用效果。

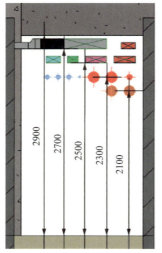 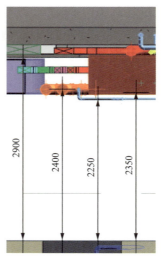

图 5-38 BIM 管线综合剖面图(尺寸单位:mm)

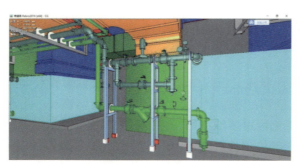 

图 5-39　BIM 模拟效果图　　　　　　图 5-40　现场安装效果

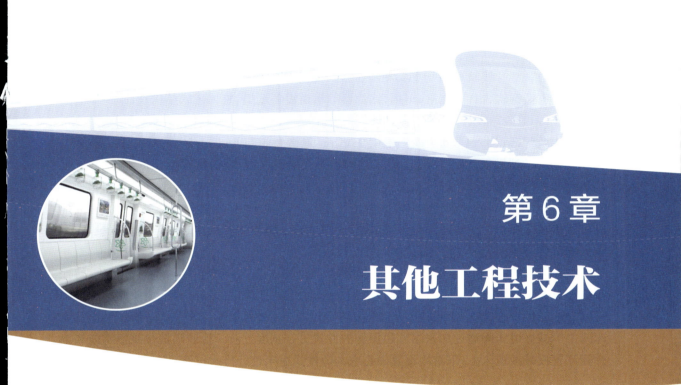

第 6 章

其他工程技术

/ 6.1 轨道工程
/ 6.2 通信工程

6.1 轨道工程

6.1.1 设计概况

福州地铁2号线轨道系统主要涵盖正线及配线、出入（场）段线和联络线的轨道工程设计。具体包括钢轨、扣件、道岔、车挡、涂油器等轨道设备选型、整体道床结构设计、整体道床排水设计、无缝线路设计、轨道减振设计等内容。

正线及配线、出入（场）段线均采用25m长，规格为60kg/m的U75V钢轨；GB型扣件。地下线采用长枕埋入式整体道床，道床结构配置双层钢筋网，两侧配设半圆形排水沟，施工时道床与水沟采用一体化整体施工技术。道岔一般采用60kg/m钢轨，轨下基础采用桁架式长岔枕整体道床。正线及配线末端采用液压缓冲滑动式车挡，曲线半径不大于400m的地段设置钢轨涂油器。正线跨区间无缝线路，无缝线路长钢轨焊接采用现场移动式接触焊，道岔内部及其与区间无缝线路间通过冻结接头连接。

中等减振地段采用双层非线性减振扣件；高等减振地段采用橡胶隔振垫减振道床；特殊减振地段采用液体阻尼钢弹簧浮置板减振道床。橡胶隔振垫减振道床与一般整体道床或中等减振道床间通过加大端部减振垫的刚度进行过渡，钢弹簧浮置板减振道床与一般整体道床或中等减振道床间通过加密端部隔振器的方式进行刚度过渡。橡胶隔振垫减振道床和钢弹簧浮置板减振道床上、下游端设置中心水沟短枕式道床进行排水过渡。

6.1.2 设计优化及创新

1) 正线道岔设计优化

福州地铁2号线工程正线及配线采用的钢轨规格均为60kg/m，9号系列道岔（单开道岔全长 L=28.3m）。本工程中对道岔进行了如下优化：

（1）增加直线、曲线段尖轨前部轨头粗壮度，提高尖轨的使用寿命；并优化尖轨部位的设计线型，减缓顺向出岔对基本轨的冲击与磨耗。

（2）在转辙器滑床板及护轨垫板设置偏心套，轨距调整范围提高至 +10～-13mm。

（3）在道岔区扣件轨下、板下采用调高垫板，将调高量提升至 -4～+26mm。

（4）道岔区采用与区间扣件类似的弹性分开式扣件，增大道岔区的稳定性。

（5）道岔区轨枕采用桁架式预应力混凝土长岔枕，相对于传统的短岔枕具有位置保持能力强；连接牢固，耐久性好；轨道施工精度高；施工速度快；长道岔使用寿命长等优点。

2) 跨区间无缝线路优化

福州地铁2号线工程正线铺设了跨区间无缝线路。相对于城市轨道交通线路常规采用的区间无缝线路方案,优化取消了道岔前后设置的缓冲轨,进一步减少了普通钢轨接头数量以及钢轨接头冲击引起的振动和噪声,提高了乘客舒适性,降低了养护维修量,延长了轨道、车辆部件和主体结构的使用寿命。这种设计方式兼顾了轮轨间的低动力作用和养护维修的便利性,有利于运营维修与管理。

3)减振扣件优化

中等减振地段采用双层非线性减振,通过采用在双层铁垫板中间夹一层非线性减振胶垫来降低扣件刚度,实现扣件的减振效果。上下层铁垫板与中间减振胶垫通过可拆卸式自锁装置连成一体,锁定装置设在扣件上层铁垫板。与传统的下锁式结构相比,运营期间对扣件中间橡胶垫的更换维修方便,更换后铁垫板仍可继续使用,维修成本大大降低;同时扣件的锁定结构稳固,现场安装、拆卸均较方便。

4)扣件材质优化

扣件弹性垫板为易损部件,本工程对扣件轨下弹性垫板和铁垫板下弹性垫板进行了优化,采用热塑性聚酯弹性体垫板代替传统的橡胶垫板。热塑性聚酯弹性体垫板是经新材料、新工艺改良的弹性垫板,垫板结构设计成波浪形,使垫板能同时通过挠曲变形和压缩变形产生回弹力,与传统橡胶垫板相比弹性性能更好地实现,材料的使用寿命也更长。

同时本工程对扣件的弹条进行了优化。目前地铁扣件普遍采用的弹条材质为$60Si_2Mn$,本工程借鉴高速铁路客运专线采用的弹条新材料,优化为$60Si_2MnA$。$60Si_2MnA$是高级优质合金弹簧钢,化学成分与$60Si_2Mn$基本相同,只是成分波动范围更窄,其中硫、磷含量比$60Si_2Mn$低,因而纯净度更高,此外淬透性、韧性、塑性也比较好,脱碳倾向小,回火稳定性良好,降低了弹条断裂的可能。

5)道床伸缩缝优化

目前地铁道床伸缩缝普遍采用厚20mm的油浸沥青木板,沥青麻筋封顶防水密封,封顶高30mm。福州地铁2号线工程正线道床伸缩缝处理优化方案为采用厚20mm的齐塑聚苯乙烯硬质发泡板,聚氨酯填缝胶封顶防水密封,封顶高30mm;相对于传统的道床伸缩缝方案其优点如下:

(1)挤塑板道床伸缩缝方案较沥青木板方案,挤塑板较木板材料不易腐蚀,耐久性好。

(2)聚氨酯密封胶防水性能好,与混凝土的黏结较好,可防止或减轻水通过伸缩缝渗入道床引起的病害。

(3)由于隧道内通风效果较差,道床伸缩缝采用沥青木板施工时容易造成隧道内的环境污染,现场施工时采用的热沥青其施工质量较难控制,环保性较差。

6.2 通信工程

6.2.1 设计概况

福州地铁 2 号线通信系统由专用通信系统、民用通信系统、公安通信系统三部分组成。

1）专用通信系统

传输系统采用多业务传送平台（Multi-Service Transport Platform，MSTP）[内嵌弹性分组环（Resilient Packet Ring，RPR）]10 Gb/s 光传输设备组建两个相切于控制中心的网络。

其中，公务电话系统采用软交换设备组网方案。专用电话系统采用数字程控系统组网方案。无线通信系统采用 800 MHz 频段陆上集群无线电通信系统。视频监视系统与公安合设，车站公共区摄像机视频存储 90 d，非公共区摄像机视频存储 30 d。乘客信息系统采用地面数字电视广播（DVB-T）无线方案。

2）民用通信系统

传输系统采用 MSTP（内嵌 RPR）10 Gb/s 光传输设备组建两个相切网络，相切于南门兜站。

其中，无线引入系统采用无线多网接入覆盖方案，引入运营商的 2G、3G、4G 信号。电源及接地系统采用 UPS 电源与高频开关电源方案。集中告警系统采用将各子系统网管接入集中告警终端的方案。

3）公安通信系统

传输系统采用 MSTP（内嵌 RPR）10 Gb/s 光传输设备组建两个相切网络，相切于分局。

其中，数据网络系统采用三层架构与万兆交换机组网。无线通信系统采用警用数字集群（Police Digital Trunking，PDT）方案，接入 1 号线中心并联入市局通信。视频监视系统与公安专用合设，选用全高清 1080P 制式。电源及接地系统采用不间断电源与高频开关电源方案。有线电话采用网络电话（Voice over Internet Protocol，VoIP）方案接入地铁分局。

6.2.2 设计优化及创新

1）专用、公安合设视频监视系统

车站的图像摄取范围为每站的站台、站厅、自动楼、扶梯、售票机、闸机、客服中心、出入口、垂直电梯口、轿厢等。公安与专用的关注视角高度重叠。将两套系统合设为一套系统，可节省摄像机数量，达到在有限的摄像机数量情况下，尽可能大面积覆盖监控区域。

视频监视系统在车站进出闸机处设置的摄像机均作为人脸识别前端采集设备，向公安视频监控系统设置的视频分析服务器提供视频数据源。人脸识别处理采用后端处理的方式，由设置在市局的 GPU 服务器统一处理。

2)PIS 新增安全智能防护系统

设置安全智能防护系统,过滤掉乘客信息系统(Passenger Information System,PIS)下发的不良信息,通过人工智能识别的算法,及时识别并屏蔽图像显示中的不良信息。整个系统在每一路视频编码输出端安装智能防护系统设备,在发现不良信号时对其屏蔽。整个系统不联入互联网,独立运行,可防止黑客攻击。整个系统架构如图 6-1 所示。

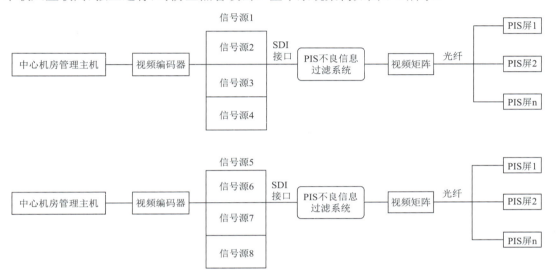

图 6-1　PIS 安全智能防护系统构成

SDI 接口-数字分量串行接口

3)软交换设备组建电话网络

福州地铁 2 号线在车辆段设置软交换中心控制设备,包括软交换服务器、中继与信令网关、网络管理、计费系统、智能话务台等设备。在停车场设置软交换服务器、中继信令网关等设备。车辆段与停车场的软交换服务器形成两地负荷分担、冗余控制与软件授权,加强系统稳定性。系统支持远程异地容灾备份,由传输系统提供以太网传输通道。采用软交换制式组建的系统可具有多方临时会议电话功能,可实现多组会议叠加功能。单组会议参加方最大可达 256 方,可任意分组。

4)应用外挂槽道

福州地铁 2 号线祥坂站至宁化站区间右线、宁化站至西洋站右线、西洋站至南门兜站左线和右线盾构区间采用外置槽道。盾构隧道环向共设置 4 根槽道,以行车方向左下侧(疏散平台处)起始编为 1 号槽道,顺时针方向依次为 2 号槽道(强电电缆支架等)、3 号槽道(漏泄同轴电缆支架等)和 4 号槽道(信号机支架等)。在区间内采用外挂槽道可将施工更为规范化。防止系统施工单位破坏管片,带来隐患,同时也使所有的区间终端安装统一化,方便运维。

参考文献

[1] 刘泉维. 硬岩地层地铁修建关键技术（一）[M]. 北京：人民交通出版社股份有限公司，2017.

[2] 中华人民共和国建设部. 岩土工程勘察规范：GB 50021—2001[S]. 北京：中国建筑工业出版社，2009.

[3] 中华人民共和国住房和城乡建设部，中华人民共和国国家质量监督检验检疫总局. 建筑抗震设计规范：GB 50011—2010[S]. 北京：中国建筑工业出版社，2010.

[4] 中华人民共和国住房和城乡建设部. 城乡规划工程地质勘察规范：CJJ 57—2012[S]. 北京：中国建筑工业出版社，2013.

[5] 北京市规划委员会. 地铁设计规范：GB 50157—2013[S]. 北京：中国建筑工业出版社，2014.

[6] 北京市规划委员会. 城市轨道交通岩土工程勘察规范：GB 50307—2012[S]. 北京：中国建筑工业出版社，2012.

[7] 罗富荣. 北京地铁工程建设安全风险控制体系及监控系统研究[D]. 北京：北京交通大学，2011.

[8] 陈金培. 基于现场监测数据的深基坑施工期风险评估[D]. 武汉：武汉理工大学，2014.

[9] 叶荣华. 宁波软土深基坑时空效应分析及安全评价研究[D]. 宁波：宁波大学.

[10] 薛丽影，杨文生，李荣年. 深基坑工程事故原因的分析与探讨[J]. 岩土工程学报，2013. 35（zk1）：468-473.

[11] 周二众. 基于测量机器人的深基坑安全监测预警系统研究[D]. 重庆：重庆大学，2012.

[12] 中华人民共和国住房和城乡建设部. 城市轨道交通地下工程建设风险管理规范：GB 50652—2011[S]. 北京：中国建筑工业出版社，2012.

[13] 胡群芳. 基于地层变异的盾构隧道工程风险分析及其应用研究[D]. 上海：同济大学，2016.

[14] 李俊松. 基于影响分区的大型基坑近接建筑物施工安全风险管理研究[D]. 成都：西南交通大学，2012（06）.

[15] 边亦海，黄宏伟，李剑. 可信性方法在深基坑施工期风险分析中的应用[J]. 地下空间与工程学报，2006，2（1）：70-73.

[16] 杨辉，徐寅，王涛. 成都砂卵石地层盾构机选型及技术应用[J]. 建筑机械，2018（07）：89-94.

[17] 李海峰. 卵石含量高、粒径大的富水砂卵石地层中盾构机选型研究[J]. 现代隧道技术，2009，46（01）：57-63.

[18] 冯德威. 富水液化砂层土压平衡盾构掘进地表沉降控制技术[J]. 科技创新与应用，2020.

[19] 中华人民共和国住房和城乡建设部. 城市轨道交通结构安全保护技术规范：CJJT 202—2013[S]. 北京：中国建筑工业出版社，2014.

[20] 国家安全生产监督管理总局. 爆破安全规程：GB 6722—2014[S]. 北京：中国标准出版社，2015.